OSTDEUTSCHE GEDENKTAGE 2012

Persönlichkeiten
und
historische Ereignisse

Ostdeutsche Gedenktage 2012

Persönlichkeiten
und
Historische
Ereignisse

Kulturstiftung der deutschen Vertriebenen

Die Deutsche Bibliothek – CIP-Einheitsaufnahme
Ein Titeldatensatz für diese Publikation ist bei
Der Deutschen Bibliothek
erhältlich

Umschlagbild:
Tympanon der Annenkapelle der Marienburg a.d. Nogat (siehe den Beitrag
„Rudolf Grulich: 1992 – Welterbekonvention der UNESCO, S. 297ff.)

© 2013

Kulturstiftung der deutschen Vertrieben
Kaiserstraße 113, 53113 Bonn

Redaktion:
Ernst Gierlich

ISBN 978-3-88557-232-9

Herstellung: medienhaus Plump GmbH, Rheinbreitbach

Inhalt

Vorwort 9

Persönlichkeiten in Lebensbildern 2012

Butschky und Rutinsfeld,
Samuel von   *Kirsten Endres* 13

Januar

Georg Heym   *Konrad Werner* 17
David Hilbert   *Harald Seubert* 21
Aloys Bernatzky   *Helmut Steinhoff* 28

Februar

Renata Schumann   *Franz Heinz* 31
Jörg Bernhard Bilke   *Erika Kip* 39

März

Joachim Friedrich Henckel   *Werner E. Gerabek* 43
Werner Bader   *Jörg Bernhard Bilke* 47
Kurt Rein   *Luzian Geier* 51
Franz Spirago   *Rudolf Grulich* 54
Joseph Christian von
Zedlitz   *Rudolf Grulich* 57
Ivan Chalupecky   *Rudolf Grulich* 60
Judas Thaddäus Supper   *Rudolf Grulich* 63
Hanna Reitsch   *Konrad Werner* 65

April

Peter Jung   *Stefan P. Teppert* 69
Valerius Herberger   *Christian Erdmann-Schott* 80
Martin Hesekiel   *Barbara Kämpfert* 84
Carl Ferdinand Arlt   *Werner E. Gerabek* 88
Walter Kolarz   *Rudolf Grulich* 92
Hermann Tietz   *Martin Sprungala* 95

Mai

Peter Jokosta	*Jörg Bernhard Bilke*	99
Adolf Lendl	*Rudolf Rösler*	102
Richard Keilholz	*Helmuth Steinhoff*	105
Paul Wachler	*Konrad Fuchs*	111
Eduard Duchoslav	*Rudolf Rösler*	116
Josef Komanschek	*Stefan H. Teppert*	119

Juni

Adam Huber	*Stefan H. Teppert*	121
Kurt Augustin Huber	*Rudolf Grulich*	123
Richard Rössler	*Andreas Rössler*	127
Samuel Bredetzky	*Hans Kobialka*	133

Juli

Arthur Hobrecht	*Helmut Neubach*	139
Gustav Kintzi	*Erich Müller*	145
Anton Scherer	*Luzian Geier*	148
Gregor Mendel	*Jörg Bernhard Bilke*	152
Stefan Blaskowitz	*Stefan P. Teppert*	155

August

Oswald Külpe	*Harald Seubert*	159
Fridolin Aichner	*Rudolf Grulich*	167
Alfons Nossol	*Michael Hirschfeld*	170
Alexander Treichel	*Hans-Jürgen Kämpfert*	177

September

Johannes August Engelmann	*Norbert Angermann*	183
Josef Barton	*Rudolf Grulich*	187
Anton Döller	*Heike Drechsler-Mehl*	191

Oktober

Adalbert Karl Gauss	*Stefan P. Teppert*	195
Samuel Friedrich Lauterbach	*Christian-Erdmann Schott*	203

November

Bruno Kremling	*Stefan P. Teppert*	209
Karl Josef Hahn	*Rudolf Grulich*	219
Ernst Gotthilf Bosse	*Helmut Scheunchen*	222
Hugo Rokyta	*Rudolf Grulich*	226
Irene Decker	*Stefan P. Teppert*	229
Heinz Galinski	*Dirk Urland*	233

Dezember

Robert Graf v. Zedlitz-Trützschler	*Martin Sprungala*	237
Jenny Schon	*Horst Schulze*	242
Paul Gordan	*Wulf-Dieter Geyer*	248
Emmerich Rath	*Mathias Heider*	253
Erwin Wittstock	*Elke Mehnert*	257

Historische Ereignisse 2012

1412 Verpändung von 13 Zipser Städten an Polen
Rudolf Grulich 263

1762 Gründung der ersten Bergakademie der Welt in Schemnitz (Banska Štiavnica), heute Slowakei
Rudolf Grulich 266

1762 Die Schlacht bei Freiberg
Bernhard Mundt 269

1837 Beginn des Mischehenstreites
Martin Sprungala 275

1922 90 Jahre Ostdeutsches Volksblatt
Erich Müller 279

1932 Polens Schulreform und deren Auswirkungen auf das deutsche Privatschulwesen
Erich Müller 288

1922 Welterbekonvention der UNESCO
Rudolf Grulich 295

1992	Stafette - Die rumäniendeutsche Literatur heute und morgen
	Ingmar Brantsch 302
Autoren	 310

Vorwort

Bis in die 1950er Jahre stand in der deutschen Geschichtswissenschaft die personengeschichtliche Betrachtungsweise im Vordergrund: „Große Persönlichkeiten" oder gar „Große Männer" waren es, die Geschichte machten. Dies traf in der Folge auf den vehementen Widerstand einer Betrachtungsweise, die sich weit stärker auf Strukturen konzentrierte. Der geschärfte Blick auf die wirtschaftlichen, sozialen und politischen Verhältnisse entzog der Biographie den Boden, relativierte dabei den Anteil des Individuums an der historischen Entwicklung.

Längst indes ist der Gegensatz der Betrachtungsweisen überwunden, ist die Biographie als legitimes Element in die historische Wissenschaft zurückgekehrt. Es geht es bei ihr schließlich nicht darum, einen Heldenkult zu bedienen, sondern darum, den einzelnen Menschen als Handelnden zu zeigen, der, in welches Umfeld auch immer hineingestellt, Geschichte mitgestaltet.

Der vorliegende Band vereint erneut – neben sich jährenden historischen Ereignissen – biographische Skizzen von Personen, die als Repräsentanten deutscher Kultur und Geschichte im östlichen Deutschland und Europa gelten können. Es sind dies Personen, die sich auf ganz unterschiedlichen Ebenen und in je eigener, markanter Weise betätigt haben oder – sofern es sich um Lebende handelt – dies heute noch tun, keineswegs nur „Berühmtheiten", sondern auch solche mit erkennbaren Begrenzungen. Allesamt aber sind es Personen, für die das ebenso ehrgeizige wie bescheidene Motto von Käthe Kollwitz gelten kann: „Ich will wirken in dieser Zeit …".

Der Dank unserer Stiftung gilt wiederum neben den engagierten Autoren dem Land Nordrhein-Westfalen für die finanzielle Förderung über die Bezirksregierung Köln!

Bonn, im März 2013

Für die Herausgeber: Hans-Günther Parplies
Für die Redaktion: Dr. Ernst Gierlich

Persönlichkeiten in Lebensbildern

400. Geburtstag

BUTSCHKY UND
RUTINSFELD,
Samuel von

Dichter

* 1612,
Namslau

† 13.3.1678,
Illnisch

Obwohl Samuel von Butschky und Rutinsfeld am Ende seines Lebens zahlreiche Werke veröffentlicht hatte und den Titel „kaiserlicher Rat" trug, findet sich sein Name nicht in den zeitgenössischen Darstellungen zur Literatur des 17. Jahrhunderts. Es sind erst die Autoren des 19. Jahrhunderts, wie Hoffmann von Fallersleben, die Butschkys Werke lobend erwähnen. 1612 im niederschlesischen Namslau als Sohn eines protestantischen Predigers geboren, wird Butschky früh durch ein geistiges Umfeld geprägt. Als sein Vater, Samuel Butschky der Ältere 1618 nach Breslau zieht, um dort als Prediger an St. Christophori tätig zu sein, beginnt der gesellschaftliche Aufstieg der Familie. Wie aus Leichenpredigten hervorgeht, stand der Vater in Kontakt mit gelehrten Kreisen. Von ihm ist neben Gelegenheitsschrifttum ein *Hunger- vnd Kummer-Jahres Gedenckmahl* anlässlich einer Hungersnot im Jahr 1630 überliefert. Jedoch erst der Sohn kann eine umfangreichere schriftstellerische Tätigkeit nachweisen.

Nach dem Besuch des Maria-Magdalenen-Gymnasiums in Breslau studiert er von 1632 bis 1637 in Wittenberg Jura und Philosophie – die meisten seiner Familie studierten dort zuvor Theologie. Während seines Studiums besucht er auch die Universitäten Leipzig und Frankfurt an der Oder. Anschließend lässt er sich als Notar und Buchhändler in Breslau nieder. Obwohl seine „Perfertische" Buchhandlung weitere Filialen in Leipzig und Schweidnitz hatte, blieb Samuel Butschky der Jüngere, der sich seit 1647 *notarius publicus caesareus* nannte, genügend Zeit, sich schriftstellerisch zu betätigen. Er verfasste zahlreiche Briefbücher, Übersetzungen und unternahm auch Versuche zur Sprachpflege, die er später sogar durch eine Grammatik ergänzte. Jedoch warfen Zeitgenossen Butschky vor, dass die meisten seiner Forderungen zu Sprachpflege Plagiat seien.

Seine Werke veröffentlichte Butschky neben kleinen Gebetbüchern in seinem eigenen Verlag. Die Einrichtung einer eigenen Druckerei wurde ihm vom Kaiser jedoch nicht genehmigt. Trotz seiner literarischen Arbeit und seiner Tätigkeit als Verleger scheint er keine größere Vernetzung mit anderen schlesischen Autoren seiner Zeit gehabt zu haben – zumindest finden solche Begegnungen in seinen Werken keinen Niederschlag. Jedoch tragen seine Bücher auch nur wenige autobiographische Züge.

1654 konvertiert Butschky zum Katholizismus. Ein Schritt, den er wahrscheinlich aus Karrieregründen vollzogen hat, da er im Zusammenhang mit der Übernahme kaiserlicher Ämter steht. Dem Religionswechsel folgt wenig später die Erhebung in den Adelsstand. Obwohl Butschky in seinen Werken religiöse Parteinahme vermeidet, ist es gut möglich, dass er aufgrund seines Glaubenswechsels von den protestantischen Geschichtschreibern des 17. Jahrhunderts, wie beispielsweise Morhof oder Lucae, keine Erwähnung findet – es handelte sich immerhin um den Glaubenswechsel des Sohnes eines protestantischen Predigers. Butschky wurde bereits am 19. Februar 1654 durch Ferdinand III. geadelt. Die öffentliche Bekanntmachung der Standeserhebung in Schlesien erfolgte jedoch erst am 8. Mai 1660 – nach der Krönung Leopolds I. Butschky nannte sich seit 1654 Butschky und Rutinfeld auf Illnisch und Nieder Romolkwitz – die beiden Güter in Neumarkter Kreis hatte er im selben Jahr erworben. 1654 heiratet er die Breslauer Bürgerstochter Maria Katharina Neumeisterin. Dieser Ehe entstammen sein Sohn Karl Samuel und eine Tochter namens Maria Katharina. Butschky übt nach seinem Glaubenswechsel verschiedene kaiserliche Ehrenämter aus: 1665 ist er kaiserlich-königlicher Oberamtssekretär am Oberamt Breslau, 1673 königlicher Manngerichts- und Landesältester des Fürstentums Breslau. Vier Jahre später, im Jahr 1677, scheint eine Anklage, die bis vor den Kaiser getragen wurde, den Aufstieg des Breslauer Predigersohnes zu stoppen: Butschky wird vorgeworfen sich an einem ihm anvertrauten Testament bereichert zu haben. Leider ist nichts über den Ausgang dieses Falls überliefert – das Ansehen Butschkys jedoch konnten die Vorwürfe der Veruntreuung nicht schmälern. Vor seinem Tode, am 13. März 1678, erlangt Samuel von Butschky noch den Titel kaiserlicher Rat.

Werke: Hochdeutsche Venus-Kanzeley ... Schweidnitz 1644 (mehrere Auflagen mit verschiedenen Titeln). – Perfertischer Muusen Schlüssel, zur Schreibrichtigkeit der Hooch-deutschen Haupt-Sprache. Leipzig 1645. – Der hochdeutsche Schlüssel zur Schreib-Richtigkeit oder Recht-Schreibung, Leipzig. 1648. – Hoch deutsche Kanzeley Briflein ... o. O. o. J.; (mehrere Auflagen mit verschiedenen Titeln). – Euthymia. Von einem stillen und ruhigen Gemüthe aus dem Seneca, Breslau 1656. – A-Z! ... Erweitere Hochdeutsche Kanzelley ... Breslau 1660. – A-Z! Senecae Flores. Des Seneca Weisheit-Lehr- und Tugend-Blumen, Breslau 1661. – Erweiterte und verbäsperte Hoch-deutsche Kanzelley ... 4 Bde., Breslau 1666. Im Anhang: Fünf Hundert Sinnen- Geist- und Lehr-Reiche Reden ... Breslau 1666. – Pathmos; enthaltend: Sonderbare Reden und Betrachtungen allerhand Curioser ... Sachen. Leipzig 1676. – Wohl-Bebauter Rosen-Thal. ... Nürnberg 1679.

Lit.: August Heinrich Hoffmann von Fallersleben, Parabeln und Aphorismen von Samuel von Butschky, in: Monatschrift von und für Schlesien (1829), S. 321-336. – Ders., Samuel von Butschky, in: ebd., S. 369-393. Auch in: Ders., Spenden zur deutschen Litteraturgeschichte, Band 2, Leipzig 1844. – Hermann Palm, Butschky, Samuel von, in: Allgemeine Deutsche Biographie, Band 3, Leipzig 1876, S. 653-654. – Karl Günter Seiler, Samuel von Butschky und die höfische Geisteshaltung. Ein Beitrag zur höfischen Kultur der Barockzeit in Schlesien, Breslau 1937. – Oskar Pusch, Die Breslauer Rats- und Stadtgeschlechter in der Zeit von 1241 bis 1741, Band 1, Dortmund

1986, S. 220. – Marian Szyrocki, Butschky und Rutinfeld, in: Walter Killy (Hrsg.), Literatur Lexikon. Autoren und Werke deutscher Sprache, Band 2, Gütersloh 1989, S. 339-340.

Bild: Wikipedia.

Kirsten Endres

Januar 2012

16. Januar   100. Todestag

HEYM,
Georg

Dichter

* 30.10.1887,
Hirschberg/Riesengebirge

† 16.1.1912,
Berlin

Diesen unruhigen Georg Heym müssen Ahnungen von einem frühen Tod heimgesucht haben, wenn er bereits am 26. August 1906 in Neuruppin in sein Tagebuch einträgt: „... *Fast ist es so, als sollte ich noch verschenken, was ich irgend besitze, damit mein Tod mich nicht unvorbereitet trifft. Ich glaube, ich sterbe bald.*"

Georg Heym wurde in Hirschberg im Riesengebirge geboren, wo er auch seine Kindheit verlebte. Sein Vater stand im preußischen Justizdienst und wurde im Jahre 1900 Staatsanwalt in Berlin. So kam es zu einer Übersiedlung der Familie dorthin, wo Heym das Joachimsthalsche Gymnasium besuchte. Dem Heranwachsenden brachte vor allem der Vater wenig Verständnis für seine Neigungen entgegen und sah für ihn nach Ende des Schulbesuchs das Jurastudium vor. Dies führte schon beizeiten zu ständigen Auseinandersetzungen. Wie äußerte er

sich später in einer Tagebuchaufzeichnung vom 3. November 1911: *„... Nur eines: Ich wäre einer der größten Dichter geworden, wenn ich nicht so einen schweinernen Vater gehabt hätte. In einer Zeit, wo mir verständige Pflege nötig war, musste ich alle Kraft aufwenden, um diesen Schuft von mir fern zu halten. Wenn man mir nicht glaubt, so frage man meine Mutter nach meiner Jugend."* Aber auch die Mutter, eine damals schon kränkelnde und sehr sentimentale Frau, fand nicht die rechte Einstellung und äußerte sich zu dem, was er schrieb, sie könne *„so was nicht lesen"*. Daher mag er der Erwachsenenwelt gegenüber eine feindlich gesamte Einstellung angenommen haben und ließ es an abfälligen Äußerungen nicht fehlen. Der Vater schickte den „schwierig Jungen" auf ein Internat nach Neuruppin, wo er mit seinen ersten Tagebuchaufzeichnungen begann und zum „Schreibenden" wurde. 1907 trug sich Heym in die juristische Fakultät der Universität in Würzburg ein, wo er auch Corpsstudent war, aber dieses Leben in der Verbindung *„furchtbar, geisttötend, stumpfsinnig und lächerlich empfand"*. Es folgten Semester in Berlin und Jena. Im Februar 1911 wurde Heym nach dem juristischen Staatsexamen Referendar am Landgericht II in Berlin und Ende desselben Jahres promovierte er in Rostock zum Doktor der Rechte.
Im „Neuen Club", wo Hiller, van Hoddis, Ernst Blaß anzutreffen waren, und auch Karl Kraus ihn hörte, las Heym zum ersten Mal öffentlich Gedichte, die er mitunter stammelnd vortrug, welche aber vom Text her aufhorchen ließen. Wie er sich verstanden wissen wollte, geht aus Aufzeichnungen vom 20. Juli 1909 hervor: *„Ich liebe alle, die in sich ein zerrissenes Herz haben, ich liebe Kleist, Grabbe, Hölderlin, Büchner, ich liebe Rimbaud und Marlowe. Ich liebe alle, die nicht von der großen Menge angebetet werden. Ich liebe alle, die oft an sich verzweifeln, wie ich fast täglich an mir verzweifle."* Ernst Rowohlt hatte, wie manchen anderen, auch Georg Heym entdeckt und übernahm 1911 die Herausgabe seines ersten Gedichtbandes unter dem Titel *Der ewige Tag*, welcher das einzige zu seinen Lebzeiten veröffentlichte Werk ist. Nach diesem erschienen auch dort die nachgelassenen Gedichte im Band *Umbra Vitae*

im Jahre 1912. Seine Novellen *Der Dieb* u.a. kamen 1913 und die Sonette *Marathon* 1914 heraus. Im Jahre 1922 wurden seine gesammelten Gedichte und seine Prosa unter *Dichtungen* in München veröffentlicht. Eine vierbändige Gesamtausgabe ist im Verlag Heinrich Eilermann 1960 herausgegeben worden.
Am 16. Januar 1912 war Georg Heym mit seinem Freund Ernst Balcke zum Schlittschuhlaufen auf die Havel gegangen. Als dieser plötzlich in einer nicht vermuteten Fahrrinne versank, wollte er ihm zu Hilfe kommen und ertrank dabei schließlich selber. Anderthalb Jahre zuvor hatte Heym einen Traum aufgeschrieben, der dieses Schicksal bereits anzukündigen schien: *„Ich stand an einem großen See, der ganz mit einer Art Steinplatte bedeckt war. Es schien nur eine Art gefrorenen Wassers zu sein. Plötzlich fühlte ich, wie die Platten unter mir schwanden, aber ich fiel nicht. Ich ging noch eine Weile auf dem Wasser weiter. Da kam mir der Gedanke, ich möchte fallen können. In diesem Augenblick versank ich auch schon in ein grünes, schlammiges, schlingpflanzenreiches Wasser. Doch ich gab mich nicht verloren, ich begann zu schwimmen. Wie durch ein Wunder rückte das ferne Land mir näher und näher. Mit wenigen Stößen landete ich in einer sandigen, sonnigen Bucht."*
Dieser von Ahnungen und Gesichten bedrängte Georg Heym, der, kaum 25jährig, im Alter Büchners sterben musste, hinterließ uns eine Dichtung, die über Jahrzehnte hinweg kaum etwas von ihrer Faszination einbüßte. So werden wir in Anthologien immer wieder einige seiner Gedichte vorfinden, wie u.a. *Der Gott der Stadt* oder *Der Krieg*. Sein Gedicht *Letzte Wache* zählt Gottfried Benn zu den drei überhaupt schönsten Liebesgedichten.
Wie äußerte sich Kurt Pinthus über ihn: *„Nachdem ich Heyms ungeheuren Nachlass durchgesehen habe: Tagebücher, Dramatisches, Prosa, Grotesken und Gedichte, Gedichte, Gedichte auf unzählige Blätter, Fetzen, in viele Hefte fast unleserlich hingehauen und dennoch immer wieder durchgearbeitet und umgeformt, scheue ich mich nicht zu sagen, dass dieser Heym seit Georg Büchner die stärkste dichterische und eruptive Begabung der Deutschen war, und dass er unter den Dichtern seiner Generation an visionärer Seherkraft und sicher packen-*

dem Griff, an Fülle der heranströmenden Bilder und Weite des düster-feurigen Umblicks nicht seinesgleichen hatte."

Bild: Wikipedia.

Konrad Werner

23. Januar   150. Geburtstag

HILBERT,
David

Mathematiker

* 23.1.1862,
Königsberg

† 14.2.1943,
Göttingen

David Hilbert wurde in eine namhafte ostpreußische Juristendynastie hinein geboren; die Mutter entstammte einer Kaufmannsfamilie. Er besuchte in Königsberg das Friedrichskollegium und begann 18jährig das Studium der Mathematik an der Albertus-Universität zu Königsberg. Während der Schulzeit fiel er nach eigenem Bekunden nicht mit besonderen mathematischen Ambitionen auf. Doch stand wohl schon seinerzeit der Entschluss fest, dass er sich später eingehend mit der Mathematik befassen wollte.

Eine enge Freundschaft und auch sachliche Beziehung ergab sich mit dem jüngeren Kommilitonen Hermann Minkowski. Minkowski, der in jungen Jahren starb, widmete Hilbert einen bewegenden Nachruf. Auch der Ordinarius Ferdinand Lindemann, vor allem aber der Extraordinarius Adolf Hurwitz beeinflussten Hilberts frühe Fragestellungen. Nach der Promotion unternahm er eine längere Studienreise, unter anderem zu Felix Klein in Leipzig, der ihn als Ausnahmebegabung erkannte; von dort wechselte Hilbert nach Paris, wo er unter anderem mit Poincaré, Camille Jordan und anderen in engen wissenschaftlichen Austausch kam. Es folgte 1886 die Habilitation über Invariantentheorie, die ihn zunächst zum Privatdozenten und dann zum Extraordinarius in Königsberg avancieren ließ. Nach der

Berufung heiratete er Käthe Jerosch, eine Cousine 2. Grades. Das Paar hatte einen gemeinsamen Sohn. 1895 erreicht Hilbert dann das Ziel seiner Laufbahn: die Berufung auf das Ordinariat für Mathematik an der Universität Göttingen. Sein Lehrstuhl erwarb sich im Lauf der nächsten 40 Jahren die internationale Ausstrahlung eines *„Mekka der Mathematik"*. Bereits die Berufung Hilberts hatte einen programmatischen Aspekt: In der Folge von Gauß und Riemann sollte in Göttingen Mathematik und Physik zu neuem Glanz gebracht werden. Felix Klein war im Hintergrund an der von Kultusminister Althoff betriebenen Berufung maßgeblich beteiligt.

Durch den Sohn Franz fiel ein Schatten auf Hilberts Biographie: Der Sohn litt wohl unter einer psychischen Störung und scheiterte in verschiedenen Berufen wie Hilfsgärtner und Buchhändler. Er hatte Teufels- und Dämonenvisionen und musste mehrfach in der Psychiatrie behandelt werden. Dabei gab es auch böse Gerüchte um den Verwandtschaftsgrad zwischen Hilbert und seiner Frau. Hilbert verstieß den Sohn. Doch insistierte die Mutter darauf, dass er im Haus blieb. Auf den Fotografien des 60. und 75. Geburtstags des Großordinarius ist Franz zu sehen. Sein weiteres Schicksal ist unbekannt.

Hilbert benötigte einige Zeit, ehe er sich, der von dem liberalen Königsberger Geist tief geprägt war, in dem engeren akademisch fokussierten Göttingen heimisch fühlte. Dennoch trug er dauerhaft zum hohen Rang der Göttinger Universität bei. Mehrere, teils namhafte Rufe nach Leipzig, Berlin, Heidelberg schlug er aus und blieb in Göttingen.

Als akademischer Lehrer ist Hilbert nach dem Zeugnis seiner Schüler von hoher Sachlichkeit geprägt gewesen. Er habe für die Studenten gelesen, nicht für sich; nicht Brillanz, höchstmögliche Klarheit war sein Ziel. Zugleich wird aber auch berichtet, dass Hilberts eigenes mathematisches Können so umfassend gewesen sei, dass selbst seine prominenten Hörer ihm nicht immer folgen konnten und auf die konventionellen Lehrbücher angewiesen blieben.

Hohe Auszeichnungen unterstrichen den Rang, den Hilbert innerhalb und außerhalb der Mathematiker-Zunft einnahm: Er wurde im Jahr 1900 Präsident der Deutschen Mathematiker-Vereinigung, 1903 Korrespondierendes Mitglied der Bayrischen Akademie der Wissenschaften. Von 1902-1939 ist er Mitherausgeber der *Mathematischen Annalen*, des damals führenden Organs der Mathematiker Deutschlands. Seine Rede *Naturerkennen und Logik*, die er im September 1930 auf dem Kongress der Gesellschaft Deutscher Naturforscher und Ärzte hielt, zog eine philosophische Bilanz seines Werkes. Von ihr wurde eine Schallplatte gepresst, die Hilberts Stimme für die Nachwelt festhält. Die Machtergreifung der Nationalsozialisten und die erzwungene Emigration seiner jüdischen Schüler traf Hilbert schwer. *„Das Institut – das gibt es doch gar nicht mehr"*, hat er auf Nachfragen erwidert.

Im Bereich der algebraischen Geometrie leistete Hilbert, ausgehend von seinen beiden akademischen Qualifikationsschriften grundlegende Beiträge zur Verbindung von Geometrie und Algebra. Ihm gelang in jungen Jahren die Lösung der Grundprobleme der Invariantentheorie, die der Großmeister der Disziplin, Paul Gordan aus Erlangen, für unlösbar gehalten hatte. Gordan musste das Verdienst Hilberts anerkennen, fügte aber hinzu: *„Das ist keine Mathematik, sondern Theologie!"*.

Hilbert suchte in einer Zeit, in der sich durch Frege die Logik von der Normalsprache ablöste, die Geometrie von der Euklidischen Anschaulichkeit zu lösen. Es ging ihm um strikte axiomatische Begründung, die ihm in seinen *Grundlagen der Geometrie* 1899 durch die Entwicklung eines vollständigen Axiomensystems für die Euklidische Geometrie gelang. Begriffe wie „Punkt", „Gerade", „Ebene" werden dabei von aller Anschaulichkeit getrennt; man könne, soll er bemerkt haben, auch *„Tische, Stühle oder Bierseidel"* sagen. Allein auf die Axiomatik kommt es an. So ging es Hilbert um Mathematik als Strukturzusammenhang und um das formale regelgeleitete Spiel. Er löste gleichsam mit den formalen Mitteln, die seiner Zeit zur Verfügung stand, die Platonische Forderung nach einer nicht auf Objekte, sondern die eidetische Gegebenheit bezogenen Mathematik ein.

War spätestens damit Hilberts Internationaler Rang etabliert, so machte er auf dem Zweiten Internationalen Mathematikerkongress in Paris im August 1900 dadurch von sich reden, dass er, entgegen allen Erwartungen, nicht die mathematischen Forschungsleistungen der Vergangenheit resümierte, sondern 23 ungelöste mathematische Probleme aus den unterschiedlichen Bereichen von der Geometrie bis zu Topologie und Algebra benannte und 10 von ihnen exponierte und detailliert vortrug. Er gab damit mehreren nachfolgenden Mathematikergenerationen die Agenda vor. Mittlerweile gelten 15 der 23 Probleme als gelöst, 3 als ungelöst und 5 als prinzipiell unlösbar: allen voran der Anspruch, einen Beweis für die Widerspruchsfreiheit der Axiome der Arithmetik liefern zu können (Hilberts 2. Problem). Es war die Leistung von Kurt Gödel gezeigt zu haben, dass es Sätze gibt, die weder beweisbar noch widerlegbar sind: Dies zeigte Gödel in seinem Unvollständigkeitssatz.
Hilbert lehnte jeden intuitionistischen Weg ab, wie ihn Brouwer wählte und Hilberts eigener Meisterschüler Hermann Weyl vertraten. Er berief sich stattdessen auf das Ziel, *„die Mathematik sicher zu begründen"*. So schrieb er: *„Ich möchte der Mathematik den alten Ruf der unanfechtbaren Wahrheit, der ihr durch die Paradoxien der Mengenlehre verlorenzugehen scheint, wiederherstellen; aber ich glaube, dass dies bei voller Erhaltung ihres Besitzstandes möglich ist"*. Das Hilbert-Programm zielte auf nicht weniger als die vollständige Herleitung der Mathematik aus einem widerspruchsfreien Axiomensystem. Auch wenn dieser Traum, eben durch den Gödelschen Unvollständigkeitssatz zerbrach, hielt Hilbert an der Maxime fest, die auch auf seinem Grabstein in Göttingen zu lesen ist: *„Wir müssen wissen und wir werden wissen"*. Unlösbare Probleme gebe es im Grunde nicht. Dies mag auch der Grund dafür gewesen sein, dass er das Jahr 1900 mit einem Ausblick auf die neuen Probleme, ein „Plus ultra!" verband und mit ungeheurem Arbeitsethos an dessen Einlösung mitwirkte. Das „Ignorabimus" ließ er nicht gelten. *„Diese Überzeugung von der Lösbarkeit eines jeden mathematischen Problems ist uns ein kräftiger Ansporn während der Arbeit; wir haben in uns den steten*

Zuruf: Da ist das Problem, suche die Lösung. Du kannst sie durch reines Denken finden; denn in der Mathematik gibt es kein Ignorabimus".

Seit etwa 1912 widmete sich Hilbert vor der Folie seiner provokanten Auffassung, dass die Physik für Physiker im Grunde zu schwierig sei, den Grundlagen mathematischer Physik. Sein Schüler Richard Courant edierte wesentlich aus den Vorlesungen Hilberts ein unter dem Kürzel Courant/Hilbert veröffentlichtes Grundlagenwerk, das für die mathematische Formulierbarkeit der immens expandierenden Physik, vor allem im Feld der Quantenmechanik, das fundamentale Werkzeug bereitstellte. In Göttingen verfolgte Hilbert die einschlägigen Entwicklungen im Einzelnen mit. Er arbeitete mit einem eigenen physikalischen Assistenten und auch mit dem späteren Pionier der Informatik, John von Neumann, eng zusammen.

Im Zusammenhang seiner Studien über die mathematischen Grundlagen der Physik hat Hilbert den Versuch unternommen, die beiden Naturkräfte, Gravitation und Elektromagnetismus, in einer einheitlichen Theorie zu erfassen. Hilbert präsentierte seine Lösung der Gravitationsgleichungen in einem Göttinger Vortrag am 16. November 1915 und reichte den Text unter dem Titel *Die Grundlagen der Physik* fünf Tage später bei der Göttinger Akademie der Wissenschaften ein. Einstein war von Hilbert persönlich zu diesem Vortrag eingeladen worden, kam aber nicht nach Göttingen und ließ sich nur das Hilbertsche Manuskript senden. Er sah darin die Lösung des Problems, an dem er seit Jahren gemeinsam mit Karl Grossmann vergeblich gearbeitet hatte. Den Wettlauf um die Präsentation der Allgemeinen Relativitätstheorie gewann Einstein. Obwohl die genauen Konstellationen nach wie vor in der wissenschaftsgeschichtlichen Forschung umstritten sind, ist die Annahme plausibel, dass Einstein die Gleichungen seiner Theorie eingliederte und den Traktat am 25.11.1915 der Berliner Akademie einreichte. Die Publikation erfolgte deutlich schneller als jene des Hilbertschen Traktates. Zwar gab es keinen öffentlichen Prioritätenstreit, und es kam zu rascher Aussöhnung zwischen beiden. Hilbert blieb sich aber sehr wohl der Ersturheberschaft bewusst und bestand auch auf ihr. Es kam zu einer Entschuldigung Einsteins, der aber öffentlich unangefochten den alleinigen Ruhm für sich beanspruchen konnte. Die Wissenschaftshistorie verweist heute zu Recht auf die Ironie der Geschichte, dass seinerzeit keine Notwendigkeit gesehen wurde, die beiden physikalischen Grundkräfte zu vereinigen, was Einstein unterlassen hatte, was aber heute gerade die Ambition physikalischer Grundlagenforschung, etwa in der Stringtheorie, ist. Damit kommt Hilbert eine umso größere und bleibendere Bedeutung zu.

Im persönlichen Ethos folgte Hilbert einer Kantischen Sittlichkeit. Sie verband sich mit Toleranz, und der Abwehr von chauvinistischen oder antisemitischen Versuchungen des Zeitgeistes. So blickte er über Grenzen seiner Zeit hinaus: Die hochbegabte Emmy Noether erreichte sogar die Habilitation. Vorbereitet war dies durch Hilberts Eintreten für das Studium von Frauen. Jedes vernunftbegabte Wesen war nach Hilbert unabhängig von Glaube oder Geschlecht befähigt, Mathematik zu erlernen.

Hilberts Tod blieb in Deutschland weitgehend unbemerkt. Kaum ein Dutzend Menschen soll an seinem Begräbnis teilgenommen haben; seine Witwe starb zwei Jahre später in völliger Einsamkeit. In Amerika hingegen, wo viele seiner Schüler wirkten, erschienen eingehende Nachrufe und Würdigungen, unter anderem von Weyl und es fanden Gedenkveranstaltungen statt.

Werke: Grundlagen der Geometrie, Leipzig 1903. – Die Grundlagen der Physik, Göttingen 1915. – Grundzüge einer allgemeinen Theorie der linearen Integralgleichungen, Berlin 1912. – Gesammelte Abhandlungen, Band I: Zahlentheorie, Berlin 1932. Band II: Algebra, Invariantentheorie, Geometrie. Berlin 1933. Band III: Analysis. Grundlagen der Mathematik, Physik, Verschiedenes, Lebensgeschichte. Berlin 1935. – Gemeinsam mit W. Ackermann, Grundzüge der theoretischen Logik, Berlin ^{2}1938.

Lit.: Dietmar Dath, Höhenrausch. Die Mathematik des 20. Jahrhunderts in zwanzig Gehirnen, Frankfurt/Main 2003. – Constance Reid, Hilbert, Berlin ^{2}1972. – Kurt Reidemeister (Hrsg.), Hilbert-Gedenkband, Heidelberg/New York 1971. – Klaus P. Sommer, Wer entdeckte die Allgemeine Relativitätstheorie? Prioritätsstreit zwischen Hilbert und Einstein, in: Physik in unserer Zeit 36, 5, 2005, S. 230 ff.

Bild: http://www-history.mcs.st-andrews.ac.uk/PictDisplay/Hilbert.html.

Harald Seubert

27. Januar   20. Todestag

BERNATZKY,
Aloys

Garten- und Landschafts-
architekt, Biologe, Natur-
schützer und Städtebauer

* 1.4.1910,
Leobschütz
† 27.1.1992,
Frankfurt/a.M.

Aloys Bernatzky besuchte bis 1929 ein humanistisches Gymnasium im oberschlesischen Leobschütz. Im Jahre 1930 ist dann seine Familie in die Kleinstadt Wünschelburg im Glatzer Land verzogen. Den ersten Studien der Theologie und Philosophie in Breslau folgte ein Studium an der TH Berlin auf den Gebieten Gartenarchitektur, Landschaftspflege und Städte- und Hochbau, welches 1938 abschloss. Dabei hörte er Vorlesungen vom damals führenden Landschaftsarchitekten Heinrich Friedrich Wiepking-Jürgensmann, die sein späteres Schaffen sehr beeinflussten.

Zum Zeitpunkt der Vertreibung der deutschen Bevölkerung hielt er sich in der oberschlesischen Kleinstadt Katscher auf und fand danach von 1946 bis 1972 Arbeit in Frankfurt/a.M., im städtischen Gartenamt. Nach weiteren Studien auf den Gebieten Botanik, Geografie und Völkerkunde an der Goethe-Universität Frankfurt/a.M. erlangte er 1959 den akademischen Grad als Doktor der Naturwissenschaften.

Zuerst nur in der Stadt und von 1961 bis 1974 im Regierungsbezirk Wiesbaden (später = Darmstadt) fand seine regionale Arbeit als 1. Beauftragter für Naturschutz viel Anerkennung. Er war Mitbegründer und Redakteur des Fachmagazin „Baumzeitung" sowie seit 1953 Mitglied an der Akademie für Raumforschung und Landespflege (heute: Deutsche Akademie für Städtebau und Landesplanung) und im Bund Deutscher Landschaftsarchitekten.

In den schwierigen Nachkriegszeiten erkannte er die Notwendigkeit und Bedeutung der Gestaltung von Naturflächen in urbanen Räumen, wirkte in diesem Sinne in den kommunalen Bereichen und erwarb sich überregional einen Namen als Fachmann für Naturschutz, Stadt- und Landschaftsgestaltung und besonders für Baumpflege.

Maßgeblich war er an der Schaffung und Kommentierung gesetzlicher Grundlagen für die Landschaftsplanung und Landespflege beteiligt. Er mahnte stets eine moderne, naturnahe, lebenswerte Gestaltung unserer Welt an. Immer wieder standen dabei das Thema „Baum und Umwelt" sowie Beziehungen der Menschen zu Bäumen im Mittelpunkt der Betrachtungen.

Ausführlich beschäftigte ihn die Umwandlung mittelalterlicher Wallflächen in den Städten in Grün- und Parkanlagen sowie deren Einfluss auf Stadtklima und Stadtökologie. Auf Gebieten der Gartenkunst und Landschaftspflege und Landschaftsgestaltung ist seine Verbundenheit mit Grundsätzen und Traditionen deutlich, wie sie vom bekannten deutschen Gärtner, Staudenzüchter, Garten-Schriftsteller und Garten-Philosophen Karl Foerster vertreten wurden.

Die Ergebnisse seiner Betrachtungen publizierte er in zahlreichen Büchern, Sammelwerken und 193 Artikeln mit hohen Auflagen. Seine fünf Gartenbücher erreichten eine Gesamtauflagenzahl von 500.000 und einige wurden in mehrere Sprachen übersetzt. Auch übertrug er selbst Fachliteratur des US-amerikanischen Forstwissenschaftlers Alex L. Shigo in die deutsche Sprache. Das politische Magazin „Der Spiegel" bezeichnete Bernatzky 1981/Nr. 48 als Nestor der deutschen Gartenarchitekten.

In Verbundenheit zur früheren Heimat wurde er Mitbegründer der Schlesischen Landsmannschaft in Hessen und war Mitglied der Heimatgruppe Grafschaft Glatz. Neben den Veröffentlichungen zu seinen eigentlichen Fachthemen, stammen aus seiner Feder auch einige, bemerkenswerte Veröffentlichungen mit landeskundlichen Themen zur Bewahrung des deutschen, schlesischen kulturellen Erbes. Seine Tätigkeiten beim Frankfurter Gartenamt und im Regierungsbezirk Wiesbaden/Darmstadt fanden mit der Ehrenplakette in Silber des Hessischen Umweltministeriums eine angemessene, öffentliche Würdigung. Auf Vorschlag der Universität Bonn erhielt er für seine Wissenschaftliche Arbeit 1984 die von der Alfred-Toepfer-Stiftung F. V. S. vergebene Alexander-von-Humboldt-Medaille in Silber.

Werke (Auswahl): Die Umwandlung bastionärer Befestigungsanlagen deutscher Städte in Grünanlagen. – Von der mittelalterlichen Stadtbefestigung zu den Wallgrünflächen von heute. – Gärten für uns. Ihre Anlage und Gestaltung. – Praktischer Gartenkalender. Ein Ratgeber für das ganze Jahr. – Ein Garten entsteht von heute auf morgen. – Grünplanung in Baugebieten. – Baum und Mensch. – Kramer, Unser Garten, neu angelegt. – Baumchirurgie, Baumpflege. – Der Gartenratgeber. – Leben mit Bäumen. – Lexikon der Grafschaft Glatz. – Landeskunde der Grafschaft Glatz. – Aufgaben und Probleme des Naturschutz Darmstadt

Bild: Zeitschrift „Der Naturarzt" 11/86

Helmut Steinhoff

Februar 2012

2. Februar   zum Tode

SCHUMANN,
Renata

Schriftstellerin

* 12.1.1934,
Hindenburg/OS

† 2.2.2012,
Bad Doberan

„Im Land der Pommern am Meer/ lege ich mir die Orte zurecht/ die klingen wie/ in meiner Heimat Silesia", lässt uns die Dichterin Renata Schumann in ihrem Gedicht Land am Meer wissen. Nie wollte sie davon loskommen, nie von der Heimat Oberschlesien und nie von der Heimat in der Sprache. Sie wurzelte in beidem, und es ist eine leidige Ungereimtheit, wie sie so selten allerdings gerade in Europa nicht ist, dass eines dem anderen gegensätzlich gegenüber gestellt wird, als wäre damit etwas zu gewinnen, was nicht schon verloren ist. *„Doberan und Tschernewens/Rostoki – welch ein schönes Slawenwort"*, schwärmt die Dichterin und fügt im gleichen Atemzug hinzu, *„daneben im gleichen Klang Heiligendamm/ harte Arbeit der Mönche"*. Aus Düsseldorf, wo sie ausgesiedelt einen neuen Start versuchte, zog es sie nach zwei Jahrzehnten wieder ostwärts, denn *„das Land am Meer Pommeranien/ wiegt sich für mich/ in der Wolke Silesia"*.

Es mag eine seltsame Heimatfindung sein, wenn diese von der Assoziation mit einer fernen Herkunft ausgelöst wird, die, wenn auch nur in Randformen, gegenwärtig sein darf. Sie bietet indessen die Illusion von der Möglichkeit des Machbaren, von einer Welt, in der für alles Platz ist, was da ist und sich zeitläufig verändert. Es ist nämlich so ungewöhnlich und wohl auch so bedauerlich nicht, dass nicht alles bleibt wie es ist – vorausgesetzt, wir sind mittragender und mitverantwortlicher Teil jeder Veränderung. Anders, wenn das verwehrt wird, wenn dem Menschen seine Zugehörigkeit abgesprochen wird und ihn das Glück verlässt. Es gibt ein Flüsschen bei Kattowitz in Oberschlesien, die Liebawa, und wer es von der Brücke aus betrachtet, kann sich darüber freuen, dass es schon immer da war und bleiben wird. In ihrer oberschlesischen Zustandsschilderung aus den 1990er Jahren Damit die Wunden heilen, macht uns Renata Schumann mit dem Flüsschen bekannt. Sie schreibt: *„Die liebliche Liebawa hat bisher Glück gehabt. Erstens durfte sie ihr reines Wasser bewahren und zweitens hat niemand ihren Namen geändert. Sie ist ein zu unbedeutendes Wässerchen für die große Politik ... Denn wenn sie ein großer bedeutungsvoller Fluss wäre, hätten wahrscheinlich die Deutschen eine Liebau daraus gemacht und die Polen womöglich eine Kochanowka."*
Für diejenigen, die es vielleicht nicht so genau wissen, sagt es die Autorin wenige Seiten danach: *„Deutsche und Polen. Für mich Schlesierin das Thema meines Lebens."* Das ist eindeutig, unmissverständlich, geradeheraus. Wer sich auf das Lesen der Bücher von Renata Schumann einlässt, muss wissen, dass es so gut wie immer um das Land Oberschlesien geht, um das umstrittene Grenzland Oberschlesien, um das umworbene Industriegebiet und um das Kulturland Oberschlesien, um seine wechselvolle Geschichte in der europäischen Mitte und vor allem um den Menschenschlag, der hier seine Heimat gestaltete, Gegensätze einzuschmelzen verstand und dann doch an ihnen zu scheitern drohte. Die Konsequenz, mit der sich die Schriftstellerin des Themas annahm, hat ihren Ursprung in der inneren Verwerfung nationaler Spannungen, die sich durch das ganze 20. Jahrhundert hindurch schleppten und zu Verfrem-

dungen führten, die der ethnischen und kulturellen Struktur des von Slawen und Deutschen geprägten Landstriches zutiefst konträr sind. Es ist das Leiden an der oberschlesischen Heimat und das ihr zugefügte Unrecht, das Renata Schumann, wie viele andere Autoren dieses Raumes, zu benennen drängt und in seinen Zusammenhängen zu erkennen versucht, weil auch die Literatur ohne die innere und äußere Wahrheit nicht auskommt. Die Schriftstellerin Renata Schumann hat sich dafür entschieden, literarisch festzuhalten, wie es war und ist und warum es so ist.

Wie polnisch oder wie deutsch das Land sein mag, kann indessen nicht die primäre Fragestellung einer Autorin sein, die zur Wahrheit beitragen will. Es genügt nicht, auf das eigene Leid und die eigene Schuld oder auf die der anderen hinzuweisen. Nicht die Enthüllungen von Untaten dürfen als der Wahrheit Kern gelten. Es sind nicht die abseitigen Versuche zur nationalen Vereinnahmung der heiligen Hedwig von Schlesien, die vorrangig zu bewerten sind, sondern die Geistes- und Seelenströmungen eines gemeinsamen Umfeldes, das diese starke Frauengestalt in einer Zeit hervorbrachte, als das Land Schlesien sich anschickte, den abendländischen Kulturkreis als den eigenen und angemessenen anzunehmen. Eine Erweiterung dieses historischen Ereignisses mit betont europäischer Dimension unternimmt die Autorin mit ihrem zweiten oberschlesischen Frauenroman *Der Piastenturm*, in dem sie vorweg Werner Tübke zitiert: *„Alles bleibt, wie es niemals war."* Ein Widerspruch, der sich als hilfreich erweist für einen der weiß, dass auf dem Seziertisch der Geschichte nicht alles säuberlich voneinander getrennt und bewertet werden kann. Ist die Vergangenheit nicht ein Konglomerat von Überlieferungen, Vorstellungen und Interpretationen? Und lebt die Gegenwart nicht von ihrer Fähigkeit zur Veränderung? Es bleibt nur das, was wir anzunehmen bereit sind und uns in der Übernahme mehr oder weniger gelingt. Das Absolute ist nicht dabei. Es wäre an sich nicht so fatal, dass nichts sicher ist – verhängnisvoll wird es nur, wenn wir uns einreden unserer Sache ganz gewiss zu sein. Wenn wir sagen, dass es ist wie es ist, meinen wir doch, dass wir das so genau nicht wissen und dass die Welt als solche hinzunehmen sei, wenn schon nicht in Demut, so immerhin im Verständnis für ihre Unvollkommenheit. Das hilft, zugegeben, nicht unbedingt weiter. Es sind bedauerlicherweise in der Regel eher die tragischen Umstände, die uns zumindest im Urteil voranbringen und zur Besinnung auf das Eigentliche beitragen. Das Eigentliche aber könnte die Existenz sein, denn diese ist zwar auslegbar, nicht aber verhandelbar. Wenn wir allerdings im *Piastenturm* den Satz lesen „*Wir sind Teil eines Ganzen*", mag uns das wie die viel gehörte Floskel eines Umweltpolitikers vorkommen, der ein echtes Problem anspricht und es zugleich, wie gehabt, vor sich herschiebt. Wir wissen, dass auch über das zu reden sein wird, was wir schon nicht mehr hören können.

In der Literatur freilich ist das nicht gestattet. Sie muss erfindungsreich sein, unterhaltsam bleiben und dem Wort seinen Sinn verleihen. Und so lässt die Schriftstellerin Renata Schumann in ihrem Roman die Äbtissin der allgemeinen Betrachtung über die Welt den Satz hinzufügen: „*Das Leben des Menschen ist ein Augenaufschlag zu Gott.*" Ein ebenso poetischer wie notwendiger Satz. Der Schriftsteller darf, ja er muss das in die Handlung einbeziehen, was über das Wahrnehmbare hinausreicht und einen Ort beschreibt, der keinen festen Boden unter den Füßen hat. Es ist nicht allein die überlieferte und verbürgte Realität, was die Schriftstellerin dem heutigen Leser über die heilige Hedwig mitteilen will – dazu muss nicht erst ein Roman geschrieben werden. Die Autorin ist bemüht, das weniger zu Belegende wahrzunehmen und uns anzunähern. Sie versetzt die Legende in den Alltag und baut sie dort erzählerisch aus, ohne die Sachlichkeit der Schilderung aufzugeben. Legende und nachweisbare Wirklichkeit sind im Buch nicht voneinander getrennt, denn nur beides zusammen formt unser Bild von der schlesischen Heiligen, die im Roman als *Ein starkes Weib* bezeichnet wird. Das Überirdische erhält eine irdische Dimension, die zum Verständnis von Leben und Wirken der Herzogin Hedwig von Schlesien gehört.

Wie, so dürfen wir fragen, sieht übrigens die historische Wahrheit aus? Wie zuverlässig sind die Annalen aus dem 13. Jahrhundert des europäischen Mittelalters? Wie glaubwürdig die Chronisten an den fürstlichen Höfen oder in den Klöstern? Sind nicht die einen auf die Gunst des Herrschers angewiesen, und müssen wir nicht in den anderen kirchliche Fantasten sehen? Die eigentliche Wertung mag sich nicht zuletzt gerade darin äußern, was sich an legendärer Substanz herangebildet und die Zeiten überdauert hat. Es ist diese zwischen Weltlichkeit und Vergeistigung angesiedelte Wahrheit, die Renata Schumann in ihrem biografischen Roman über Hedwig von Schlesien aufspürt und nachgestaltet, nicht komplementär zu den bekannten geschichtlichen Fakten, sondern in diese einbezogen als elementares Erleben einer starken Persönlichkeit.

Im *Piastenturm* geht die Schriftstellerin einen Schritt weiter. Wieder stellt sie eine starke Frau ins Zentrum der Handlung, wieder ist es eine tiefe christliche Frömmigkeit, die dazu verhilft, das Leben zu bestehen und ihm vor Gott und den Menschen Sinn zu verleihen. An urkundlich verbürgtem Wissen liegt über Viola von Oppeln nur der Nachweis über ihre zehnjährige Regentschaft (1229-1239) vor, die sie nach dem frühen Tod von Kasimir von Oppeln für ihre noch unmündigen Söhne ausübte. Renata Schumann entwirft hier in gewisser Weise eine Parallelhandlung zum Hedwig-Roman, in deren Mittelpunkt hier wie dort die westliche Verschwisterung Schlesiens bis zum Mongolensturm von 1241 steht, die Christianisierung des Landes und dessen Besiedlung mit Deutschen aus dem Reich. Diese Besiedlung und die damit verbundenen gesellschaftlichen Veränderungen unter dem polnisch-deutschen Herrschergeschlecht der Piasten bildet die Keimzelle für eine deutschslawische Symbiose in Schlesien, die bis heute kontrovers dargestellt wird. Ist es im Hedwig-Roman noch die deutsche Fürstentochter aus dem Hause Andechs, die hier segensreich wirkte, so wird das im Piastenturm weitgehend Viola, der Fürstin von Oppeln und Ratibor zugeschrieben, in der eine einheimische Frauengestalt vermutet werden kann. Ohne besondere Hervorhebung findet damit ein wohl durchaus gewollter Ausgleich in der Wertung einer historischen Leistung statt, die von beiden Bevölkerungsteilen mitgetragen worden ist und sie zu

Schlesiern, zu gleichwertigen Landeskindern, wenn auch unterschiedlicher Zunge, werden ließ. Wenn es in der Folge nationale und kirchliche Aufspaltungen mit übelsten Ausschreitungen gegeben hat, so überdauerte doch der Gedanke von der gemeinsamen Heimat Schlesien nicht nur in der Erinnerung oder gar im Streit um eine wie immer geartete Wiedergutmachung. Er berechtigt zur Hoffnung, und ihn zu verbreiten gehört zum Besten, was ein Autor für Schlesien tun kann.

Wenn Renata Schumann ihr Buch *Der Piastenturm* ihren Kindern widmet, wird deutlich, wie sehr für sie das historische Thema Schlesien Herzenssache ist *„Ich bin das Klageweib/ der Meinen"*, sagt sie von sich in dem Gedicht Eule im Apfelbaum, und an anderer Stelle, in dem Gedicht *Vogelweide*, hält sie sich selbstkritisch vor: *„Ich bin kein guter Walter meiner Vogelweide/ das Licht lehnt mit dem Rücken/ an meinem Apfelbaum/ meine Spatzen zwitschern ängstlich/ zu leise."* – Nein, sie übt nicht ein Lächeln an der Wahrheit vorbei. Diese aber ist, was zuweilen übersehen wird, nicht mit einer östlichen Speerspitze versehen. Ihre Romane stellen dar, wie einer auf den anderen angewiesen ist als Schlesier.

Das letzte Kapitel im Piastenturm trägt den Titel *„Das Leben geht weiter im Land an der Oder"*. In ihrer Beschreibung beschränkt sich die Autorin nicht allein auf die Beseitigung der von den Mongolen hinterlassenen Verwüstungen. Sie entwirft für die Zukunft eine tragbare Vision. In einem annähernd zehn Buchseiten umfassenden Abschnitt begleiten wir die fest im christlichen Glauben verwurzelte Fürstin zu einem im Walde lebenden heilkundigen Weib, das nicht nur einen kräftigenden Kräutertrank herzustellen versteht, sondern auch beschwörende heidnische Zaubersprüche kennt und sie anzuwenden sich nicht scheut. In mütterlicher Ratlosigkeit sucht die Fürstin den Beistand des Waldweibes, dessen Wissen in den Vorstellungen einer Vorzeit ruht, die zwar als überwunden gilt, nicht aber aus dem Bewusstsein verdrängt worden ist. *„Was hatte ihr das weise Weib gesagt?"* fragt die Autorin. *„Nichts hatte sie ihr gesagt. Alles hatte sie ihr gesagt, ... aber keine Antwort auf ihre Frage ... Doch sie war auf wundersame Weise getröstet."*

Wer die Vergangenheit nicht ausklammert – das zeigt die Autorin nicht nur in diesem Teilstück des Romans –, wird sie ergänzend und mit Gewinn in das Wissen und Gewissen der Zeit aufnehmen. Die politischen, gesellschaftlichen und kulturellen Veränderungen sind nicht allein das Ergebnis von Umstürzen und dynastischen Verlagerungen, und nicht ausschließlich das Verdienst des gerade Mächtigen. Alles, was geschieht und geschehen wird, ruht auf dem Sockel der Vergangenheit, und dieser hat seine eigene Substanz: wir nennen sie die Wahrheit, und wer sie richtig verstehen will, für den wird sie immer eine gemeinsame Wahrheit sein. Das gesamte literarische Werk von Renata Schumann ist darauf angelegt. Das rückt die literarische Note nicht in den Hintergrund, es verleiht dem Werk eher Glaubwürdigkeit und Vitalität – ich würde sagen, jenen Schwung, der beim Schreiben nicht fehlen sollte. Dazu gehört die Sprache, und sie ist oft mehr als eine Form der Verständigung. Sie ist Heimat, Kultur, Zugehörigkeit und Bekenntnis. Sie wird ins Leben mitgegeben, bewahrt, oder auch, wie bei Renata Schumann, wieder erworben. In ihrem Buch *Muttersprache*, 1992 bei Langen Müller, München und 2007 in Rostock in zweiter Auflage erschienen, schildert sie die eigene Not und die des Landes Oberschlesien mit der deutschen Muttersprache. Sie spricht von einem *„brutalen Sprachraub"*, und wir wissen, dass es so war. Dennoch findet sie auch in der aufgezwungenen polnischen Sprache Heimat, weil das Polnische ebenso wie das Deutsche zur Heimat Oberschlesien gehört und für viele dort – heute für die Mehrheit – Heimat schlechthin ist, Heimat wie jede andere.

Renata Schumann hat sich alles erstritten, die Sprache, die Freiheit, das literarische Ansehen. Zwischen der 1983 in Kattowitz in polnischer Sprache erschienenen erster Veröffentlichung *Co jest snem* und dem 2007 in deutscher Sprache erschienenen Band *Lichtschneisen* liegen mit Arbeit und Suchen angefüllte Jahrzehnte der Ernüchterung und der Erfüllung, von Verlust und Gewinn. Jahre der Reife. Die Schriftstellerin Renata Schumann wusste, es gibt Momente und Orte, von denen aus Zukunft gedacht werden kann und umsetzbar ist. Sie nennt die gemeinsame christliche Vergangenheit als einen solchen Ort und als Moment des guten Willens nicht nur zur Einsicht, sondern auch zum entsprechenden Handeln. *„Ich halte es für mein Verdienst"*, sagte Renata Schumann bei der Verleihung des Kulturpreises Schlesien 2007 des Landes Niedersachsen in Wolfsburg, *„mich selbst aus den mir zugemuteten Zwängen befreit zu haben. Dass ich zu meiner Muttersprache zurückgefunden habe, erachte ich als mein großes Glück."* Auch das darf als ein Ort des Aufbruchs gelten. Was die Schriftstellerin Renata Schumann auszeichnet, sind die Konsequenz der Gesinnung, die Strenge gegen sich selbst und die Objektivität des Urteils. Wer das selbst erlittene Unrecht vor sich her trägt, wird das anderen zugefügte nicht verstehen wollen. Das Schreiben über Schlesien wird nicht möglich sein, oder es wird unbrauchbar sein, wenn es, was wahr ist, nicht wahr haben will. Die Wahrheit will jedoch nicht Schwert sein – sie richtet nicht. *„Zaghaft grünt mein Volk/ im Frühling"*, dichtete Renata Schumann 1983 in polnischer Sprache, und es mag unterschiedlich zu deuten gewesen sein, wen die Dichterin ansprach als *„mein Volk"*. Vordergründig muss das nicht wichtig sein. Wenn die *„Akrobaten der Alltäglichkeit den Cocktail der Welt zu heftig rühren"*, empfiehlt die Dichterin den Blick still zur Wand zu wenden. Darüber hinaus jedoch ist das Wegsehen ihre Sache nicht. Auch das Weggehen hilft nicht weiter – alle Entfernungen werden dem Dichter ungewiss. *„Mit dem Schlüssel in der Hand/ warte ich im grauen Kleid/ vor meiner Tür/ auf meinen Wind,/ der mich weg trägt von hier"* lesen wir 2007 von der Dichterin Renata Schumann aus Oberschlesien. Sie ist gegangen ohne sich zu entfernen, und angekommen wie nicht da. Kein neuer Schmerz wird dadurch ausgelöst, eher ein Erkennen, das überwältigend hereinbricht. *„Wer einmal seine Wurzeln in den Wandersack legt, kommt nirgendwo an"*, schreibt sie unter dem Titel Wie ein Blatt im Wind. Und bleibt doch nicht ohne Trost. *„Vom Wind getragen, von der Zeit geformt"*, lesen wir 2007. „Du stehst am Rande der Unendlichkeit. Du atmest. Und das zählt.

Franz Heinz

10. Februar 75. Geburtstag

BILKE,
Jörg Bernhard

Journalist, Publizist

* 10.2.1937,
Berlin

Wenn es jemanden gibt, der sich mit den Geschehnissen im Nachkriegsdeutschland, mit der traurigen Geschichte der Vertreibungen und mit der wechselvollen Geschichte der ehemaligen deutschen Ostgebiete auskennt, dann ist es Jörg Bernhard Bilke.
Dr. Jörg B. Bilke – dieser Name bürgt für Lesbarkeit. Und für Genauigkeit und Präzision, Tausende – wahrscheinlich Zehntausende – von Artikeln sind es, die dieses Signum tragen, und das wird hoffentlich noch lange so bleiben.
Geboren wurde Jörg Bernhard Bilke am 10. Februar 1937 in Berlin-Moabit. Ostern 1937 zogen die Eltern nach Rodach bei Coburg, wo der Vater eine kleine Glanzgoldfabrik betrieb. Drei Schwestern kamen hinzu, und wenn man Jörg Bilke von seiner Kindheit erzählen hört, hat man den Eindruck, es war eine geradezu paradiesische Zeit – er berichtet darüber in seinen Lebenserinnerungen. Das humanistische Gymnasium Casimirianum in Coburg überstand er nicht so glatt, darum wechselte er von 1955 bis 1958 auf die Oberschule nach Kirchheim/Teck bei Stuttgart, Ostern 1958 machte er sein Abitur und begann sofort mit dem Studium der Klassischen Philologie, der Germanistik und der Geschichte an der Freien Universität Berlin, wohin es ihn – auch heute noch – immer wieder zog. Ein unru-

higer Geist, setzte er seine Studien sodann in Mainz fort, blieb seinen Fächern treu und arbeitete mit an der Studentenzeitung „nobis". Darin – und das sollte sein Schicksal werden – veröffentlichte Jörg Bilke 1961 sieben DDR-kritische Artikel.
In der DDR-Literatur, das muss der obigen Laudatio hinzugefügt werden, kennt er sich aus wie kein zweiter – wahrscheinlich reichte allein dieser Umstand damals schon dem Staatssicherheitsdienst der DDR zur Observierung des jungen Mannes: am 9. September 1961 verhafteten sie ihn während der Buchmesse auf dem Karl-Marx-Platz in Leipzig, er wurde zu dreieinhalb Jahren Zuchthaus verurteilt. Statt der Hörsäle deutscher Universitäten waren nun triste Gefängniszellen seine Bleibe, in Torgau, Rositz bei Altenburg, Leipzig und schließlich im berüchtigten Zuchthaus Waldheim. Es war eine Zeit, die er nie vergessen wird! In der er unter seinen Leidensgenossen Freunde gewann und mit den Abgründen menschlicher Verhaltensweisen konfrontiert wurde. Auch über diese Zeit berichtet er in Lesungen und Vorträgen, und seine Zuhörer werden nie enttäuscht. Bilke weiß spannend zu erzählen – das zuweilen überbordende Detailwissen tut dem keinen Abbruch. Teurer Jörg Bilke: am 25. August kaufte ihn die Bundesregierung in Bonn für 40.000 DM frei. Weitere 800 Häftlinge konnten im Tausch gegen 32 Millionen DM das Staatsgebiet der Deutschen Demokratischen Republik verlassen.
Bilke setzte sein Studium in Mainz fort, arbeitete acht Monate lang als Deutschlehrer in Västergötland in Schweden – eine Zeit, an die er sich immer noch gern erinnert – und begann mit Veröffentlichungen im Hörfunk und in Zeitungen.
Für wiederum acht Monate ging er an die Indiana University in Bloomington/Indiana als Gastdozent für DDR-Literatur. Sein dortiger Chef war der 1935 in Liegnitz geborene Schlesier Prof. Dr. Louis F. Helbig, der das Institute of German Studies leitete und 1988 das bis heute unübertroffene Buch *Der ungeheure Verlust. Flucht und Vertreibung in der deutschsprachigen Belletristik der Nachkriegszeit* veröffentlichte. In den nächsten zwei Jahren war Bilke mit seiner Dissertation beschäftigt, man muss nicht lange raten, welchem Thema er sich

widmete: einer Dichterin aus der DDR, Anna Seghers in ihrem Frühwerk 1926/32. Während dieser Zeit arbeitete er bereits als wissenschaftlicher Mitarbeiter an der Ost-Akademie in Lüneburg, eine berufliche Ausrichtung, der er treu bleiben sollte. In diesen 18 Monaten verschaffte er sich einen großen Überblick über Leben und Kultur in ehemaligen deutschen Gebieten, die seit dem Zweiten Weltkrieg zum Ostblock gehören.

Es folgten zehn Monate als Kulturredakteur bei der WELT in Bonn, Tätigkeit bei der Stiftung Ostdeutscher Kulturrat und bei Inter Nationes, wiederum eine Anstellung in der Ost-Akademie in Lüneburg und eineinhalb Jahre bei der Bundeszentrale für Politische Bildung in Bonn.

Und nun wurde der Umtriebige sesshaft, von 1983 bis 2000 war Jörg Bilke Chefredakteur der *Kulturpolitischen Korrespondenz* in der Stiftung Ostdeutscher Kulturrat in Bonn. Eine Zeit, in der er viel schrieb, viel bewegte, vieles anstieß, reiste und – um eine abgegriffene Metapher zu benutzen – „am Puls der Zeit" blieb. Ganz besonders stolz ist er auf sein im Sommer 1995 erschienenes Sonderheft über die DDR-Schriftsteller, die aus den alten Ostgebieten stammten: *Verlorenes Leben, verdrängte Geschichten. Ostdeutsche Autoren in Mitteldeutschland 1945-1995* (112 Seiten).

Schade, dass es kein Fernseh-Quiz zum Thema „Ehemalige deutsche Ostgebiete" gibt, Bilke würde es gewinnen – zumindest bekam er 2003 das Bundesverdienstkreuz.

Warum man so einen wachen Geist in Rente schickt, ist unbegreiflich, seine journalistische Neugier und seine Schreiblust sind ungebrochen. Und ungebrochen ist seine Lebenslust: 2006 entschloss er sich endlich dazu, eine Familie zu gründen. Mit seiner Frau Gabriele wohnt er nun wieder in Coburg, Stadt seiner Schulzeit. Und am traditionsreichen Casimirianum studiert er mit alten Schulkameraden lateinische Texte und hält weiterhin sein Auge auf die journalistische Szene unserer Republik.

Bild: Privatbesitz des Gewürdigten.

Erika Kip

März 2012

4. März   300. Geburtstag

HENCKEL,
Joachim Friedrich

Gynäkologe, Chirurg

* 4.3.1712,
Preußisch Holland

† (1. oder) 2.7.1779,
Berlin

Geboren in Preußisch Holland in Ostpreußen, erhielt Henckel seinen ersten chirurgischen Unterricht von seinem Vater, der das Amt eines Stadtrichters bekleidete und daneben als erfahrener Wundarzt tätig war. Ab 1729 bekam Henckel einige Jahre in Königsberg bzw. Danzig Unterricht bei den Wundärzten Marggraf und Nicolai sowie bei den Anatomen Prof. Matthias Ernst Boretius (1694-1738) und Dr. Johann Adam Kulmus (1689-1745).
1731 wechselte Henckel nach Berlin über, um zur Weiterbildung medizinisch-chirurgische Vorlesungen am Collegium medico-chirurgicum zu hören und als Volontär die Charité zu besuchen. Anschließend trat er das Amt eines Feldschers bei einem preußischen Infanterie-Regiment an, es folgten seine Versetzung als Kompaniefeldscher zum Königlichen Leib-Regiment nach Potsdam sowie zwei Jahre später die Ernennung zum „Pensionär-

Chirurgus" (Chirurg in der 3jährigen Phase der Weiterbildung, mit einer Besoldung von 50 Talern im Jahr).
Der König finanzierte Henckel danach eine zweijährige Studienreise über Holland nach Paris, wo er bei den damals angesehensten Chirurgen und Geburtshelfern hospitierte. Nach Beendigung seiner Studien in Frankreich und der Rückkehr nach Preußen wurde er 1740 zum Regimentschirurg des königlichen Leibregiments ernannt. Schon 1740 wurde nach dem Tod König Friedrich Wilhelms I. dieses Regiment der „Langen Kerls" aufgelöst und Henckel nach Berlin zum berühmten Gendarmen-Regiment versetzt. Mit diesem nahm er ab 1740 am Ersten Schlesischen Krieg teil, wo er neue chirurgische Erfahrungen sammeln konnte.
1742 aus dem Krieg zurückgekehrt, hielt er in Berlin in seinem Privathaus erste chirurgische Vorlesungen, mußte aber gegen heftige Anfeindungen ankämpfen, da man ihm vorwarf, kein Akademiker zu sein. Um seine akademische Situation zu verbessern, begann er mit der Ausarbeitung einer medizinischen Doktorarbeit und beantragte die Zulassung zum Staatsexamen.
1744 wurde Henckel in Frankfurt/Oder mit der augenheilkundlichen Dissertation über Operationen des Grauen Stars *De cataracta crystallina vera* zum Doktor der Medizin promoviert.
1745 mußte Henckel mit seinem Regiment erneut nach Schlesien in den Krieg ziehen. Nach Berlin zurückgekehrt, begann er als „Pensionär-Chirurg" an der Charité mit seinen Vorlesungen über Geburtshilfe, chirurgische Bandagen und Operationen.
1747 kam der erste Band seiner Sammlung *Medicinischer und Chirurgischer Anmerckungen* heraus. Bis 1763 folgten noch sieben weitere Bände aus dieser Schriftenreihe. Unter dem Titel *Neue medicinische und chirurgische Anmerckungen* erschienen 1769 und 1772 noch zwei Nachtragsbände. In verschiedenen Rezensionen wurden diese sowie auch andere Werke Henckels heftig angegriffen, so daß er häufig gezwungen war, entsprechende Repliken zu verfassen.
Henckel nahm als Kriegschirurg dann auch am Siebenjährigen Krieg teil. Nach dessen Beendigung 1763 kehrte er wieder nach Berlin zurück, wo er sehr erfolgreich seine ärztliche Pra-

xis ausbaute und erneut chirurgische und geburtshilfliche Privatvorlesungen, später auch wieder Unterrichtsveranstaltungen an der Charité, hielt.

Bereits 1761 erschien Henckels Schrift *Abhandlung zur Geburtshülfe*, in der er auch die Theorie des Kaiserschnitts beschreibt. 1769 führte er einen solchen Eingriff an einer lebenden Schwangeren erfolgreich durch, was nicht nur in Berlin für großes Aufsehen sorgte. Aufgrund des geglückten Kaiserschnitts wurde Henckel im November 1769 von König Friedrich II. zum Professor für Chirurgie und zum Hofrat ernannt. 1770 erfolgte seine Ernennung zum ärztlichen Direktor der Charité. Daneben wurde Henckel 1774 als Nachfolger des Anatomen Johann Friedrich Meckel zum Direktor der 1751 von Friedrich dem Großen an der Charité gegründeten Entbindungsanstalt, der eine Hebammenschule angegliedert war, berufen. Henckel übernahm nun auch die Aufgabe, den Studenten der Chirurgie klinisch-geburtshilflichen Unterricht zu erteilen. 1774 hat Henckel somit den Höhepunkt seiner beruflichen Karriere erreicht. Er starb 1779 als Ärztlicher Direktor der Charité sowie als Professor für Chirurgie und Geburtshilfe.

Wie seine *Abhandlung zur Geburtshülfe* zeigt, arbeitete Henckel insbesondere auf dem gynäkologisch-geburtshilflichem Gebiet, mehrere Schriften erschienen zu diesem Thema. Aber diese Werke waren nicht unumstritten. So konstatierte beispielsweise der Göttinger Frauenarzt und Geburtshelfer Friedrich Benjamin Osiander (1759-1822), daß Henckels geburtshilfliche Arbeiten nur einen geringen Nutzen für das Fach hätten und dieses nicht voranbrächten.

Auch im Bereich der Chirurgie forschte Henckel intensiv. Er verfaßte einige spezielle chirurgische Schriften, die er für seine wundärztliche Lehrtätigkeit benötigte und die über Jahre hinweg als Standardwerke galten. So brachte er 1759 seine *Abhandlungen von Bein-Brüchen und Verrenkungen* heraus und von 1770 bis 1776 folgten 8 „Stücke" seines Werkes *Abhandlung der chirurgischen Operationen*. In diesem Werk bietet Henckel eine weitgefächerte Palette operativer Eingriffe: Er beschreibt u. a. das operative Vorgehen am Auge (Grauer Star), an der Blase (Steinoperation), bei Krebsleiden (Tumorentfernung), bei Brüchen, bei Magen- und Darmeingriffen sowie bei Amputationen. Ferner beschäftigt er sich ausführlich mit der chirurgischen Naht.

Als sein Hauptwerk gilt jedoch seine 1756 herausgekommene Schrift *Anweisung zum verbesserten chirurgischen Verbande*, die als erste umfassende Schrift zu dieser Thematik mehrere Auflagen und später Umarbeitungen und Erweiterungen erfuhr. Auch diese Arbeit ist ein Standardwerk, das mehr als 80 Jahre lang ein Leitfaden für Medizinstudenten und Chirurgen blieb.

Obwohl Henckel nicht zu den wegweisenden Pionieren seines Faches zählt, so hat er als Praktiker doch das Verdienst, durch Sammlung und systematische Darstellung von Krankheitsfällen sowie durch die Aufarbeitung des aktuellen Wissensstandes verschiedener Gebiete der Chirurgie und Geburtshilfe diese Disziplinen entscheidend bereichert zu haben. Des weiteren konnte er sehr erfolgreich für die Hebammenausbildung wirken. Als akademischer Lehrer war Henckel sehr erfolgreich und bei seinen Studenten überaus beliebt.

Aufgrund seiner Verdienste wurde Henckel 1750 zum Mitglied der Königlichen Akademie für Chirurgie in Paris ernannt.

Werke: De cataracta crystallina vera, Frankfurt/Oder 1744. – Sammlung Medicinischer und Chirurgischer Anmerckungen, Bde. 1-8, Berlin 1747–1763. – Anweisung zum verbesserten chirurgischen Verbande, Berlin 1756. – Abhandlungen von Bein-Brüchen und Verrenkungen, Berlin 1759. – Abhandlung zur Geburtshülfe, Berlin 1761. – Neue medicinische und chirurgische Anmerckungen, Bde. 1-2, Berlin 1769-1772. – Abhandlung der chirurgischen Operationen, Bde. I-VIII, Berlin 1770-1776.

Lit.: ADB 11 (1880), S. 730f. – Lehmann, Volker: Vom Barbiergehilfen zum Leiter der Charité, in: Hamburger Ärzteblatt, H. 10 (2007), S. 478f.

Bild: Wikipedia

Werner E. Gerabek

4. März 90. Geburtstag

BADER,
Werner

Journalist, Buchautor

* 2.3.1922,
Haidemühl/Niederlausitz

Als jüngster von drei Brüdern wurde Werner Bader in Haidemühl bei Spremberg in der Niederlausitz geboren, wo sein Vater als Wiegemeister in der Brickettfabrik arbeitete. Er war wiederum der Sohn eines Bauern aus Christophswalde bei Landsberg an der Warthe (dem Geburtsort 1929 der DDR-Schriftstellerin Christa Wolf), das in jenem Drittel Brandenburgs lag, das heute zu Polen gehört. In der Kleinstadt Drossen bei Frankfurt an der Oder besuchte er, mit einem Stipendium versehen, die Staatliche Oberschule und legte dort 1941 das Abitur ab. Sofort danach, es war im zweiten Kriegsjahr, wurde er zur Luftwaffe eingezogen und flog vier Jahre als Pilot Einsätze in einem Sturzkampfgeschwader (Ju 88).
Nach Kriegsende und kurzer amerikanischer Gefangenschaft nahm er im Jahr 1946 ein Studium der Geschichte, Zeitungswissenschaft und Slawistik an der Friedrich-Wilhelms-Universität in Berlin auf, die von den Kommunisten 1946 in Humboldt-Universität umbenannt wurde, 1948 wechselte er zur neugegründeten Freien Universität in Berlin-Dahlem. Aber als leidenschaftlicher Journalist, der in die Praxis drängte, war er schon als Student nebenberuflich tätig, so arbeitete er 1946/47 bei der Berliner Tageszeitung *Kurier*, einem Blatt, das von der französischen Besatzungsmacht lizenziert war und für das er

als Beobachter und Berichterstatter am SED-Gründungsparteitag (21./22. April 1946) im Ostberliner Admiralspalast teilnahm. Zwei Jahre später (1948/49) leitete er das Berliner Büro des bis heute erscheinenden Nachrichtenmagazins *Der Spiegel*. Im Jahr der Gründung beider deutscher Nachkriegsstaaten 1949 in Bonn und in Ost-Berlin wurde er Redakteur der Berliner Ausgabe (1947/55) der von den Amerikanern gegründeten *Neuen Zeitung*, wo er vier Jahre blieb, um 1953, dem Jahr des Aufstands vom 17. Juni, zum *Nordwestdeutschen Rundfunk* (NWDR) zu wechseln, dem Vorläufer des *Senders Freies Berlin* (SFB), wo er bis 1957 arbeitete. Danach verließ er Berlin und wurde 1958 in Köln *„Chef vom Dienst"* in der Nachrichtenredaktion der *Deutschen Welle*, zehn Jahre später wurde er zum Leiter des *„Deutschen Programms"* berufen, das er selbst aufgebaut hatte und das den Titel trug *Rund um die Welt und um die Uhr über fünf Kontinente und sieben Meere*. In dieser Position blieb er bis zum Eintritt ins Rentenalter 1987.

Von dieser Kölner Position aus entfaltete Werner Bader, der immer neue Möglichkeiten entdeckte, kulturpolitisch tätig zu werden, eine Fülle von Aktivitäten. So wurde er 1973 Mitbegründer und Präsident der *Internationalen Assoziation deutschsprachiger Medien* (IADM) und schuf 1977 in Solingen die heute noch existierende *Zentralstelle für den deutschen Chorgesang in der Welt*. Auch in seiner Landsmannschaft Berlin- Mark Brandenburg wurde er aktiv, seitdem er 1985 Bundessprecher geworden war (mit der längsten Amtszeit von über 15 Jahren) und Vorsitzender des Stiftungsrats der Stiftung Brandenburg; leider musste er beide Posten, in denen er schier Unglaubliches geleistet hatte wie 1998 die Eröffnung des von ihm geschaffenen Hauses Brandenburg in Fürstenwalde/Spree, 1999 wegen Kontroversen innerhalb der Landsmannschaft aufgeben.

Aktivitäten entwickelte er aber auch in der Bonner Stiftung Ostdeutscher Kulturrat, deren Vorstand er von 1972 bis 2005 angehörte und die ihren Sitz bis 2012 in der Kaiserstraße 113 hatte. Hier war er verantwortlich, als zweiter Journalist im Vorstand neben dem Vorsitzenden Dr. Herbert Hupka (1915-

2006), als verantwortlicher Juror zunächst für den Erzählerwettbewerb und dann für den Medienpreis.
Dass er auch Autor von elf Büchern ist, wird oft übersehen! Darunter sind auch drei höchst beachtenswerte wie das über die *„märkische Nationalhymne"* entstandene Buch *Steige hoch, du roter Adler. Welthits aus märkischem Sand* (1988), worin er die Entstehung des weithin beliebten Liedes beschrieb, das der *Wandervogel* Gustav Büchsenschütz (1902-1996) in der Jugendherberge Wolfslake bei Berlin 1923 gedichtet und komponiert hatte. Das Buch verzeichnete mehrere Auflagen, die nach der ersten mit einem Vorwort Manfred Stolpes, des ehem. Ministerpräsidenten des Bundeslandes Brandenburg 1990/2002, versehen waren. Das nächste Buch *Pionier Klinke. Tat und Legende* (1992) war den aus der preußischen Niederlausitz stammenden Soldaten gewidmet, die am 18. April 1864 im deutsch-dänischen Krieg an der Erstürmung der Düppelner Schanzen beteiligt waren. Im dritten *Buch Der Teufelsaktuar von Spremberg. Die Abenteuer und Liebe des legendären Räuberhauptmanns Lauermann* (1997) behandelte er einen Stoff aus der näheren Heimat.
Seit 1997 lebt er im Bredow-Dorf Görne im Havelland, das mit dem Ortsteil Kleßen zusammen nur knapp 400 Einwohner hat. Hierher ist er aus der pulsierenden Großstadt Köln mit seiner Frau Karin, die auch Journalistin war, gezogen. Nach dem Tod seiner Frau 2002 hat er sich freilich nicht in seiner märkischen Einsamkeit vergraben, sondern ist trotz seines hohen Alters erstaunlich betriebsam geblieben. So hat er mit dem Landrat Burkhard Schröder des Landkreises Havelland erreicht, dass im Nachbardorf Ribbeck, das durch Theodor Fontanes Gedicht *Herr von Ribbeck auf Ribbeck im Havelland* (1889) bekannt geworden ist, von jedem der 16 Bundesländer ein Birnbaum gepflanzt wurde. Dieser *„Deutsche Birnengarten"* im Ribbecker Schlosspark wird ihn überleben und von seiner schöpferischen Unrast in hohem Alter zeugen! In Görne hat er zudem ein Fontane-Denkmal errichten lassen, das einzige übrigens in einem märkischen Dorf!
Aber noch immer hat er sich nicht untätig aufs Altenteil zurückgezogen! Was ihn zurzeit umtreibt, ist die *Märkische Dich-*

terstraße. Mit diesem Unternehmen, wozu er eine Reihe von Städten und Dörfern in Brandenburg angeschrieben hat, möchte er auf die reiche Literaturlandschaft Brandenburgs aufmerksam machen, zu deren bedeutendsten Vertretern immerhin Heinrich von Kleist (1777-1811), Willibald Alexis (1798-1871) und Theodor Fontane (1819-1898) gehören. Inzwischen hat er 142 Autoren ermittelt und 741 Bände märkischer Literatur gesammelt, die man im *„Grafenstall"* seines Anwesens in Görne besichtigen kann. Er lebt ja, was ihm offensichtlich Verpflichtung ist, auf dem einstigen Wirtschaftshof des Grafen Friedrich Ludwig Wilhelm von Bredow (1763-1820), der aus einem urpreußischen Geschlecht stammte und über welchen der schlesische Autor Willibald Alexis den *„vaterländischen Roman"* mit dem Titel *Die Hosen des Herrn von Bredow* (1846) geschrieben hat.

Wenn man Werner Baders langes Leben überblickt, dann staunt man, was er alles durchgemacht und glücklich überstanden hat, zum Beispiel die Jahre als Sturzkampfbomberpilot mit zwei Abstürzen. Dazu gehören auch die Festnahme durch die Amerikaner 1945, als er fröhlich mit dem Fahrrad bei Sangerhausen auf der Autobahn fuhr, und die Mitteilung auf einem Blatt in seiner Stasi-Akte *„Die Entführung des Werner Bader"*. Er sollte nämlich 1952 nach Ost-Berlin gelockt und am Walter-Ulbricht-Stadion verhaftet werden. Nun wartet man ungeduldig auf seine Autobiografie, mit seinem noch unveröffentlichten Essay *Angekommen* (in Görne) hat er längst einen Anfang gemacht.

Dass sein öffentliches Wirken nicht unbemerkt blieb, verstand sich von selbst! So hat er in seinem langen Leben insgesamt 34 Orden und Auszeichnungen bekommen, darunter auch zwei polnische. Darunter sind nicht nur die *Goldene Ehrennadel der Landsmannschaft Berlin-Mark Brandenburg* (1973) und die *Goldene Ehrennadel des Bundes der Vertriebenen* (2008), sondern auch das *Bundesverdienstkreuz am Bande* (1982), das *Bundesverdienstkreuz 1. Klasse* (1987), das *Große Bundesverdienstkreuz* (1993) und das *Große Bundesverdienstkreuz mit Stern* (2012).

Bild: Archiv der Kulturstiftung.

Jörg Bernhard Bilke

6. März   80. Geburtstag

REIN,
Kurt

Linguist

* 6.3.1932,
Deutsch-Alt-Fratautz

Am 6. März 2012 beging Prof. em. Dr. Kurt Rein in Baldham bei München seinen 80. Geburtstag. Der Jubilar zählt zu den verdienstvollen aktiven Persönlichkeiten der Erlebnisgeneration der Umsiedlungen aus der historischen Bukowina 1940 bzw. der Nachumsiedlung 1941 über Kronstadt in Siebenbürgen. Geboren wurde er im vorwiegend evangelischen Deutsch-Alt-Fratautz, wo er seine Kindheit in multiethnischer Umgebung verbrachte, da sein Vater Notar in der benachbarten Szekler-Gemeinde Andrasfalva war.
Viele seiner Landsleute gelangten während bzw. nach der Umsiedlung und dem Zweiten Weltkrieg nach Weiden in der Oberpfalz, wo Rein sein Abitur machte. Auf sein Studium und seinen beruflichen Werdegang soll hier nicht näher eingegangen werden (siehe dazu das Gespräch, das Dr. Stefan Sienerth in den Südostdeutschen Vierteljahresblättern München, 1/1999, mit dem Jubilar führte), sondern auf die Leistungen, die ihn bei den Buchenländern und darüber hinaus bekannt gemacht haben.
Prof. Dr. Kurt Rein – er hatte 1957 seine Doktorarbeit zu Areallinguistik verteidigt und sich 1973 zu einem soziolinguistischen Thema habilitiert – gehörte zu den vielen engagierten Buchenländern der Nachkriegszeit in der Bundesrepublik Deutschland, die gleich in mehreren Bereichen der Kultur-, Forschungs- und Vereinsarbeit Anregungen eingebracht und rege mit agiert

haben. In seiner beruflichen Lehr-, Forschungs- und Fördertätigkeit setze er sich wie im ehrenamtlichen Wirken für seine Schicksals- und Erlebensgeneration weit über die bukowinischen Belange hinaus ein. Rein verwies stets auf die vielen Verbindungen, die es zu Siebenbürgen, Galizien, Bessarabien, der Dobrudscha, dem Banat und anderen Regionen der alten Monarchie, zu den Umsiedlungsgebieten in Ost, West und im Süden, sowie in jüngerer Zeit bis zu den „Verwandten" nach Übersee gab und gibt (dazu beispielsweise William Keel/Kurt Rein, German emigration from Bukovina to the Americas, 1996, 300 S., hrsg. vom Augsburger Bukowina-Institut, Max Kade Center for German-American Studies, Universität Kansas). Es war immer ein Engagement für die gesamteuropäische Prägung, die ihm am Herzen lag.

Daraus erwuchs eine Sonderstellung: Der Inhaber eines Lehrstuhls an der LMU München gehörte in der Zeit, als es den Eisernen Vorhang noch gab, zu den nicht allzu vielen Universitätsprofessoren in Deutschland, die sich seit den frühen siebziger Jahren nicht nur dem Westen zugewendet, sondern auch Ost- und Südosteuropa nicht vergessen haben. So förderte und wirkte der Sprach- und Dialektforscher Rein, der sich selbst als *„Schüler von Karl Kurt Klein"* (gebürtiger Siebenbürger) bezeichnete, an den Forschungs- und Facharbeiten in Siebenbürgen, Sathmar, im Banat und in Ungarn (Budapest und Fünfkirchen/Pecs) mit. Dem gern gesehenen Forscher und Gastprofessor zahlreicher renommierter europäischer und amerikanischer wissenschaftlicher Institute wurde von der Universität Eötvös Lorand Budapest nach der Wende der Ehrendoktor und der Professor honoris causa verliehen, in der rumänischen Südbukowina wurde Rein 2004 in die große *Enciclopedia Bucovinei* aufgenommen (Bd. 2/S. 301). Für Siebenbürgen stehen bleibend die von ihm bearbeiteten und herausgegebenen drei Bände des Siebenbürgisch-deutschen Sprachatlasses. Weiter war der damalige Ordinarius Initiator und Verantwortlicher der LMU für die Institutspartnerschaft Germanistik München-Temeswar sowie der Universitätspartnerschaft zur ELTE Budapest.

Dem Universitätsprofessor waren entsprechend viele Ehrenämter zugekommen, andere hat er gerne übernommen. So wirkte er im Südostdeutschen Kulturwerk in München rege mit, eine Zeit im Verein für Siebenbürgische Landeskunde, in der Südostdeutschen Historischen Kommission und ist heute noch im Vorstand des Bukowina-Instituts an der Universität Augsburg wie im Bundesvorstand der Landsmannschaft der Buchenlanddeutschen aktiv. Rein zählte zu den Initiatoren (1972) und Gründern (Mai 1974) der Raimund-Friedrich-Kaindl-Gesellschaft, deren letzter Vorsitzender der frühere Kulturbeirat im Präsidium bis zur Selbstauflösung des Vereins 2003 in Brehna war. Vor einigen Jahren ließ sich der Emeritus in den Geschäftsführenden Bundesvorstand der Landsmannschaft der Buchenlanddeutschen wählen, um hier in die Bresche zu springen, weil Not am Mann war. Die Verbindungen zu diesem Verein seiner Landsleute bestanden über all die Jahre, ganz besonders zu „seinen" Pfälzern und Saarpfälzern. So hielt er beispielsweise beim Bundestreffen 1976 in Homburg/Saar den Festvortrag zum 100. Geburtstag des Mundartdichters Heinrich Kipper. Die Herausgabe der ergänzten und aktualisierten Neuauflage des Heimatbuches Fratautz (zusammen mit Waldemar Radmacher) im Jahre 2005 (456 Seiten) ist eine große Hommage an seinen Geburtsort und die alte Heimat Bukowina.

Ein wichtiges Anliegen möchte der Dialektforscher bald möglichst zu Ende führen: Die Herausgabe von drei CD mit Tonbelegen zu den drei bekanntesten deutschen Mundarten in der ehemaligen Bukowina: Pfälzerisch (Schwäbisch), (Deutsch-) Böhmisch und Zipserisch.

Lit.: Kürschners Deutscher Gelehrten-Kalender 1976, Zwölfte Ausgabe, N-Z und Register, Sp. 2532/2533, und 1992 (beispielsweise), 16. Ausgabe, I-R, Walter de Gruyter, Berlin-New York, S. 2923-2924 (mit ausführlicher Biographie und Werkverzeichnis). – Emil Satco (Hrsg.), Lexikon „Bucovina", Bd. 2, Suceava 2004. – Kurt Rein/ Waldemar Radmacher, Heimatbuch Fratautz/Bukowina, München 2005, 456 S. – Kurt Rein, Bukowiner in Amerika. Besuch bei unbekannten Verwandten, Jahresgabe 1992 der Raimund Friedrich-Kaindl-Gesellschaft. – Kurt Rein, Jahresgabe(n) 1989/99 und 2000/2001 der Raimund Friedrich-Kaindl-Gesellschaft, – Halrun Reinholz: Spiegelungen, Heft 1/7(61) Jahrgang 2012, S. 106-107: Prof. em. Dr. Dr. h. c. Kurt Rein zum 80. Geburtstag.

Bild: Archiv des Autors

Luzian Geier

13. März   150. Geburtstag

SPIRAGO,
Franz

Theologe, Schriftsteller

* 13.3.1862,
Landskron (Lanškroun)
† 8.2.1942,
Prag

Seit Jahren wird in christlichen Kreisen über die Weitergabe des Glaubens und die Neuevangelisierung gesprochen und werden dabei auch neue Katechismen der Kirchen wie der katholischen Weltkatechismus diskutiert. In eine Geschichte der neueren Katechismen gehört auch das Werk des sudetendeutschen Theologen Franz Spirago, der gegen Ende des 19. Jahrhunderts und in der ersten Hälfte des 20. Jahrhunderts mit seinem Volkskatechismus und anderen katechetischen und religionspädagogischen Werken in vielen Ländern bekannt war.

Franz Spirago wurde am 13. März 1862 im ostböhmischen Teil des Schönhengstgaues in Landskron geboren, wo er auch das Gymnasium besuchte, ehe er 1880 in das Priesterseminar in Königgrätz (Hradec Kralové) eintrat. 1884 erhielt er die Priesterweihe und war dann als Kaplan in der Seelsorge tätig, ehe er 1888 Katechet in Trautenau (Trutnov) wurde, Religionsprofessor, wie es damals hieß. Hier am Fuß des Riesengebirges begann er zu schreiben und zu veröffentlichen und setzte diese Tätigkeit seit 1904 als Lehrer am Deutschen Gymnasium am Graben in Prag fort. 1919 ging er in den Ruhestand. Er starb am 8. Februar 1942 in Prag.

Spirago war ein äußerst erfolgreicher Autor, aber ein Einzelgänger, dessen Leben kaum erforscht ist. Kurt A. Huber nannte ihn *„einen Pionier der neueren Schul- und Volkskatechese"*. Auch wenn über seine Biographie wenig bekannt ist, so gibt es doch zahlreiche Anekdoten über ihn, den *„oft außergewöhnlich aus der Reihe tanzenden Professor"*, wie der Trautenauer Prälat Richard Popp ihn charakterisierte. Spiragos Schriften können wir entnehmen, dass er Sinn für Humor hatte und dass ihm Langeweile in Unterricht und Predigt zuwider war. Für seine Schüler waren die Religionsstunden eine amüsante Erholung. Politisch war er ein national gesinnter Sudetendeutscher, der auch klar Stellung nahm, als die Sprachenverordnungen des österreichischen Ministerpräsidenten Badeni 1897 die Gemüter erhitzten.

Er war ein großösterreichischer Patriot, aber auch ein überzeugter Lehrer und Priester, der erkannte, wie ungenügend die Katechese im 19. Jahrhundert war. Um dem abzuhelfen, schrieb er seine Bücher.

An erster Stelle steht sein erstmals 1894 in Trautenau gedruckter *Katholischer Volks-Katechismus pädagogisch und zeitgemäß ausgearbeitet*. Er erlebte mindestens zehn Auflagen und wurde in dreizehn Sprachen übersetzt.

Zwei Jahre später veröffentlichte Spirago in Trautenau einen *Katholischen Katechismus für die Jugend*, der später *„umgearbeitet mit vielen Erklärungen, Gleichnissen, Sprichwörtern"* sieben Auflagen erfuhr. Dabei können wir uns nur auf die Angaben in dem nun in Nidda im Haus Königstein ansässigen Institut für Kirchengeschichte von Böhmen-Mähren-Schlesien vorhandenen Ausgaben stützen, da es noch keine vollständige Spirago-Bibliographie gibt.

In mehrere Sprachen übersetzt wurde sein im Jahre 1900 in Trautenau erschienenes *Lehrbuch der speziellen Methodik des Katholischen Religionsunterrichtes* mit dem Untertitel *Pädagogische Grundsätze bei Erteilung des katholischen Unterrichtes in der Volks- und Bürgerschule*. Es sollte nach 1908 überarbeitet unter dem neuen Titel *Spezielle Methodik des katholi-*

schen Religionsunterrichtes. Praktische Ratschläge für Katecheten 15 Auflagen erleben. Spirago gab auch Predigten und Beispielsammlungen heraus, insbesondere für Prediger und Katecheten zur Illustrierung und Verlebendigung ihrer Arbeit. Dazu kamen viele Kleinschriften zu religiösen Themen mit bis zu 33 Auflagen wie seine *Belehrung über das Meßopfer*. Unter den Titeln sind auch eschatologische Werke und Schriften über Weissagungen und Prophetien, aber auch Klugheitsregeln, Anekdoten und *Heiteres aus dem Religionsunterricht und der Seelsorge*.

Lit.: Kurt A. Huber, Franz Spirago (1862-1942). Ein Pionier der neueren Schul- und Volkskatechese, in: Archiv für Kirchengeschichte von Böhmen-Mähren-Schlesien 11 (1990), 57-71. Mit Verzeichnis der Werke.

Bild: Archiv des Institutes für Kirchengeschichte von Böhmen-Mähren-Schlesien, Nidda.

Rudolf Grulich

16. März   150. Geburtstag

ZEDLITZ,
Joseph Christian von

Offizier, Politiker, Dichter

* 28.2.1790,
Jauernig/Sudetenschlesien
† 16.3.1862,
Wien

Im ersten Bezirk in Wien ist die Zedlitzgasse nach einem Sudetenschlesier benannt, der am 16. März 1862 in Wien starb: Joseph Christian von Zedlitz. Er stammt aus Jauernig, wo sein Vater Schlosshauptmann und bischöflicher Landeshauptmann war, denn das Schloss gehörte bis 1945 dem Bischof von Breslau, dessen Bistumsgebiet nach den Schlesischen Kriegen kirchenrechtlich bis 1972 auch zwei fürstbischöfliche Kommissariate Freiwaldau und Teschen in Österreich und seit 1919 in der Tschechoslowakei umfasste.

Zedlitz besuchte das Gymnasium in Breslau, wo Joseph von Eichendorff sein Schulfreund war. 1806 wurde Zedlitz Soldat im österreichischen Husaren-Regiment Erzherzog d'Este, wo er bald als Oberleutnant Ordinanzoffizier von Feldmarschall Prinz Friedrich Franz von Hohenzollern-Hechingen war und 1809 bei den Schlachten von Eggmühl, Aspern und Wagram wegen seiner Tapferkeit ausgezeichnet wurde. Aber schon 1810 verließ Zedlitz das Militär und verwaltete auf Wunsch der Familie die Güter in Ungarn.

Seit 1815 schrieb er regelmäßig Lyrik und Prosa und wurde mit einem Gedichtzyklus *Frühlingsrosen* und Arbeiten im Almanach *Aglaja* und in den *Wiener Jahrbüchern der Literatur* bekannt. In diesen Jahren hatte er Kontakt mit Franz Grillparzer, Zacharias Werner, Joseph Schreyvogel und Joseph Freiherr von Hammer-Purgstall. Als 1835 nach dem Tode des Kaisers Franz I., der bis 1806 als Franz II. der letzte Kaiser des Heiligen Römischen Reiches war, den Text der österreichischen Kaiserhymne zu ändern beschloss, wählte man den neuen Text von Zedlitz.

Der bayerische König Ludwig I. wollte 1830 Zedlitz als Minister in sein Kabinett in München holen, doch nach Tagen des Verhandelns in der bayerischen Hauptstadt ging Zedlitz wieder nach Österreich zurück. Seit 1836 war Zedlitz in Wien im Staatsdienst, wo ihn Kaiser Ferdinand I. und der Staatskanzler Fürst Metternich sehr schätzten. Er war im Kriegsministerium, aber auch als Diplomat tätig und schrieb neben dieser Tätigkeit auch für die *Augsburger Allgemeine Zeitung*. Seine Berichte waren ganz im Sinne der Politik Metternichs gehalten, besonders seine politischen Flugschriften *Über die Orientalische Frage* (1840) und *Fromme Wünsche aus Ungarn* (1846) oder *Über den galizischen Aufstand* (1846). In den Jahren 1840 und 1842 begleitete er Metternich nach Köln, wo er auch mit Autoren wie Karl Simrock, Ferdinand Freiligrath und Carl Leberecht Immermann zusammentraf. Nach dem Sturz Metternichs infolge der Revolution 1848 zog sich Zedlitz nach Ausee auf seine dortigen Besitzungen zurück, ging aber 1851 wieder nach Wien, um dort kleinere deutsche Fürsten am Wiener Hof zu vertreten. So war er Ministerresident des Großherzogs von Sachsen-Weimar-Eisenach und außerdem auch Geschäftsträger der Höfe von Nassau, Oldenburg und Braunschweig.

Zedlitz veröffentlichte lyrische Werke unter Titeln wie *Gedichte* (1832) und *Todtenkränze*. Seine Ballade *Die nächtliche Heerschau* wurde mehrfach vertont, darunter auch von Carl Löwe. Seine *Dramatischen Werke* erschienen bereits zu Lebzeiten gesammelt 1860 in vier Bänden. Einzelne Dramen, aber auch Komödien waren seit 1829 erschienen wie das Lustspiel *Cabinettsintrigen* im Stile des damals gefeierten Erfolgsautoren und Theaterschriftstellers August Kotzebue oder *Kerker und Krone* über die letzten Tage des italienischen Dichters Torquato Tasso. Nach Motiven des spanischen Dichters Lope de

Vega gestaltete er den „Stern von Sevilla" und die Tragödie „Zwei Nächte zu Valladolid".

Bild: Lithographie von Josef Kriehuber, 1840

Rudolf Grulich

16. März   80. Geburtstag

CHALUPECKY,
Ivan

Archivar, Historiker

* 16.3.1932,
Zipser Neudorf
(Spiška Nova Ves)

Ivan Chalupecky wurde am 16. März 1932 in Zipser Neudorf in der Slowakei geboren, und zwar in einer deutschen Familie, in der auch das Ungarische als eine der drei Sprachen der Slowakei neben dem Slowakischen heimisch war. Er besuchte als Katholik das traditionsreiche Deutsche Evangelische Gymnasium A.B. in Käsmark (Kežmarok), nach dem Krieg die slowakische Schule in Theißholz.

Das Eintreten für die Kirche brachte ihm 1951 vor der Matura den Ausschluss aus der Schule, Haft und Zwangsarbeit im Steinbruch, dann in der Ziegelei und im Bergwerk. Erst 1955 wurde ihm erlaubt, die Matura nachzuholen und im Archiv in Leutschau (Levoča) eine Arbeit anzutreten. Das Leutschauer Archiv war damals noch eine Filiale des Staatsarchivs von Kaschau (Košice). Als Externer studierte er Geschichte und Archivwesen. Als sich die politischen Verhältnisse in den 60er Jahren besserten, konnte Chalupecky promovieren und wurde infolge des Prager Frühlings Direktor des inzwischen selbständigen Staatlichen Archivs in Leutschau.

Durch die von den Kommunisten zynisch *„Normalisierung"* genannte Rückkehr der alten Verhältnisse nach dem Einmarsch der Warschauer Pakt-Staaten, wurde ihm die Leitung des Archives wieder entzogen, aber er durfte weiter im Archiv arbeiten, weil man seine Arbeit brauchte. Erst die Wende nach der sogenannten „*Samtenen Revolution*" brachte seine Rehabilitierung und seine Wiedereinsetzung als Direktor des Archivs. Was er seitdem leistete, kann hier nur angedeutet werden. Seine Vorlesungen über Kirchengeschichte und Archivwesen am Priesterseminar und am Theologischen Institut der Diözese Zips im Zipser Kapitel (Špiška Kapitula) und an der katholischen Universität in Rosenberg (Ružomberok), seine Mitgliedschaft in wissenschaftlichen Gremien wie dem Kreis der Zipser Historiker, seine Bücher und Artikel machten ihm zu einer Persönlichkeit, von der der Karpatendeutsche Slowakeifachmann Ernst Hochberger im Karpatenjahrbuch schrieb, er kenne ihn „*als den besten Kenner der Zips, als hervorragenden Wissenschaftler, als den kenntnisreichsten Archivar der Slowakei, schließlich als liebenswerten Menschen, der selbst in der Zeit der schlimmsten Verfolgungen unseren christlichen Glauben gelebt und diesem gedient hat*".

Wer sich heute mit der Geschichte der Zips beschäftigt, kommt an den Werken Chalupeckys nicht vorbei: Er verfasste Ortschroniken, stellte Kunstwerke und über hundert Persönlichkeiten seiner Heimat in biografischen Porträts vor und brachte uns auch bei vielen wissenschaftlichen Konferenzen im Ausland nicht nur die Kirchen- und Kulturgeschichte der Zips, sondern auch ihrer angrenzenden Gebiete nahe.

Eines seiner Hauptarbeitsgebiete war die Erforschung des Schaffens seines Landsmanns Paul von Leutschau, eines Zeitgenossen von Veit Stoß und Tilmann Riemenschneider, denen dieser Meister ebenbürtig war. Nicht nur der Altar der Jakobuskirche in Leutschau, der höchste Schnitzaltar der Welt, stammt von diesem Künstler, sondern auch viele Werke in der Zips und in der übrigen Slowakei. Chalupecky hat über Meister Paul geforscht, hat ihm ein eigenes Museum in Leutschau eingerichtet und auch einen Film über ihn gestaltet.

Werke: Bibliographien seines Schaffens verzeichnen die beiden Festschriften für ihn: Spiš v 10.-20. storoči (Z minulosti Spiša IX-I) (Die Zips im 10. bis 20. Jahrhundert, Jahrbuch „Aus der Vergangenheit der Zips Band IX –X. 2001/2002) Leutschau 2002. Schriftenverzeichnis auf den Seiten 281-299. – Pocta Ivanovi Chalupckémi. Festschrift 2012, S. 250-265 (für die Jahre 2002-2012).

Rudolf Grulich

29. März   300. Geburtstag

SUPPER,
Judas Thaddäus

Barockmaler

* 29.3.1712,
Müglitz (Mohelnice)

† 1.5.1771,
Mährisch Trübau
(Moravská Třebova)

Das deutsche Müglitz in der größten sudetendeutschen Sprachinsel Schönhengstgau hat einige bedeutende Männer hervorgebracht. 2011 jährte sich der 450. Jahrestag des Amtsantritts des Prager Erzbischofs Brus 1561, der in Müglitz geboren wurde und der erste Erzbischof nach der langen Zeit der Nichtbesetzung des Erzbischöflichen Stuhles in Prag war. In der Barockzeit sind der Jesuitenschriftsteller Barthel Christel (Bartholomäus Christelius) und der Philippinen-Missionar Mathias Cuculinus zu nennen. Am 29. März 1711 wurde in Müglitz der Maler Thaddäus Supper geboren, von dem noch heute in verschiedenen Kirchen Mährens und Ostböhmens zahlreiche Altarbilder und Fresken erhalten sind, während leider manche seiner Wand- und Deckenfresken nicht mehr zu sehen sind, da sie später übermalt wurden.

Der junge Supper sollte eigentlich Priester werden, daher wurde er von den Eltern auf das nahe Jesuitengymnasium nach Olmütz geschickt, wo er auch nach der Matura mit dem Theologiestudium begann und den Grad eines Baccalaureus erhielt. In der künstlerisch reichen Welt von Olmütz, der kulturellen Hauptstadt Mährens, lernte Supper einige Maler wie Johann Christoph Handke aus Johnsdorf bei Römerstadt, Ignaz Raab aus Nechanitz und Karl Franz Joseph Haringer aus Wien kennen, die damals in Olmütz die Jesuitenkirche Maria Schnee mit Bildern und Fresken ausschmückten. Von ihnen begeistert entschloss sich Supper, als Lehrling in die Werkstatt von Haringer einzutreten. Er heiratete später als Maler in Mährisch Trübau die Tochter des Malers Christian David, bei dem einst Handke als Geselle tätig gewesen war. Im Jahre 1737 erwarb Supper das Bürgerrecht in Mährisch Trübau und war später dort auch im Stadtrat. In Mährisch Trübau ließ sich 1738 auch der Bildhauer Georg Pacák aus Schurz (Žirec) bei Königinhof (Dvůr Karlové) nieder, der eine Schwester von Supper heiratete und so Suppers Schwager wurde. 1742 wurde sein Sohn Franz geboren, der ebenfalls Maler wurde und die Werkstatt des Vaters in seiner Heimatstadt weiterführte. So konnte er manche Fresken Suppers nach dem Tod des Vaters vollenden.

In dieser Stadt hatte er in der Piaristenkirche das Altarbild gemalt und in der Dekanatskirche die Wandfresken im Chorraum. Für das Trübauer Franziskanerkloster schuf er das Gemälde der Unbefleckten Empfängnis und Bilder der hl. Anna und des hl. Johannes Nepomuk. Das von ihm begonnene Bild des hl. Franz von Assisi malte sein Sohn Franz zu Ende. Im nahen Hohenstadt stammt das Bild des hl. Apostels Bartholomäus in der Pfarrkirche von ihm sowie die Krönung Mariens und das Bild der Heiligen der Societas Jesu auf einem Seitenaltar. Weitere Werke sind dort der hl. Nikolaus und der hl. Johannes Nepomuk. Im Zisterzienserkloster Saar (Žiar) auf der Böhmisch-Mährischen Höhe und im Konventsgebäude in Sedletz sind von ihm Altarbilder und Wand- und Deckengemälde zu sehen. Nicht sicher ist seine Autorenschaft bei Seitenaltarbildern in der Spitalkirche in Zwittau und beim Altarfresko der ehemaligen Jesuitenkirche in Ungarisch-Hradisch, die ihm ebenfalls zugeschrieben werden.

Lit.: Franz Ryschawy, Judas Thaddäus Supper. Ein Barockmaler des Schönhengstgaues. Wien 1981 (maschinenschriftlich).

Abb.: Detail des Deckenfreskos von Judas Thaddäus Supper in der Pfarrkirche Mariä Himmelfahrt, Mährisch Trübau, nach 1764.

Rudolf Grulich

29. März   300. Geburtstag

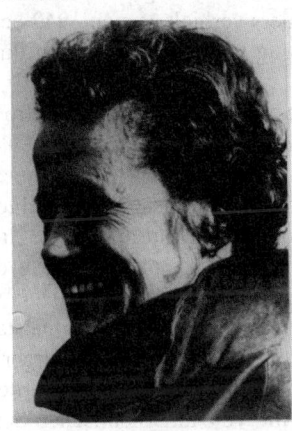

REITSCH,
Hanna

Testpilotin

* 29.3.1912,
Hirschberg/Riesengebirge

† 24.6.1979,
Frankfurt/Main

Nach dem Besuch des Realgymnasiums in Hirschberg und dem Abschluss mit dem Abitur im Jahre 1931 ging Hanna Reitsch bis 1932 an die Koloniale Frauenfachschule nach Rendsburg. Diese Ausbildung und das noch im gleichen Jahre begonnene Medizinstudium in Berlin sowie die inzwischen erworbenen Segelflug- und Motorflugscheine waren für sie die Voraussetzung, um einmal als fliegende Missionsärztin nach Afrika gehen zu können.

Durch ihre fliegerischen Erfolge im Segelflug – sie hatte bereits während ihrer Ausbildung auf der Segelflugschule in Grunau durch einen Fünfstundenflug einen Weltrekord erflogen – kam es 1934 zur Teilnahme an einer Segelflug-Forschungsexpedition in Südamerika. Ebenfalls wurde Hanna Reitsch an die Deutsche Forschungsanstalt für Segelflug in Darmstadt durch Prof. Georgii berufen, wo sie als Testpilotin tätig war. Es erfolgten von dort aus weitere Expeditionen nach Finnland, Portugal, Ungarn, USA, Libyen und Jugoslawien. Das Medizinstudium hatte sie aufgegeben.

Im Jahre 1937 gelang Hanna Reitsch als erster Frau die Alpenüberquerung mit dem Segelflugzeug und im gleichen Jahr wurde sie als erste Frau der Welt zum Flugkapitän ernannt und flog wiederum als erste Frau einen Hubschrauber. Mit diesem

führte sie im Jahr darauf den ersten Hallenflug in der Deutschlandhalle in Berlin aus. Nicht anders verhielt es sich 1942 beim Fliegen mit einem Raketenflugzeug und 1944 mit einem Puls-Jet-Flugzeug.
Während des Krieges war sie Testpilotin an der Militär-Erprobungsstelle in Rechlin und führte u.a.Testflüge mit dem Raketenflugzeug Me 163 und der V-1 durch. In diesem Zusammenhang kam es zu Abstürzen mit das Schlimmste zu befürchtenden Verletzungen. Für ihren aufopfernden Einsatz wurde Hanna Reitsch mit dem EK II und später als einzige Frau in der deutschen Geschichte mit dem EK I und dem Militärfliegerabzeichen in Gold mit Brillanten ausgezeichnet. Ihre Heimatstadt Hirschberg ernannte Hanna Reitsch 1941 zur Ehrenbürgerin, was zu Lebzeiten bisher nur Gerhart Hauptmann zuteil wurde.
Nach der Kapitulation wurden ihr von amerikanischer Seite verlockende Angebote als Testpilotin gemacht, die sie jedoch ablehnte. Zuvor hatte sie von dem tragischen Lebensende ihres Vaters, ihrer Mutter, ihrer Schwester und deren Kinder erfahren, die es wegen angekündigter Repressalien vorzogen, freiwillig aus dem Leben zu gehen.
Schließlich kam sie – zusammen mit vielen bekannten Persönlichkeiten des Dritten Reiches – als *„Kriegsverbrecherin"* vom Mai 1945 bis zum November 1946 in das Baracken-Gefängnis in Oberursel im Taunus in amerikanische Kriegsgefangenschaft. Hier kam es zu dem für sie folgenschwersten Ereignis. Sie sollte – im Zusammenhang mit jenem spektakulären Flug am 26. April 1945 mit Ritter von Greim in das eingeschlossene Berlin – über ihre Eindrücke im Bunker der Reichskanzlei hinsichtlich des Verhaltens Hitlers und seiner Umgebung etwas Falsches berichten. Dazu wurde sie einerseits mit verlockenden Versprechungen, andererseits durch die Androhung von Konsequenzen von einem CIC-Offizier gedrängt. Als Hanna Reitsch aber den zu einer Pressekonferenz geladenen zahlreichen Journalisten auf Fragen des Vernehmungsoffiziers hin nur ein der Wahrheit gemäßes Bild über diese Tage vom 26. bis 28. April 1945 wiedergab, wurde die Veranstaltung abgebrochen und allen Anwesenden ein fingierter Bericht überreicht. So

kam es zu den böswilligen Verleumdungen, die schließlich in Magazinen und internationalen Zeitungen verbreitet wurden. Zunächst gab es keine Möglichkeiten, gerichtlich dagegen vorzugehen und so blieb es Hanna Reitsch nur übrig, sich in ihren Büchern *Fliegen – mein Leben*, „*Höhen und Tiefen*" und „*Das Unzerstörbare in meinem Leben*" darüber zu äußern (Herbig-Verlag, München).

In Deutschland konnte die Fliegerin bei den Segelflugweltmeisterschaften in Spanien 1952 die Bronzene Medaille erringen. Danach zeichnete sie sich 1955 als deutscher Segelflugmeister, 1956 im freien Streckenflug (370 km), 1957 im Frauen-Höhensegelflug (6848 m) und weiteren deutschen wie internationalen Wettbewerben aus. Sie half 1959 den Leistungssegelflug in Indien aufzubauen und in den Jahren 1962 bis 1966 in Ghana.

Hanna Reitsch wurde 1972 zum Ehrenmitglied der Society of Experimental Test Pilots in Kalifornien gewählt, in Arizona vom IOC zum „*Pilot of the Year 1972*" ernannt und war Ehrenmitglied vieler deutscher und ausländischer Pilotenvereinigungen und Flieger-Clubs, darunter die Vereinigungen Alter Adler, Zoota und Whirly Girls. 1975 bekam sie die Auszeichnung Internationale Kette der Windrose verliehen.

An ihrem langjährigen Wohnsitz in Frankfurt am Main verstarb Hanna Reitsch am 24. August 1979 im Alter von 67 Jahren und wurde im Grab der Familie Reitsch in Salzburg beigesetzt. Man wird diese außergewöhnliche Frau, die häufigen Verleumdungen ausgesetzt war, nur dann zu begreifen vermögen, wenn man sich über das Eingespanntsein ihrer Generation in die Zwangsläufigkeiten der Zeit wirklich ursächlich informiert.

Bild: Archiv der Kulturstiftung.

Konrad Werner

April 2012

1. April   125. Geburtstag

JUNG,
Peter

Lyriker, Journalist,
Redakteur

* 1.4.1887,
Hatzfeld/Banat/Ungarn

† 24.6.1966,
Hatzfeld/Banat/Rumänien

Peter Jung wurde als erster Sohn des Kleinbauern und späteren Ziegelbrennmeisters Mathias Jung und dessen Ehefrau Katharina, geb. Reichhardt, geboren. Die Mutter starb bald nach der Geburt seines Bruders Mathias an Typhus, als Peter fünf Jahre alt war. Sein Vater heiratete dann die sieben Jahre jüngere Schwester seiner verstorbenen Frau. Mit ihr hatte er fünf Kinder, so dass Peter mit sechs Geschwistern aufwuchs. In der Hatzfelder Elementarschule wurde er in deutscher, in der Bürgerschule in ungarischer Sprache unterrichtet. Der Vater wollte den begabten Jungen studieren lassen, da aber die Mittel fehlten, kam der Zwölfjährige als Hilfskraft in die Feinkostgroßhandlung seines Onkels nach Budapest, wo er abends auch eine dreijährige Handelsschule besuchte. 1907 bis 1914 wechselte er neunmal die Stellung, arbeitete zuerst als Sekretär, dann als Korrespondent, später als Buchhalter und Kanzleichef in verschiedenen Betrieben der ungarischen Hauptstadt. Am Ersten Weltkrieg nahm er als Infanterist an der Front in Galizien und Südtirol teil, wurde mehrfach verwundet und ausgezeichnet. Das Soldatenleben verabscheute er. Nach dem Krieg war er wieder in Budapest, wo er die Räterepublik miterlebte und mit ihr sympathisierte, was ihm später den Vorwurf einbrachte, ein „Roter" zu sein. Vor dem Terror der Horthy-Diktatur floh er 1920 in die Heimat. Im selben Jahr begann seine über 30 Jahre währende journalistische Karriere. Zunächst wurde er auswärtiger Mitarbeiter der Großbetschkereker *Neuen Zeit* und des Neusatzer *Deutschen Volksblattes*, wo auch seine von ihm als ausgereift befundenen Gedichte erschienen. Einige seiner Feuilletons brachte der Werschetzer *Deutsche Volksfreund*, das *Banater Tagblatt* u.a. Blätter. An der Gründung des Schwäbisch-deutschen Kulturbundes in Jugoslawien nahm er regen Anteil, lebte aber weiterhin in Hatzfeld. Im Sommer heiratete er Theresia Weidner, die Tochter eines Hatzfelder Gewerbetreibenden; die Ehe blieb kinderlos. Im Herbst 1920 übernahm er acht Jahre lang die verantwortliche Schriftleitung der 1888 gegründeten bürgerlich-nationalen *Hatzfelder Zeitung*, die zum mutigsten Sprachrohr der deutschen Bewegung des Banats wurde. Jungs auf Gerechtigkeit pochende Leitartikel waren vielfach richtungweisend für die Neugestaltung der politischen Verhältnisse. Als Hatzfeld am 8. April 1924 zu Großrumänien kam, wurde Jung äußerer Mitarbeiter der *Schwäbischen Volkspresse* und etwas später der *Temesvarer Zeitung*, desgleichen der Hermannstädter *Deutschen Tagespost*. Weiterhin war er 1928-31 interner Mitarbeiter der *Banater Deutschen Zeitung* in Temeswar, zwischenzeitlich externer Mitarbeiter des *Siebenbürgisch-deutschen Tageblatts* in Hermannstadt, der *Kronstädter Zeitung* und auch der *Arader Zeitung* geworden, vorübergehend auswärtiger Mitarbeiter der *Temesvarer Zeitung*, bevor er Anfang 1932 nach Hatzfeld zurückkehrte und abermals die Schriftleitung der *Hatzfelder Zeitung* übernahm bis zu ihrer von Volksgruppenführer Andreas Schmidt verfügten Einstellung. Von 1935 bis 1943 war er äußerer Mitarbeiter der *Südostdeutschen Tageszeitung*, welche die *Banater Deutsche*

Zeitung ersetzte. Von 1943 bis September 1945 mit Veröffentlichungsverbot belegt, war Jung arbeitslos. Danach wurde er bis Ende 1947 auswärtiger Mitarbeiter der in Temeswar ansässigen sozialdemokratischen Freiheit, Anfang 1948 Hatzfelder Mitarbeiter der *Temesvarer Zeitung*, von der ihn in derselben Funktion 1949 die Bukarester Tageszeitung *Neuer Weg* ein halbes Jahr lang als auswärtigen Mitarbeiter übernahm. Jung führte als Berichterstatter und Mitarbeiter der genannten Presseorgane ein Leben unter ständigem Termindruck, verdiente aber nie genug, um auch nur vorübergehend sorglos leben zu können. Dennoch wollte er nicht in der Fabrik arbeiten, um stets ungebunden seiner dichterischen Berufung nachgehen zu können. Die letzten Jahre vor seiner Pensionierung 1950 bis 1953 wurde er als Abteilungsleiter Beamter in der staatlichen Hatzfelder Ziegelfabrik Ceramica. Peter Jung starb im Alter von 79 Jahren in seiner geliebten Heimatgemeinde kurz nach deren 200-Jahr-Feier.

Mit siebzehn Jahren entdeckte Peter Jung sein poetisches Talent und schrieb erste Verse in ungarischer Sprache, die auch veröffentlicht wurden. Mit 23 Jahren gab er seiner deutschen Muttersprache den Vorzug, ein mutiger Schritt für einen Banater Schwaben im repressiven Klima der Magyarisierungspolitik vor 1918. Seine fundierte Bildung erwarb er sich autodidaktisch. Tiefgreifend hat ihn Goethes *Faust* geprägt, den er weitgehend auswendig kannte. Als Balladendichter war ihm Schiller Vorbild. Heines Lyrik bewunderte er, sie blieb aber ohne Auswirkung auf sein eigenes Schaffen, sieht man einmal davon ab, dass Jung sich von Heines *Buch der Lieder* zu seiner Werkeinteilung in Zyklen und Bücher anregen ließ. Auch die schwermütigen Gedichte Lenaus erschütterten ihn zwar, erzeugten aber nicht die eigenwüchsige Melancholie, deren Ursprung Jung der Banater Landschaft selbst zuschrieb. Eng vertraut war ihm die Literatur von Klassik, Romantik und Realismus im deutschen Sprachraum und im ungarischen Schrifttum, immerhin war er zwanzig Jahre lang in Budapest beheimatet. Belesen war Jung auch in der Literatur anderer europäi-

scher Nationen, bei den Weltweisen von der Antike bis zur Neuzeit und nicht zuletzt in Talmud, Bibel und Koran.
Peter Jungs Weltanschauung wurde geformt von epochalen Umwälzungen. Er war ein wacher Beobachter des Zeitgeschehens, der den Glanz der ungarischen Monarchie ebenso erlebte wie ihren Zusammenbruch nach dem Ersten Weltkrieg, die beginnende Industrialisierung mit ihren sozialen Kämpfen, die Herrschaft des *„faschistischen Geiers"* und später den Kommunismus. Ohne sich an eine politische Richtung zu binden, blieb er stets deutschen Traditionen verbunden, legte Wert auf muttersprachlichen Unterricht und freie kulturelle Entfaltung der eigenen Minderheit. Der *„Deuter der Stammeseigenschaften"* der Banater Schwaben respektierte aber zugleich die Werte und Vorzüge der Nachbarvölker. Als *„Fanatiker des Rechts"* stellte er sich auf die Seite der Armen und Schwachen, ein beträchtlicher Teil seiner Dichtung ist ohne ideologische Engführung sozialkritisch. Zum wechselnden Zeitgeist wahrte er Distanz, ging in Opposition zu Krieg und Ausbeutung und nahm dafür persönliche Nachteile in Kauf, appellierte an die Verantwortung des Wissenschaftlers bei Kernspaltung und Raumfahrt, plädierte für die ehrliche Arbeit, die dem menschlichen Leben Sinn und Halt verleiht, besonders wenn sie eingebunden ist in die Gemeinschaft, verwurzelt im bäuerlichen Lebenskreis und aufgehoben in göttlicher Ordnung. Jung war ein zutiefst bodenständiger, dem Bauernstand verpflichteter, religiöser und gläubiger Mensch, der sich in der katholischen Kirche beheimatet wusste, aber sich seinen Blick auf Theologie und Spiritualität nicht einengen ließ. Der religiöse Grundzug seiner Dichtung entsprach nicht dem Geschmack einer atheistischen Staatsführung, deshalb wurde Jung notgedrungen zum einsamen Rufer in der Wüste, der den *„Willen zur Seele und damit den Glauben an die Würde des Menschen lebendig erhalten hat über die triste Zeitspanne des atheistischen und menschenverachtenden Kommunismus hinweg"* (H. Bräuner). Wenn er seine Heimat bis zum Gartenlaubenhaften idyllisierte und von der Natur bis zur Verharmlosung schwärmte, darf man dies nicht vorschnell als romantische Schönfärberei abtun, es

war sicherlich auch Zuflucht zum Heilen und Heiligen in einer zerrissenen und profanisierten Umwelt, ein Quell der Kraft, der ihm die Loslösung vom Tagesgeschehen und die dichterische Deutung geschichtlicher Vorgänge erleichterte. Auch sein Heimatbild hat sich in dieser dialektischen Spannung tiefgreifend gewandelt.

Jung hat als Literat viel gearbeitet. Angeregt von Kleinigkeiten, denen der Frühaufsteher auf seinen ausgedehnten Spaziergängen im Feld begegnete, formulierte er im Kopf, was er nach seiner Rückkehr fertig notierte, wenn er sich mangels eines Arbeitsplatzes Pfeife schmauchend an den Küchentisch setzte. Hatte er ein Gedicht niedergeschrieben, pflegte er es seiner Frau vorzulesen; war aber häufig unzufrieden und voller Zweifel und legte nächsten Tags die Feile an, selbstkritisch verwarf er manchmal größere Teile seiner Schöpfungen. Auch an sich selbst hat er unaufhörlich gearbeitet. In den dreißiger Jahren schulte er seine poetische Sprache am Niveau moderner deutscher Poesie und suchte abgenutztes Sprachgut, dem er in seinem Krähwinkel teils auszusitzen meinte, hinter sich zu lassen. In Zeitungen, Zeitschriften, Kalendern und Anthologien fanden Jungs Schöpfungen vor die Öffentlichkeit, das meiste aber an Strophen, Sprüchen, hymnischen Aufschwüngen und Bekenntnissen, das der überaus produktive Poet im Lauf seines langen Lebens zu Papier brachte, war für die Schublade bestimmt. Da er sich weder von rechts noch von links vereinnahmen ließ, kam eine Werkausgabe nie zustande. Erst 1961, als er schon 75 Jahre alt war, erschien in Bukarest zu seiner großen Freude der schmale Band *Heidesymphonie*, eine chronologisch geordnete Auswahl von Gedichten, die einzige zu seinen Lebzeiten. Vertreten sind darin neben Naturlyrik und Liebesgedichten vor allem zeitgeschichtliche und sozialpolitische Themen bis hin zum Kampf gegen den Atomkrieg und die Wiederaufrüstung Westdeutschlands. Die Auflage von 490 Exemplaren war sofort vergriffen. Nach Aussage der Witwe Therese Jung hätte ihr Mann gern seine gesammelten Werke veröffentlicht gesehen, bekam aber zu seiner bitteren Enttäuschung gebundene Manuskripte nicht zurück, die er zur Drucklegung verschickt hatte.

Daher ist ein Teil seiner Manuskripte heute verschollen. Große Hoffnung setzte Jung schließlich auf eine Gesamtausgabe seiner Gedichte in Deutschland und übergab zu diesem Zweck Hans Diplich mehrere Konvolute. Dieser erklärte sich bereit, eine Auswahl zu treffen, blieb aber ohne Antwort: Der Dichter Peter Jung war gestorben.

Sowohl in Belletristik als auch in der Publizistik verurteilte Jung die Rassenideologie des Nationalsozialismus, die er schon zu Beginn der dreißiger Jahre für die deutschen Minderheiten ablehnte. 1939 bekräftigte er diese Haltung anläßlich des politischen Geplänkels in der Presse über eine Umsiedlung der Banater Schwaben ins Deutsche Reich in seinem Gedicht *Kein Schwabe siedelt um!* Mit Kaspar Muth, dem konservativen Obmann der „Deutsch-schwäbischen Volksgemeinschaft", entzweite er sich und verlor dadurch 1931 seinen Redakteursposten bei der *Banater Deutschen Zeitung*. 1943 wurde er von jeglicher Mitarbeit an der gleichgeschalteten Presse ausgeschlossen. Es wurde still um den vereinsamten und zunehmend depressiven Dichter, was auch vielen seiner pessimistischen Verse anzumerken ist. Der kritischen Haltung Jungs widerspricht offenbar lediglich ein 1943 in Hatzfeld unter dem Titel *Stunde der heimischen Kunst* erschienenes Heft, das 16 Gedichte enthält, die alle unverfänglich sind, mit Ausnahme eines einzigen mit dem Titel *Die Hakenkreuzfahne*. Gerade zur Zeit des „Hitlerismus" entstanden aber auch die meisten seiner sozialkritischen Gedichte.

Das literarische Schaffen Peter Jungs besteht vornehmlich aus Gedichten und Sprüchen. Der Autor pflegte seine Schöpfungen mit Schreibmaschine abzutippen und sie in Quartmappen binden zu lassen. Kurz vor seinem Tod hat er selbst sein Werk geordnet. Den Nachlass hat seine Frau verwaltet und ihn 1980 freigegeben. Er enthält nachstehende 16 Bände, zur ersten Hälfte weltlichen, zur zweiten religiösen Inhalts: 1. *Das Buch der Heimat*. Jung preist in 365 Gedichten oder 9.315 Versen seine geliebte Heimat; 2. *Das Buch der Gesänge* behandelt in 745 Gedichten oder 11.420 Versen die Themen Natur, Pflanze, Tier, Mensch, Sehnsucht, Treue, Liebe; 3. *Das Buch der Bilder* umfasst 399 Gedichte oder 3.256 Verse und behandelt folgende Themen: Die vier Jahreszeiten, Die sechs Erdteile, Sagen und Gestalten aus den griechischen, römischen, deutschen Helden- und Göttersagen, Riese und Zwerg, Persönlichkeiten, Berufe; 4. *Das Buch der Einkehr* behandelt in 165 Gedichten oder 2.955 Versen verschiedene Themen; 5. *Das Buch der Balladen* enthält 63 Balladen mit 5.875 Versen; 6. *Das Buch der Zeitenwende* beinhaltet 92 Gedichte mit 3.659 Versen; 7. *Das Buch der Sprüche* umfasst auf 655 Tippseiten 6.541 Sinnsprüche, davon 3.271 Vierzeiler und 3.270 Zweizeiler, zusammen 19.624 Verse; 8. *Pesti virágok* (Pester Blumen – Gedichte in ungarischer Sprache) enthält 73 Gedichte mit 1.000 Versen; 9. *Das Buch der Bücher* erzählt das Alte Testament in 2.771 Gedichten oder 22.168 Versen nach; 10. *Das Buch des Glaubens* enthält 184 religiöse Gedichte und Gesänge mit 3.568 Versen; 11. *Bilder aus beiden Testamenten* hat 106 Gedichte mit 848 Versen; 12. *Das Marienbuch* stellt eine Huldigung Mariens dar und umfasst in 155 Gedichte oder 2.117 Versen folgende Kapitel: Huldigung Mariens, Marienblüten, Marienpreis, Ranken um Bethlehem, Huldigung der Blumen, der Hochheilige Rosenkranz, Marienleben; 13. *Das Heilandsbuch* erzählt in 239 Gedichte oder 2.640 Versen das Neue Testament nach; 14. *Das Heiligenjahr*. Hier werden die Heiligen aller 365 Tage des Jahres in Achtzeilern mit 2.344 Versen gewürdigt; 15. *Auf göttlichen Pfaden* umfasst 75 Gedichte mit 600 Versen; 16. Das Buch *Der Ewige* behandelt in 108 Gedichten oder 1.015 Versen religiöse Themen. Es existieren außerdem zahlreiche nicht eingeordnete, teils unvollendete Gedichte, Gelegenheitslyrik, Gedankensplitter in ungarischer Sprache sowie zahlreiche Briefe. Insgesamt hat Peter Jung etwa 12.500 Gedichte in über 92.400 Versen hinterlassen, das allermeiste davon ist unveröffentlicht geblieben. Dr. Alexander Krischan, ein Landsmann des Dichters aus Hatzfeld, hat zu Jungs Nachlass (Manuskripte, biographische Skizzen, Gedenkartikel, Fotos usw.) ein Gesamtverzeichnis erstellt und ihn 1984 an die Bayerische Staatsbibliothek vermittelt. Dort wird er in der Manuskriptabteilung unter der Signatur „Jungiana" verwahrt.

An einer von der Heimatortsgemeinschaft Hatzfeld projektierten Gesamtausgabe der Werke Jungs arbeitet Nikolaus Horn, sie wird sich aber mangels Nachfrage wohl nicht in Buchform, sondern nur digital verwirklichen lassen. Immerhin hat die Kulturgesellschaft Hatzfeld 1993 mit dem *Buch der Sprüche* eine Auswahl aus dem vielleicht am wenigsten bekannten Teil des literarischen Werkes ediert. Mit ca. 4.500 Versen ist etwa ein Viertel der gesamten Spruchdichtung Jungs in dem Band erstmals greifbar. Jung führte seine Vorliebe für die Spruchdichtung auf Goethes *Faust* zurück. Etwa ein Fünftel seiner Dichtungen besteht aus Sinngedichten, sich stets abwechselnden und gereimten Zwei- und Vierzeilern mit lehrhafter Tendenz, die eine kaum eingrenzbare Vielfalt von Themen in aphoristischer Kürze ausloten. Damit kommt Jung innerhalb der deutschsprachigen Literatur des Banats eine singuläre Rolle zu. Aus den hier entfalteten Einsichten in Leben und Denken spricht, über das Banater Deutschtum hinaus ins allgemein Menschliche weisend, die Lebensweisheit und die ethische Grundhaltung eines weitblickenden Humanisten.

Viele der Jungschen Gedichte sind von Wilhelm Ferch, Emmerich Bartzer, Josef Linster und Johann Weber vertont, manche der Lieder von Chören gesungen worden. Linsters Vertonung der Ode *Mein Heimatland, Banater Land* war im ganzen Banat verbreitet.

Als Schriftleiter und Zeitungsschreiber hat Jung im Lauf seines Lebens eine kaum überschaubare Vielzahl von Leitartikeln, Studien, Berichten, Abhandlungen und Aufsätzen geschrieben, die zu kulturellen, politischen, lokalhistorischen, wirtschaftlichen und sozialen Problemen Stellung nehmen.

Um ihm die Zeit seines Lebens weitgehend versagt gebliebene Wertschätzung posthum doch noch zuteil werden zu lassen, hat die Heimatortsgemeinschaft 1999 eine Gedenktafel an Peter Jungs Wohnhaus angebracht und 2001 im Zentrum von Hatzfeld ein Denkmal in Form einer Bronzebüste errichtet. Auch eine Straße trägt seinen Namen. Nicht zuletzt wurde den heutigen Bewohnern die ins Rumänische übertragene Poesie des *„Sängers der Banater Heide"* von der Lokalzeitung *Observa-*

tor de Jimbolia vorgestellt sowie in einer deutsch-rumänischen Parallelausgabe (2001) zugänglich gemacht.

Eigenständige Veröffentlichungen: Stunde der heimischen Kunst (12 Gedichte), hrsg. v. d. Wehrgemeinschaft schwäbischer Künstler und Kunstfreunde, Johann Schmidt Verlag, Hatzfeld 1943, 16 S. – Heidesymphonie. Verse aus vier Jahrzehnten, Literatur-Verlag, Bukarest 1961, 174 S.

Posthum erschienene Einzelausgaben: Das Land, wo meine Wiege stand, hrsg. v. Franz Th. Schleich, Temeswar 1980, 144 S. – Das Buch der Sprüche. Sinngedichte, Hrsg. Kulturgesellschaft Hatzfeld e. V. unter Leitung v. Nikolaus Horn u. Hans W. Krutsch, Nürnberg 1993, 236 S. – Artikel und Aufsätze [aus dem Nachlaß, von und über Peter Jung, o. J., o. S., Hektogr.], im Institut für donauschwäbische Geschichte und Landeskunde in Tübingen unter der Signatur 12 C 6, darin u.a.: Deutscher Volkstumskampf im Südosten 1921-1941. Gedanken und Überlegungen von Peter Jung. – Anton Palfi: Das Bild der Banater Landschaft in der Lyrik Peter Jungs (1970). – Hans Bräuner (Hrsg.): Auswahl P. Jungscher Gedichte nach Stoff- und Motivkreisen, HKV-Verlag, Nürnberg 1996, 115 S. – Du meine Heimat, mein Banat! Gedichte, Ausgabe von Simion Dănilă und Nikolaus Horn. Rumänische Fassung von Simion Dănilă, Marineasa Verlag, Temeswar 2001, 360 S.

Lit.: Leonhard Kartye, Offene Antwort für Peter Jung, in: Banater Arbeiterpresse v. 18.9.1926, S. 2. – Leonhard Kartye: In eigener Sache, in: Banater Arbeiterpresse v. 5.3.1927, S. 2. – Banater deutsche Dichter, in: Schwäbischer Volkskalender 1933. – Das Lenaufest vom 15. August, in: Bogaroscher Zeitung v. 13.8.1933, S. 2. – Anton Valentin, Deutsches Geistesleben im Banat?, in: Klingsor 1936, S. 106-110. – Ders., Peter Jung. Zu seinem 50. Geburtstag, in: Banater Monatshefte 1936/38, H. 5, S. 145-47. – Martha Petri, Donauschwäbisches Dichterbuch, Wien und Leipzig 1939, S. 32. – Anton Valentin, Neuestes donauschwäbisches Schrifttum, in: Schwäbischer Volkskalender 1940, S. 119. – Heinz Stanescu, Dichter seiner Heimat. Peter Jung 70 Jahre alt. Kultur und Fortschritt, in: Die Wahrheit v. 2.8.1957, S. 3. – Ders, Zum 70. Geburtstag Peter Jungs, in: Neue Literatur 1957/4. – Frank Vally, Hatzfeld ehrt seinen Dichter, in: Die Wahrheit v. 15.4.1958, S. 3. – Anton Scherer, Die nicht sterben wollten. Ein Dichterbuch, Pannonia Verlag, München 1959, S. 244. – Michael Bürger, Besprechung von „Heidesymphonie", in: Neue Literatur 1961/6, S. 149 f. . − (J. M.), Peter Jung, der Sänger der Banater Heide. Sein Gedichtband „Heidesymphonie" in Bukarest jetzt erschienen, in: Der Donauschwabe v. 18.2.1962, S. 4. − Franz Liebhard, Ein Gedenkblatt für Peter Jung, in: Neuer Weg v. 20.8.1966, S. 3. − (j. g.), Peter Jung ist tot. Dichter, Kämpfer und Sänger der Banater Heide, in: Der Donauschwabe v. 25.9.1966, S. 3. − Franz Liebhard, Peter Jung zum Gedächtnis, in: Neue Literatur 1966/9-10, S. 96. − Peter Jung (3. April 1887 − 24. Juni 1966) (Fotoporträt), in: Der Donauschwabe v. 13.11.1966, S. 3. − Heinrich Zillich, Peter Jung †, in: Südostdeutsche Vierteljahresblätter 1966/4, S. 241. − Grabstein für den Banater Dichter Peter Jung. Seine Landsleute in Amerika spendeten das nötige Geld, in: Der Donauschwabe v. 25.4.1971, S. 4. − Hans Bräuner, Peter Jung − Dichter der Banater Heide. Aus Leben und Werk mit „Letztwilliger Verfügung" und „Lied eines Heimatlosen" (Fotoporträt), in: Der Donauschwabe v. 11.7.1971, S. 3, Fortsetzungen: 25.7., S. 6 /8.8., S. 5 /22.8., S. 7 /5.9., S. 4. − zu Peter Jung vgl. Südostdeutsche Vierteljahresblätter 1971/2, S. 125 /SV 1971/4, S. 261. − Anton Palfi, Das Bild der Banater Landschaft in der Lyrik Peter Jungs. Diplomarbeit, Universität Temeswar 1971. − Ders., Ein Dichter seiner Landschaft, in: Neue Banater Zeitung v. 27. 6.1971, S. 5. − Stefan Binder, Deutsche Dichtung in Rumänien, in: Neue Banater Zeitung v. 5. /6.1.1973. − Peter Jung, in: Marksteine. Literaturschaffende des Banats, hrsg. v. Heinz Stanescu, Facla Verlag, Timişoara 1974, S. 257 -265. − Karl Streit u.a., Die rumäniendeutsche Gegenwartslyrik. Versuch einer Bestandsaufnahme und Interpretation. Peter Jung, in: Volk und Kultur 1974/2. − Hans Diplich, Essay. Beiträge zur Kulturgeschichte der Donauschwaben, Verlag Ermer KG, Homburg/Saar 1975, S. 126. − Peter Jung − Literaturlexikon, in: Neue Banater Zeitung-Kulturbote v. 24.6.1975, S. 5. − Franz Schleich, Über alles liebte er seine Heimat. Zum 10. Todestag von Peter Jung. Gespräch mit Therese Jung (Fotos), in: Neue Banater Zeitung-Kulturbote v. 17.6.1976, S. 2/3. − Peter Jung zum Gedenken (1887-1966), in: Der Donauschwabe v. 22.8.1976, S. 3. − Luzian Geier, Peter Jung in den „Banater Monatsheften". Der Jimboliaer Lyriker und seine Mitarbeit an dieser Zeitschrift, in: Neue Banater Zeitung-Heideblatt v. 24.10.1978, S. 3. − Aus meinem Leben (IV). Aufzeichnungen aus dem Leben Peter Jungs im Besitze Therese Jungs, in: Neue Banater Zeitung v. 22.4.1980, S. 3. − Dichterischer Nachlaß Peter Jungs in der Bayerischen Staatsbibliothek. Herzenswunsch der Witwe des Dichters ging damit in Erfüllung, in: Der Donauschwabe v. 11.12.1983, S. 1/6. – Luzian Geier, Peter Jung. Kleines NBZ-Lexikon. Banatdeutsche Persönlichkeiten, in: Neue Banater Zeitung v. 18.12.1983, S. 2/3. – Alexander Krischan, Dichterischer Nachlaß Peter Jungs in der Bayerischen Staatsbibliothek, in: Beiträge zur deutschen Kultur. Vierteljahresschrift. Forschungen und Dichtungen, Aufsätze und Berichte, hrsg. v. Hans Weresch u. Horst Fassel, 1. Jg, F. 3, Freiburg 1984, S. 91-94. – Hans Bräuner, Peter Jungs Leben, Denken und Schaffen, in: Beiträge zur deutschen Kultur 1985, Folge 2, S. 5-19. – Nikolaus Engelmann, Land und Leute in Peter Jungs literarischem Werk, ebd. S. 19-31. – Hans Weresch, Peter Jungs Identität im Spiegel seiner Dichtungen, ebd. S. 32-43. – Im Mittelpunkt, Peter Jung und sein dichterisches Werk, in: Der Donauschwabe v. 26.7.1985, S. 7. – Hans Werner Krutsch, Peter Jung – der große Hatzfelder Dichter. Ein Mann, der konsequent blieb – er ließ sich weder vor den „braunen" noch vor den „roten" Karren spannen (Fotoporträt), in: Der Donauschwabe v. 2.8.1987, S. 3 f. – Alexander Krischan, Bibliographie der Zeitungsaufsätze Peter Jungs 1920-1957, in: Beiträge zur deutschen Kultur IV (1987), Heft 3/4. – H. Bräuner/M. Schwarz, Peter Jung, in: Heimatbuch des Heidestädtchens Hatzfeld im Banat, Marquartstein 1991, S. 510-15. – Bespr.: Hans Werner Krutsch/Nikolaus Horn, Peter Jung: Das Buch der Sprüche. Sinngedichte, in: Banatica 1993/4, S. 57. – Nachschlagewerk und Dokumentation. Kulturgesellschaft Hatzfeld: „Das Buch der Sprüche" von Peter Jung, in: Der Donauschwabe v. 23.1.1994, S. 5. – Herbert Mühlroth, Dichterlob oder Dichterleid. Zur Neuerscheinung „Das Buch der Sprüche" aus dem Nachlaß von Peter Jung, in: Banater Post v. 5.2.1994, S. 3. – Hans Vastag, Herausgeberlob und Herausgeberleid, in: Banater Post v. 5.3.1992, S. 8. – Vom „Faust" nie losgekommen. Eine Erinnerung an den Hatzfelder Lyriker Peter Jung /Mein Lebensweg. Autobiographische Angaben Peter Jungs, in: Der Donauschwabe v. 1.7.2001, S. 8. – Hatzfelder Tage mit kulturellen Schwerpunkten. Peter-Jung-Büste enthüllt. Neuerscheinungen über Peter Jung und Stefan Jäger, in: Banater Post v. 20.9.2001, S. 13. – Helmine Buchsbaum, Über das Schaffen von Peter Jung, in: Banater Post v. 20.11.2002, S. 9.

Stefan P. Teppert

2. April 450. Geburtstag

HERBERGER,
Valerius

Erbauungsschriftsteller,
Kirchenliederdichter

* 2.4.1562,
Fraustadt

† 18.5.1627,
Fraustadt

Wie Abraham Buchholzer (1529-1584) und Martin Moller (1547-1606) gehört auch Herberger zu den Vätern der „Schlesischen Innerlichkeit". Als Angehöriger der zweiten nachreformatorischen Generation stellte er bereits die Frage, die hundert Jahre später den Pietismus in seinen verschiedenen Spielarten umtreiben sollte: Wie ist es bei uns mit der Heiligung? Die Fraustädter waren getauft, lutherisch, dem Namen nach Christen, – aber lebten sie auch christlich? Herberger hatte seine Zweifel. Er sah, dass die Reformation ein historischer Fehlschlag wird, wenn es nicht gelingt, die Leute fromm zu machen – ohne in die alte Werkgerechtigkeit zurückzufallen. Aber wie kann das gehen? – Und wer war Herberger?

Geboren wurde er in Fraustadt am 2. April 1562 als Sohn eines Kürschners. Der Vater starb als Valerius neun Jahre alt war. Es war sein erklärter Wunsch, dass sein Sohn einmal Pastor würde. Bis 1579 besuchte Valerius die Fraustädter Lateinschule, anschießend bis 1584 das Gymnasium in Freystadt/Schlesien und dann die Universitäten Frankfurt/Oder und Leipzig. In Freystadt beeindruckten ihn die Predigten des Pastors Abraham Buchholzer. In Leipzig schloss er sich Nikolaus Selnecker (1530-1592) an, einen Philippisten (Schüler von Philipp Melanchthon). 1584 rief ihn der Rat von Fraustadt zurück und übertrug ihm die Stelle des Baccalaureus an der Lateinschule, 1590 das Amt des Diakonus in Fraustadt und zum 1. Januar 1599 des Pastors an der Stadtpfarrkirche St. Marien. Auf dieser Stelle ist Herberger, nachdem er mehrere ehrenvolle Berufungen nach außerhalb abgelehnt hatte, bis zu seinem Tod am 13. Mai 1627 geblieben.

Nach der Ernennung zum Diakonus heiratete Herberger die Ratsherrentochter Anna Rüdinger (1568-1629). Ein Jahr später wurde der Sohn, Zacharias (1591-1631) geboren, der in der Nachfolge des Vaters ebenfalls Pastor in Fraustadt wurde.

In Herbergers Amtszeit fielen zwei für die Gemeinde tief einschneidende Ereignisse: Im Herbst 1604 kam, durch die Gegenreformation erzwungen, vom Rat der Stadt ultimativ die Aufforderung, die Stadtkirche an die Katholiken zurückzugeben. Dank einer ungeahnten Einsatzbereitschaft der Gemeinde gelang es in der kurzen Zeit bis Weihnachten, eine Ersatzkirche zu errichten. Bei der Eröffnung an Heilig Abend gab Pastor Herberger ihr den beziehungsreichen Namen *Kripplein Christi*. Das andere Ereignis war die Pestepidemie im Jahr 1613. Von den 6.000 Fraustädtern wurden 2.195 in den Tod gerissen. Herberger hat seiner Gemeinde als unermüdlicher Seelsorger beigestanden, eine Pestchronik geführt und das Sterbelied *Valet will ich dir geben, du arge, falsche Welt* gedichtet. Melchior Teschner (1584-1635), Kantor in Fraustadt, hat es vertont. Im *Evangelischen Gesangbuch* ist es heute unter Nr. 523 zu finden.

Besonders am Herzen aber lag Herberger die Besserung der Menschen durch den Glauben, der sich dann auch in einem guten christlichen Leben zeigt. Dabei setzte er nicht auf Belehrung wie seine orthodoxen Kollegen. Er glaubte, dass sie damit nur den Kopf, nur den Intellekt erreichten. Er wollte das Herz und den Willen der Hörer treffen, damit sich dann auch wirklich etwas bewegt. So ist er zum *„Herz-Prediger"* geworden, bekannt und gelesen weit über Fraustadt hinaus. Allein seine *Evangelische Herz-Postille* erlebte bis 1715 25 Auflagen, die *Epistolische Herz-Postille* immerhin vier. Auf diese Weise wurde Herberger einer der großen Erfolgsautoren der lutherischen Erbauungsliteratur des 17. Jahrhunderts.

Dazu kam in den Jahren 1601 bis 1618 seine Arbeit an den *Magnalia Dei de Jesu*, einem zwölfteiligen Kommentar zu den Büchern des Alten Testaments vom Ersten Buch Moses bis Ruth über die Großtaten Gottes in Jesus. Ziel ist das Herausfinden und Herausstellen von verborgenen Hinweisen auf Jesus Christus im Alten Testament. Die Ausdeutung dieser Hinweise geschieht in 771 Meditationen, die jeweils in Gebete einmünden. Die Magnalia Dei zeigen Herberger als Jesus-Mystiker. Dazu passt, dass er sich selbst einen *„Liebhaber Jesu"* nannte. Bis 1708 erlebten die *Magnalia Dei* fünf Auflagen.

Diese Wirkungsgeschichte ist durch die Aufklärung abrupt unterbrochen worden. Die Aufklärung wusste mit Schriftstellern dieser Art nichts anzufangen. Zwischen 1740 und 1840 ist Herberger nicht mehr verlegt worden. Erst mit der Rückbesinnung auf die *„alten Tröster"* aus der Zeit des Barock belebte sich auch wieder das Interesse am alten *„Herzberger"*. Ab 1840, mit Höhepunkt in den fünfziger und sechziger Jahren, bis zum Ende des 19. Jahrhunderts wurden fünf erbauliche Biographien über ihn geschrieben und zahlreiche Predigtbände herausgegeben. Die *Evangelische Herz-Postille* war auch jetzt wieder das erfolgreichste Buch Herbergers.

Werke: Drei Predigtbücher: Evangelische Herzpostille, Epistolische Herzpostille und Geistreiche Stoppelpostille. – Magnalia Dei s. de Jesu Scripturae nucleo et medulla, erbauliche Betrachtungen über die alttestamentlichen Bücher Mose, Josua, Richter, Ruth. – Passionszeiger. – Trauerbinden d. h. Leichenpredigten in 7 Theilen. – Erklärung des Buches Sirach in 95 Predigten. – Psalterparadies, Erklärung der Psalmen 1–23, fortgesetzt von seinem Sohn Zacharias Herberger.

Lit.: S. F. Lauterbach, Vita, fama et fata Valerii Herbergeri, 2 Teile. Leipzig 1708. – J. A. Wagenmann, Herberger, Valerius, in: Allgemeine Deutsche Biographie (ADB). Bd. 12, Leipzig 1880, S. 28 f. – I. Buchholz, Valerier Herberger – Prediger am „Kripplein Christi" zu Fraustadt in Polen, Ost-Berlin 1965. – W. Jannasch, Herberger, Valerius, in: Neue Deutsche Biographie (NDB). Bd. 8, Berlin 1969, S. 576 f. (Digitalisat). – G. Hultsch, Valerius Herberger, in: Ostdeutsche Gedenktage, Bonn 1977. – Deutsches Literatur-Lexikon, 3. Aufl.

Bd. 7, 1979 Sp. 923 (Art. V. Herberger v. I. Bigler). – J. Erb, Dichter und Sänger des Kirchenliedes Bd. II, 2. Aufl. Lahr-Dinglingen 1985 S. 60-69. – Ch.-E. Schott, Die Herberger-Renaissance im 19. Jahrhundert, JSKG 66/1987 S. 125-139. – Ders., M. Valentin Preibisius – ein ev. Pfarrerschicksal im Zeitalter der Gegenreformation, JSKG 67/1988 S. 97-115. – Ders., Die Mystik des Valerius Herberger JSKG 68/1989 S. 27-42. – F. W. Bautz, Herberger, Valerius. In: Biographisch-Bibliographisches Kirchenlexikon (BBKL). Bd. 2, Hamm 1990, Sp. 729-732. – Literatur Lexikon hrsg. v. W. Killy, Bd. 5, 1990, Sp. 224 f. Art. v. H. K. Krause. – Ch.-E. Schott, Fraustadts Bedeutung für die Kirchengeschichte, JSKG 75/1996 S. 23-44. – Ders., Valerius Herberger (1562-1627). Lexikonartikel in: Religion in Geschichte und Gegenwart (RGG), 4. Aufl., Bd. 3, Tübingen 2000 Sp. 1640. – Ders.: Valerius Herberger (1562-1627), Schlesische Lebensbilder Bd. VII, Stuttgart 2001, S. 30-35 (mit Bild). – Ders., Fraustadt – Zufluchtsort für ev. Glaubensflüchtlinge, JSKG 88/89 2009/2010, S. 381-388. – Ders., Die Neuaufstellung des Luthertums in Fraustadt durch Valerius Herberger, JSKG 88/89 2009/2010 S. 389-396. – Ders., Valerius Herberger i nowe uformowanie luteranizmu we wschowie, in: Kościół imienia Żłóbka Chrystusa (Kripplein Christi) we Wschowie na tle procesu konfesjonalizaji w krajach Europy Środkowej – Pod redakcją Pawła Klinta, Marty Małkus i Kamili Szymańskiej, Wschowa 2012 S. 297-306.

Bild: Valerius Herberger und seine Zeit. Zur 300. Wiederkehr seines Todestages, in: Quellen und Forschungen zur Heimatkunde des Fraustädter Ländchens, Heft 1, Fraustadt 1927.

Christian-Erdmann Schott

9. April 100. Geburtstag

HESEKIEL,
Martin

Evangelischer Theologe,
Pastor

* 9.4.1912,
Posen

† 11.1.2003,
Lübeck

Martin Hesekiel wurde in der gleichnamigen Hauptstadt der preußischen Provinz Posen geboren. Er wirkte beruflich als Pastor in Westpreußen und, nach dem Krieg, in Lübeck. In zahlreichen Ehrenämtern setzte er sich – prädestiniert durch seine hervorragenden polnischen Sprachkenntnisse – für die Verständigung zwischen Polen und Deutschen und für umfangreiche Hilfsleistungen ein. Ebenso bedeutend war seine ehrenamtliche Tätigkeit innerhalb der evangelischen Kirche in Deutschland und vor allem innerhalb der Gemeinschaft Evangelischer aus Danzig-Westpreußen, deren Zeitschrift „Danzigwestpreußischer Kirchenbrief" er jahrelang herausgab. Auch als Komponist und Dichter von Kirchenliedern ist er bekannt geworden. Als Dank und Anerkennung wurde er mit dem Bundesverdienstkreuz ausgezeichnet.
Seit 1916 wuchs Martin Hesekiel in Bromberg auf, wo sein Vater bis 1937 als Pfarrer tätig war. Auch er stammte aus einer Pastorenfamilie. Bereits als Schüler lernte Martin Hesekiel nach dem Ersten Weltkrieg und der Abtrennung umfangreicher Gebiete vom Deutschen Reich die Schwierigkeiten kennen, die für Deutsche im neugegründeten polnischen Staat entstanden.

Wegen der schwierigen Verhältnisse für deutsche Schüler legte er sein Abitur 1931 in Posen ab. Er studierte zunächst auch in Posen an der Universität Germanistik und Geschichte, außerdem an der dortigen theologischen Hochschule. Dann wechselte er nach Königsberg, wo die Theologie sein Hauptfach wurde. Nach drei Semestern in Tübingen kehrte er nach Posen zurück, um am Deutschen Predigerseminar sein Examen abzulegen.

Das Vikariat führte ihn je ein Jahr nach Konojad im Kreis Strasburg in Westpreußen (1939-1945 Koppelgrund; poln. Konojady) und nach Neuenburg im Kreis Schwetz. Im westpreußischen Neuenburg an der Weichsel blieb er einige Jahre, da er hier nach seinem 2. Examen und der Ordination 1938 seine erste Pfarrstelle erhielt. Hier gründete er auch mit seiner Ehefrau, Dr. Toska Schultze aus Braunschweig, eine Familie. Über seine Erlebnisse in den Wochen um den Ausbruch des Zweiten Weltkrieges herum hat er wiederholt berichtet, wie er nur durch einen glücklichen Zufall den Ausschreitungen gegen deutsche Einwohner bzw. der Verschleppung entging.

Im Juni 1940 wurde Martin Hesekiel als Nachfolger von D. Gerhard Gülzow in Danzig Landesjugendpfarrer für das neu gebildete Kirchengebiet Danzig-Westpreußen. „Seine" Kirche wurde damit St. Salvator im Danziger Stadtteil Petershagen, doch führte ihn sein Amt durch ganz Westpreußen. Nach Konflikten mit der Staatspolizei wegen verbotener Jugendveranstaltungen wurde er im Mai 1941 zur Marine einberufen.

Es folgten die Kriegsgefangenschaft in Emden sowie Internierung in Aurich, bevor er Weihnachten 1945 seine Familie auf der Nordseeinsel Borkum wiederfand. Zunächst leistete er als Seelsorger Vertretungsdienst in Oldenburg in Oldenburg, dann war er Flüchtlingspastor in verschiedenen Lagern in Lübeck – wie so viele Flüchtlinge musste er versuchen, sich wieder im Beruf zurechtzufinden und ein Zuhause für seine Familie zu finden. Er wurde dann Gemeindepfarrer in Genin, Pfarrer an St. Marien in Lübeck, nebenamtlicher Jugendpastor, Gemeindepfarrer in Lübeck-Schlutup und dann in der Lübecker Kreuzgemeinde. Nach 32 Jahren Pfarrdienst trat er hier im Februar 1978 in den Ruhestand.

Es folgten viele Jahre, die mit ehrenamtlicher Tätigkeit ausgefüllt waren. Martin Hesekiel betreute den Danziger Paramentenschatz in Lübeck, war seit 1980 18 Jahre lang Vorsitzender der Gemeinschaft Evangelischer aus Danzig-Westpreußen – auch dies in Nachfolge von D. Gerhard Gülzow –, deren Geschäftsstelle, Bibliothek und Archiv er betreute und verwaltete. Neben der Herausgabe des Danzig-westpreußischen Kirchenbriefs leistete er auch dessen Redaktion und verfasste zahlreiche Artikel selbst. Er beriet Journalisten und Historiker, schrieb Leserbriefe und übersetzte Texte, wo immer er über deutsche und polnische evangelische Christen im Weichselland informieren konnte.

Doch er unterstützte ebenso die noch bestehenden evangelischen Gemeinden in diesem Gebiet – in Bromberg, Dirschau, Zempelburg und Zoppot –, mit Sach- und Geldspenden, um z.B. Kirchen oder Pfarrhäuser instand zu setzen. Sogar Kollekte und Spenden des Trauergottesdienstes hatte er vorab für die evangelische Gemeinde in Bromberg bestimmt. Aber auch seine geistliche Unterstützung galt den Christen im Weichselland. So war er Heiligabend 1974 in St. Marien in Danzig am ersten Gottesdienst beteiligt, in dem – wieder – deutsch gesprochen werden durfte. Viele Gottesdienste feierte er in Deutschland mit Vertriebenengemeinden, z.B. auf den Treffen „seines" Bromberger Heimatkreises.

Besonders zugeneigt war Martin Hesekiel der Kirchenmusik. Im elterlichen Pfarrhaus – von der Erweckungsbewegung und von schwäbischem Pietismus geprägt – war er früh mit Musik und Gesang vertraut geworden. Bereits 1931 entstand bei der Vorbereitung einer Jugendfreizeit bzw. Singwoche sein Kanon *Ruhet von des Tages Müh* (EG 492), der 1936 in einem Liederheft für Deutsche in Polen veröffentlicht wurde. Auch die Melodie des Kanons *Aus der Tiefe Herr und Gott* (Ev. Gesangbuch für Niedersachsen und Bremen Nr. 600) stammt von ihm sowie die deutsche Fassung des polnischen Weihnachtsliedes *In stiller Nacht* (Lasset uns nun gehen nach Bethlehem. Hrsg.

EVA 1971). An der Musikhochschule Lübeck am Institut für Kirchenmusik hatte Martin Hesekiel später einen Lehrauftrag für Kirchenkunde. Außerdem arbeitete er in der Arbeitsgemeinschaft Musik in der evangelischen Jugend Deutschlands mit.

Darüber hinaus war er einige Jahre im Vorstand der Synode der Evangelisch-Lutherischen Kirche in Lübeck ehrenamtlich tätig und als Delegierter in der Generalsynode der VELKD sowie im Konvent der zerstreuten evangelischen Ostkirchen.

Zahlreiche private Reisen führten ihn nach Osten, denn die erwähnten persönlichen und kirchlichen Spenden überbrachte er in der Regel persönlich. So pflegte er, erleichtert durch seine Sprachkenntnisse, bereits zur Zeit des Kalten Krieges vielfältige Kontakte ins Weichselland.

Lit.: Klaus Illmer-Kephalides, Gedenken an Pastor Hesekiels 100. Geburtstag, in: Danzig-westpreußischer Kirchenbrief Nr. 217, S. 17. – Hans-Jürgen Kämpfert, Nachruf auf Pastor Martin Hesekiel, in: DER WESTPREUSSE 3/2003, S. 4. – Horst Bethke, Martin Hesekiel im Evangelischen Gesangbuch, in: DER WESTPREUSSE 3/2003, S. 5. – Klaus Illmer-Kephalides, Abschied von Pastor Martin Hesekiel, in: Danzig-westpreußischer Kirchenbrief Nr. 199, S. 5. – Hans-Jürgen Kämpfert, Martin Hesekiel zum 90. Geburtstag, in: DER WESTPREUSSE 7/2002, S. 4. – Dietrich Wölfel, Hesekiel, Martin, in: HB zum Evangelischen Gesangbuch, Bd. 2, hrsg. Wolfgang Herbst, Göttingen 1999. – Imke Commichau, 50 Jahre Engagement. in: Lübecker Nachrichten, 15.8.1996. – Martin Hesekiel, in: Das neue Lied im Evangelischen Gesangbuch. Arbeitsheft des Archivs der Evangelischen Kirche im Rheinland, Nr. 3, hrsg. Dietrich Meyer, Düsseldorf 1996. – Hans-Jürgen Kämpfert, Verleihung des Kulturpreises der Vertretung der Freien Stadt Danzig, in: Unser Danzig 23/1992, S. 10-12. – Helmut Brauer, Pastor Martin Hesekiel wird 80 Jahre, in: Danzig-westpreußischer Kirchenbrief, 1992.

Bild: Martin Hesekiel bei der Überreichung des Bundesverdienstkreuzes durch den Lübecker Stadtpräsident Peter Oertling (1996). Foto Hans-Jürgen Kämpfert.

Barbara Kämpfert

18. April   200. Geburtstag

ARLT,
Carl Ferdinand,
Ritter von Bergschmidt

Augenarzt, Chirurg

* 18.4.1812,
Obergraupen bei
Teplitz/Böhmen

† 7.3.1887,
Wien

Nach Absolvieren des Gymnasiums in Leitmeritz beabsichtigte der Sohn eines Bergschmiedes ursprünglich, katholischer Geistlicher zu werden. Nachdem Arlt diesen Berufswunsch verworfen hatte, nahm er an der Karl-Ferdinands-Universität zu Prag das Studium der Medizin auf. Schon während seiner Studienzeit interessierte sich Arlt besonders für die Ophthalmologie. Daher besuchte er immer wieder die augenheilkundlichen Vorlesungen Prof. Johann Nepomuk Fischers (1777-1847), der auch sein Lehrer werden sollte. Am 27. November 1839 wurde Arlt in Prag mit einer Doktorarbeit über die Blindheit (*Dissertatio ... sistens historias amauroseos e vitiis organicis cerebri quatuor adnexis similibus, quotquot innotuere, autorum variorum observationibus*), die er Prof. Fischer widmete, zum Doktor der Medizin promoviert.

Aufgrund des Anratens seines Lehrers begab sich Arlt nach Beendigung seines Medizinstudiums für drei Monate nach Wien, um am Allgemeinen Krankenhaus nicht nur seine augenheilkundlichen Kenntnisse zu vertiefen. Dort hörte er die Vorlesungen des Klinikers Josef Skoda sowie des Pathologen Karl von Rokitansky – damals zwei der bedeutendsten Wiener Mediziner. Daneben bildete sich Arlt an der Universitäts-

Augenklinik des Allgemeinen Krankenhauses (Leitung: Anton von Rosas [1791-1855]) sowie an der medizinisch-chirurgischen Josephs-Akademie unter Friedrich Jäger von Jaxtthal weiter.
Nach Prag zurückgekehrt, übernahm Arlt ab 1840-1842 die Assistentenstelle an der dortigen Universitäts-Augenklinik. Anschließend ließ er sich in Prag als Arzt für Innere Medizin und Chirurgie nieder. 1845 erfolgte in Prag seine Habilitation für Ohrenheilkunde und 1847 diejenige für pathologische Anatomie des Auges. Schon ab dem Jahre 1846 vertrat Arlt in der Augenklinik seinen Lehrer Fischer. 1848 erhielt Arlt an der Wiener Universität den Grad eines Magisters der Ophthalmologie, und von 1849-1856 leitete er als Ordinarius und Nachfolger Fischers die Augenklinik in Prag. Ab 1855 war Arlt gemeinsam mit seinem Schüler Albrecht von Graefe Herausgeber des wirkungsmächtigen *Archivs für Ophthalmologie*, das von Graefe ein Jahr zuvor gegründet hatte.
Aufgrund seiner außerordentlichen Verdienste in Prag wurde Arlt 1856 als Nachfolger Anton von Rosas' zum Direktor der Wiener Universitäts-Augenklinik berufen, wo er bis 1883 als Arzt, Forscher und Lehrer überaus erfolgreich tätig war.
Arlt legte größten Wert auf pathologisch-anatomische Augenbefunde, die er als Grundlage einer wissenschaftlichen Ophthalmologie überhaupt ansah. So wurde er zum Pionier einer anatomisch-pathologisch begründeten Augenheilkunde, die auf diese Weise zu einem eigenständigen medizinischen Spezialfach avancieren konnte. Des weiteren konnte Arlt 1854 nachweisen, daß die Kurzsichtigkeit in den meisten Fällen auf Verlängerung des Augapfels zurückzuführen sei. Ferner förderte er in hohem Maße die augenärztliche Fortbildung der niedergelassenen Allgemeinärzte sowie die Aufklärung breiter Bevölkerungsschichten über ophthalmologische Themen. Arlt beschrieb nicht nur als Erster zahlreiche Krankheitsbilder, sondern entwickelte viele neue Operationsmethoden, beispielsweise zur Ausräumung der Augenhöhle, zur Entfernung des Bulbus, zur Linsenentfernung sowie bei Verwachsungen des Lides.

Arlts Schüler wie Albrecht von Graefe (Berlin), Frans Cornelis Donders (Utrecht) und Ernst Fuchs (Lüttich und Wien) zählten zu den bedeutendsten Augenärzten der damaligen Zeit. Aufgrund seiner Verdienste, seiner innovativen Forschungsarbeiten und seiner umfassenden Lehrtätigkeit, die eine ausgezeichnete Schülerschaft hervorbrachte, die das Werk ihres Lehrers fortführte und weiterentwickelte, war Carl Ferdinand von Arlt einer der bedeutendsten und wegweisendsten Ophthalmologen des 19. Jahrhunderts sowie ein Mitbegründer der modernen wissenschaftlichen Augenheilkunde. Zahlreiche bedeutende Ehrungen, Auszeichnungen und Orden wurden ihm daher zuteil: 1863: Ehrenbürger der Stadt Graupen, 1870: Orden der Eisernen Krone III. Klasse und Adelstitel (erblicher Ritterstand), 1877: Titel und Charakter eines Hofrats, 1883: Kaiserlich-Österreichischer Franz-Joseph-Orden (Komturkreuz mit Stern) und Ehrenorden des Roten Kreuzes, 1877: Sankt-Olav-Orden (Komturkreuz/II. Klasse), 1881: Orden zum Heiligen Michael (Komturkreuz), 1885: Sonnen- und Löwenorden II. Klasse.

Werke: Dissertatio inauguralis medica, sistens historias amauroseos e vitiis organicis cerebri quatuor adnexis similibus, quotquot innotuere, autorum variorum observationibus ..., Prag 1839. – Die Pflege der Augen im gesunden und kranken Zustande, nebst einem Anhange über Augengläser, Prag 1846. – Die Krankheiten des Auges für praktische Ärzte, I–III, Prag 1851-1856. – Augenoperationslehre, in: Handbuch der gesammten Augenheilkunde, hrsg. v. Graefe-Saemisch, Bd. 3 (1874), S. 249-500. – Ueber die Ursachen und die Entstehung der Kurzsichtigkeit, Wien 1876. – Zur Lehre vom Glaucom, Wien 1884. – Meine Erlebnisse, Wiesbaden 1887.

Lit.: ADB 46 (1902). S. 38; NDB 1 (1953), S. 352. – Frank Krogmann, Ferdinand von Arlt (1812-1887) unter dem Aspekt seiner Beziehungen zu deutschen Wissenschaftlern, in: Würzburger medizinhistorische Mitteilungen 13 (1995), S. 59-65. – Erna Lesky, Die Wiener Medizinische Schule im 19. Jahrhundert, 2. Aufl. Graz, Köln 1978, S. 220-226. – Gabriela Schmidt, Arlt, Ferdinand, in: Enzyklopädie Medizingeschichte, hrsg. v. Werner E. Gerabek u. a., Berlin, New York 2005, S. 99f.

Bild: Österreichische Nationalbibliothek, Bildarchiv Austria, Inventarnr. Pf 104035:B (1)/Wikipedia.

Werner E. Gerabek

24. April 100. Geburtstag

KOLARZ,
Walter

Publizist,
Osteuropa-Historiker

* 24.4.1912,
Teplitz

† 21.7.1962,
London

Obwohl er bis heute nicht übertroffene Standard-Werke über die Sowjetunion geschrieben hatte, die in Weltsprachen übersetzt wurden, ist Walter Kolarz fünfzig Jahre nach seinem frühen Tod fast vergessen. Dabei ist aber seine Darstellung der nationalen und religiösen Vielfalt in der alten Sowjetunion immer noch unumgänglich, um Konfliktherde und Auseinandersetzungen ethnischer Gruppen in den Nachfolgestaaten der UdSSR zu verstehen.

Walter Kolarz wurde im nordböhmischen Kurort Teplitz geboren, eine Kleinstadt, die durch ihre Heilquellen auch Goethe, Beethoven und österreichische Kaiserinnen angezogen hatte und in der ein beispielhaftes kulturelles Leben herrschte, ja die eine der *„geistig lebendigsten Städte unserer Heimat"* war (E. Franzel). Sein Vater war städtischer Kurdirektor, die Mutter stammte aus einer jüdischen Familie. Nach dem Besuch des Gymnasiums in seiner Vaterstadt studierte er in Prag an der „Freien Schule für Politische Wissenschaften", an der auch Erich Franzel lehrte. Schon früh hatte sich Kolarz in der sozialistischen Jugend engagiert und später in der Sozialdemokratischen Arbeiter-Partei (SDAP), da für ihn als *„getauften Halbjuden"* die Partei eine Art Ersatz-Kirche war. Als er 1958 bei der Jahresversammlung des Sudetendeutschen Priesterwerks in

Königstein referierte, überließ er Prälat Kindermann ein Manuskript über seinen religiösen Werdegang, das nach seinem Tod veröffentlicht wurde und mit der Einleitung von Emil Franzel eine aufschlussreiche Analyse des sudetendeutschen Katholizismus darstellt.

1934 ging er für den Prager Orbis-Verlag als Zeitungskorrespondent nach Berlin, von wo er 1936 ausgewiesen wurde. Im gleichen Jahr ließ er sich als Korrespondent in Paris nieder, wo er die Russin Alexandra Lipovskaja kennen lernte, die er später heiratete. Nach der Besetzung Frankreichs 1940 ging er nach London, wo er Anschluss an die heimatfreie Sudeten-Emigration fand und später für die Osteuropa-Abteilung der British Broadcasting Corporation (BBC) arbeitete, seit 1949 als Abteilungsleiter in London versuchte er wie Wenzel Jaksch vergeblich, die tschechoslowakische Exilregierung von ihren Vertreibungsplänen abzubringen. In seiner Pariser Zeit war er ausländischer Korrespondent in Spanien gewesen und begann dort bereits am Sinn des Bürgerkrieges als eine eingeleitete sozialistische Revolution zu zweifeln. Deshalb erforschte er das Land, in der der marxistisch-leninistische Kommunismus bereits herrschte, die Sowjetunion. Es entstanden, zunächst auf Deutsch, Bücher wie *Stalin und das Ewige Russland*, die dann ins Englische übersetzt wurden. Sein Buch über Südosteuropa *Myths and Realities in South Eastern Europe* erschien bereits in Englisch; auch eines seiner Standardwerke, *Russia and her Colonies*, erschien 1952 auf Englisch und erst vier Jahre später in deutscher Übersetzung mit einem abgeschwächten Titel *Die Nationalitätenpolitik der Sowjetunion*. Es ist wie sein Buch *Religion in the Sowjetunion*, das erst nach seinem Tode auf Deutsch erschien, bis heute unübertroffen. Akribisch, aber lebendig und lesbar, informiert Kolarz in beiden Büchern buchstäblich auch über die kleinsten ethnischen und religiösen Gruppen und zeigt die sowjetische Taktik des „Divide et impera", um den Klassenfeind, die Religion, ja alle „Gegner" zu überwinden. Als Leiter der Ostabteilung der BBC unternahm er große Reisen nach Afrika.

Kolarz starb 1962 in London an einem Herzleiden.

Werke: Stalin und das Ewige Russland, London 1942. (Engl.: Stalin and Eternal Russia, London 1944). – How Russia is ruled, London 1953 (Übersetzung in verschiedenen Sprachen). – The Peoples of the Soviet Far East, London 1954. (Dt.: Russland und seine asiatischen Völker, Frankfurt 1956). Religion und Communism in Africa. Oxford 1963.

Lit.: Nachrufe erschienen u. a. in The Times 23.07.1962; The Guardian 24.07.1962; Catholic Herald 27.07.1962; Die Brücke (München) 11.08.1962; Volksbote 14 (München) 1962, Nr. 31.; Sudetendeutscher Artikeldienst 9 (1962), Nr. 16; Sudetenland 4 (1962), S. 290-292; Sudetenjahrbuch 1964, S. 83f. – Zu seinem posthum erschienenen Bekenntis „Mein religiöser Werdegang" in *Archiv für Kirchengeschichte von Böhmen-Mähren-Schlesien 1* (1967), S. 185-2012, schrieb Emil Franzel 1965 eine Einleitung (S. 185-193).

Bild: Walter Kolarz: Communisme en kolonialisme, in: Tijdsignalen 6, Tilburg 1965.

Rudolf Grulich

29. April 175. Geburtstag

TIETZ,
Hermann

Kaufmann

* 29.4.1837,
Birnbaum/Posener Land

† 3.5.1907,
Berlin

Der deutsch-jüdische Kaufmann Hermann Tietz dürfte kaum jemandem ein Begriff sein, wohl aber seine Namensgebung für die Warenhaus-Firma Hermann Tietz, die deutschlandweit unter dem Namen Hertie bekannt war.
Die weitläufige jüdische Familie Tietz stammte aus der Stadt Birnbaum (Międzychód) im Posener Land. Die jüdische Gemeinde in der adeligen Stadt bestand seit Anfang 18. Jahrhunderts, seither gab es hier auch eine Synagoge und eine Simultanschule mit einem jüdischen Lehrer. Als Hermann Tietz am 29.4.1837 geboren wurde, war Dob Beer ben Schraga Philipsthal hier als Rabbiner tätig und die Gemeinde zählte etwa 790 Mitglieder. Die seit vor 1378 bestehende Stadt zählte damals 2.637 Einwohner.
Die jüdische Gemeinde Birnbaum ist heute vor allem für ihre jüdischen Kaufleute bekannt. Hier lebten die Kaufhausgründerfamilien Tietz, Joske, Ury und Knopf – in der Nachbarschaft die Familien Schocken und Wronker. Birnbaum scheint eine Art Mekka der Kaufhaus-Dynastien zu sein.
Es ist die Vermutung geäußert worden, dass der Nestor all dieser Kaufhausgründer Hermann Tietz war. Er besuchte die Schule in Birnbaum und wurde zum Kaufmann ausgebildet. Seinen Wohlstand soll er in Amerika verdient haben, woher er auch die Geschäftsidee der großen Warenhäuser mitbrachte, die en gros einkaufen und somit sehr gute Konditionen und Preise erringen konnten.

Um 1870 kehrte Hermann Tietz aus den Vereinigten Staaten zurück und scheint die Kaufhausidee mitgebracht zu haben, vermutete Nils Busch-Petersen, Hauptgeschäftsführer des Berliner Einzelhandelsverbandes, in einem Interview mit „Der Welt".

Am 1.3.1882 eröffnete Oscar Tietz (1858-1923) mit dem Kapital seines Onkels Hermann Tietz in Gera eines der ersten deutschen Warenhäuser, das „Garn-, Knopf-, Posamentier-, Weiß- und Wollwarengeschäft Hermann Tietz". Merkmale dieses Geschäfts waren festgelegte Preise, keine Stundung oder Anschreiben und ein vielfältiges, branchenübergreifendes Angebot. Obwohl Hermann Tietz bereits im gleichen Jahr als Teilhaber aus dem Unternehmen ausschied, trug die Firma fortan seinen Namen. Aber er unterstützte den Neffen auch weiterhin beim Ausbau seines Unternehmens und bei der Einführung neuer Verkaufspraktiken und -techniken.

Die „Warenhaus Hermann Tietz" AG errichtete schon bald Filialen in Weimar (1886), Bamberg, München (1889) und Hamburg (1896), so dass im Jahr 1900 der wachsenden Bedeutung zollend der Unternehmenssitz nach Berlin verlegt wurde. Die aus Stralsund stammende jüdische Familie Wertheim besaß hier das größte Kaufhaus Europas. Ganz in ihrer Nähe erbaute die Firma „Hermann Tietz" 1904 ein Konkurrenzgeschäft. Weitere Filialen in ganz Deutschland folgten.

Oscars Bruder Leonhard Tietz (1849-1914) gründete ebenfalls eine Kaufhauskette. Sein erstes Geschäft eröffnete er am 14.8.1879 in Stralsund, 1891 die Geschäftszentrale in Köln. Nach der „Arisierung" seines Unternehmens erhielt die „Leonhard Tietz AG" den Namen „Westdeutsche Kaufhof AG" (= später einfach „Kaufhof"). Die Brüder Tietz teilten sich den deutschen Markt. Oscar konzentrierte seine Geschäfte auf den Süden und Osten des Deutschen Reiches, während die von Leonhard im Westen (18 Filialen) und in Belgien (6 Filialen) agierte.

Auch das Unternehmen „Hermann Tietz" wurde nach 1933 „arisiert". Die Dresdner Bank, als Vertreter der Regierung, setzte Georg Karg (1888-1972, aus Friedeberg in der Neumark) als Geschäftsführer des Kaufhauskonzerns ein. 1939/1940 kaufte er dann „Hertie", wie das Unternehmen seither nur noch hieß, auf.

Hintergrund der „Arisierungen" war nicht nur die wirtschaftliche Entmachtung der Juden durch die nationalsozialistische Regierung, sie galt ihnen auch als Gefahr für den deutschen Mittelstand.
Der Name Hertie hat das nationalsozialistische Wüten überlebt, auch wenn durch die Teilung Deutschlands mehr als die Hälfte der Geschäfte verloren ging und Georg Karg blieb Eigentümer der Firma. Sein Sohn Hans-Georg Karg (1921-2003) beerbte ihn.
Das Vorzeigehaus wurde nun das KaDeWe in West-Berlin, und in den 50er Jahren wurden neue Filialen gegründet. 1952 konnte man sogar die einstige Konkurrenz, die „Wertheim AG" übernehmen. Seinen wirtschaftlichen Höhepunkt erreichte Hertie in den 70er Jahren, dann gingen die Umsätze massiv zurück und der rasante Niedergang begann. Hertie begann mit einer Kooperation mit der „Karstadt AG", ehe sie 1994 von ihr übernommen wurde. Auch weitere Fusionen konnten den Niedergang der Branche nicht verhindern. Der Name Hertie bestand bis September 2007, aber nur noch in den Filiale in Berlin-Neukölln und München. Nach einem kurzen Intermezzo seit 2007 als „Hertie GmbH" folgte im August 2009 das endgültige Ende in der Insolvenz. Die Erinnerung an einen Posener Kaufmann namens Hermann Tietz war da schon lange verblasst.
Die Initialzündung zur Gründung von Kaufhäusern in Deutschland von Birnbaum aus, angeregt durch Hermann Tietz wird sein Verdienst bleiben. Nicht nur seine beiden Neffen Oskar und Leonhard Tietz haben Kaufhäuser errichtet, sondern auch andere Birnbaumer Familien: Michaelis-Max Joske gründete 1904 eines in Leipzig, die Gebrüder Moritz (1872-1939) und Julius Ury 1896 eines in Leipzig. 1881 entstand die erste Filiale des „Warenhauses Geschwister Knopf", Max (1857-1934) und Johanna Knopf (*1847) in Leipzig. Ihr Schwager, Rudolph Schmoller, Ehemann von Eva Knopf, eröffnete im Jahr 1900 ein Kaufhaus in Mannheim und der Bruder Sally Knopf 1881 eines in Freiburg im Breisgau. Hermann Wronker (1867-1942), Neffe der Gebrüder Leonhard und Oscar Tietz, begann seine Tätigkeit 1891 mit seinem Bruder Simon in Frankfurt am Main. Salman Schocken (1877-1959) aus Margonin im benachbarten Kreis Kolmar i. P. (Chodzież), einst Leiter des Kaufhauses Ury in Leipzig, gründete seit 1904 eigene Häuser,

ebenso seine Brüder Simon Ury (1874-1929) und Julius Ury (1872-1934, in Bremerhaven).
Seit einigen Jahren erinnert auch die heute polnische Stadt an ihre großen Söhne. Im Stadtpark erinnert ein Gedenkstein an die Kaufhausgründer von einst.
Hermann Tietz starb am 3.5.1907 in Berlin und erhielt von der Stadt Berlin ein Ehrengrab auf dem Jüdischen Friedhof Berlin-Weißensee im Feld O2.

Abb.: Firmenlogo.

Martin Sprungala

Mai 2012

5. Mai   100. Geburtstag

JOKOSTRA,
Peter

Schriftsteller

* 5.5.1912,
Dresden-Trachau

† 21.1.2007,
Berlin

Der Schriftsteller Peter Jokostra, der mit richtigem Namen Heinrich Knolle hieß, wurde am 5. Mai 1912 in Dresden-Trachau geboren und starb am 21. Januar 2007 in einem Berliner Altersheim. Aufgewachsen ist er in Spremberg/Niederlausitz, wo sein Vater Stadtapotheker war. Da er sorbische Verwandte hatte, nannte er Spremberg gelegentlich Grodk, wie die Stadt in niedersorbischer Sprache heißt. Während seine Lehrer am Spremberger Realgymnasium seine künstlerischen Neigungen durchaus erkannten und förderten, zeigten seine Eltern wenig Verständnis. Nach dem Abitur studierte er Kunstgeschichte, Germanistik und Philosophie bei Max Horkheimer, Paul Tillich und Martin Buber in Frankfurt am Main, München und Berlin. Während dieser Zeit veröffentlichte er erste Gedichte und wurde Mitglied im „Roten Studentenbund". Nach der „Machtergreifung" Adolf Hitlers am 30. Januar 1933 gab er sein Studium auf und wurde für zwei Jahre Landarbeiter im südlichen Ostpreußen, über diese Zeit hat er 50 Jahre später in seinem Buch *Heimweh nach Masuren. Jugendjahre in Ostpreußen* (1982) berichtet. Diese Flucht in die Provinz Ostpreußen war der Versuch eines jungen Mannes, fernab von der hektischen Reichshauptstadt Berlin, wo jetzt die Nationalsozialisten herrschten, zur inneren Ruhe zu finden. Da er das ostpreußische Landleben, die Gutsherren, die Landarbeiter, die Instleute in aller Drastik geschildert hatte, wurde er von der Landsmannschaft Ostpreußen angezeigt und musste sich vor Gericht verantworten. Die Taschenbuch-Version (1985) seines Masurenbuches erschien dann als „*korrigierte Ausgabe*".

Im Jahr 1935 übernahm er als Landwirt einen Bauernhof in Mecklenburg, wurde aber 1941 zur Wehrmacht eingezogen. Über diese sechs Jahre veröffentlichte er fast 60 Jahre später das Buch *Damals in Mecklenburg* (1993). Während der Winterschlacht vor Moskau, die am 8. Dezember 1941 begonnen hatte, beschloss er, sich dem Kriegseinsatz zu entziehen und eine Krankheit vorzutäuschen. Er floh von der Front nach Ostpreußen, wo er sich verstecken wollte, wurde aber verraten und vor ein Kriegsgericht gestellt, nur der rasante Vormarsch der „Roten Armee" rettete ihn vor der Verurteilung. In seinem autobiografischen Roman *Das große Gelächter* (1974) hat er über seine Zeit als Deserteur berichtet.

Aus englischer Kriegsgefangenschaft entlassen, wurde er Mitglied der westdeutschen KPD und kehrte 1946 nach Spremberg zurück, wo er als Lehrer, Kreisschulrat, Verlagslektor und Referent des 1945 gegründeten „Kulturbunds zur demokratischen Erneuerung Deutschlands" arbeitete. In diesen Jahren entstand seine Freundschaft mit dem gleichaltrigen, in Spremberg geborenen Erwin Strittmatter (1912-1994), die Annette Leo in ihrem Buch *Erwin Strittmatter* (2012) eindringlich beschrieben hat.

Nach der Veröffentlichung seines Gedichtbandes *An der besonnten Mauer* (1958) im „Mitteldeutschen Verlag" in Halle wurde er von parteiamtlicher Seite heftig kritisiert und als „*dekadenter Autor*" bezeichnet, weshalb er, die drohende Verhaftung fürchtend, mit Annemarie Cibulka (1920-2004), der Ehefrau des aus Jägerndorf/Böhmen stammenden Lyrikers Hanns Cibulka (1920-2004), nach Südfrankreich floh. Über diese französischen Jahre berichtete er in seinem Tagebuch *Die Zeit hat keine Ufer* (1963). Die überarbeitete Fassung erschien unter dem Titel *Südfrankreich!* (1989). Später kam er in die Bundesrepublik Deutschland und ließ sich in Kasbach/Linz am Rhein nieder, wo sich bereits andere DDR-Emigranten wie Joseph Scholmer (1913-1995) und Gerhard Zwerenz (1925) angesiedelt hatten. Von dort aus versuchte er 1962, die westdeutsche Werkausgabe der DDR-Schriftstellerin Anna Seghers (1900-1983) zu verhindern, die im Luchterhand-Verlag in Neuwied am Rhein angekündigt war und mit dem ersten Band *Das siebte Kreuz* (1963) eröffnet wurde. Sein Buch über den aus Tilsit in Ostpreußen stammenden Lyriker Johannes Bobrowski (1917-1965) erschien unter dem Titel *Bobrowski und andere. Die Chronik des Peter Jokostra* (1967). Die Korrespondenz beider Dichter wurde unter dem Titel *Johannes Bobrowski – Peter Jokostra. Ein Briefwechsel 1959* (2008) veröffentlicht. Ein weiterer Briefwechsel mit der aus Czernowitz im Buchenland (Bukowina) stammenden Lyrikerin Rose Ausländer (1901-1988) erschien 2011 unter dem Titel *Lieber Jokostromo – Liebe Immerda-Rose*.

Bild: Lutz Frömbgen 1992.

Jörg Bernhard Bilke

6. Mai 150. Geburtstag

LENDL,
Adolf

Naturforscher, Direktor des Budapester Tiergartens, Reichtagsabgeordneter

* 6.5.1862,
Orzydorf/Orczyfalva,
heute Orțișoara im Banat/Rumänien

† 25.9.1943,
Keszthely/Gestl in Ungarn

Nach der so genannten „Türkenzeit" (1552-1716) und dem Frieden von Passarowitz (1718) wurde das heutige Banat (Osmanisch Samtschak genannt) der österreichischen Militärverwaltung unterstellt. Nach den bekannten „Schwabenzügen" (1723-1787) wurde aus einer wirtschaftlich rückständigen Peripherie ein multikulturelles Zentrum, dessen Prosperität immer wieder zahlreiche Neusiedler anlockte. Zu diesen zählte auch Adolfs Vater, der Bezirksarzt und Titularoberarzt des Temeschwarer Komitates Dr. med. Georg Lendl (1819-1913), dessen Wurzeln im Böhmischen zu suchen sind.

Adolf Lendl wurde am 6. Mai 1862 im damals österreichisch-ungarischen Orzydorf im Banat geboren. Die Oberrealschule durchlief er 1871 bis 1879 in Temeschburg (Temeschwar, rum. Timișoara, ung. Temesvár, heute in Rumänien) – dem kulturellen und wirtschaftlichen Mittelpunkt des Banates und damals Zentrum des Banater Deutschtums. Nach bestandenem Abitur studierte er in der Zeitspanne 1879 bis 1884 Naturwissenschaften an der Universität Budapest. Nach der Großen Staatsprüfung war er Gymnasiallehrer in Budapest (1884-1885), um anschließend als Assistent an die Universität zu wechseln, wo er 1887 zum Dr.nat.scient. promovierte. Ab 1888 lehrte er als Privatdozent an der Universität und ab 1889 arbeitete er parallel als Hilfskustos an der zoologischen Abteilung des Naturwissenschaftlichen Museums; gleichzeitig wurde er auch zum Professor an die Technische Hochschule berufen. 1893/94 gründete er eine zoologische Präpariereranstalt mit Lehrmittelfabrik, das erste derartige Unternehmen nicht nur für Ungarn, sondern auch für den gesamten Großraum Südosteuropas.

Als Mitglied der Liberalen Partei Ungarns war er auch Reichstagsabgeordneter im Parlament. In dieser Zeit befasste er sich u.a. mit der Modernisierung des Budapester Tiergartens, entwarf dafür einen zeitgemäß gestalteten Plan, so dass diese Anstalt 1911 eröffnet werden konnte; A. Lendl wurde zum Direktor dieser Institution ernannt, welche er sachkundig bis 1918 leiten sollte. Dank seiner zahlreichen wissenschaftlichen Publikationen, wurde er 1917 zum Korrespondierenden Mitglied der Ungarischen Akademie der Wissenschaften ernannt.

Die Umwälzungen nach dem Ersten Weltkrieg, bzw. mit den Pendelschlägen zwischen „rotem" und „weißem" Terror, also zwischen der von jüdischen Kommissaren dominierten Republik (133 Tage) und den deutschen Konvertiten/Magyaronen, sollte Lendl 1920 seine Stellung verlieren und aus der Akademie ausgeschlossen werden. Vorgeworfen wurde ihm und anderen Deutschstämmigen, sie hätten nach dem Sturz der Rätediktatur 1919 die Geschicke Ungarns gelenkt und da sie keine Madjaren waren, nicht im Interesse des ungarischen Volkes gehandelt.

Nach seiner Pensionierung 1929, zog er sich nach Keszthely/Gestl – am Westende des Plattensees gelegen – zurück, waren doch hier, dank der 1797 gegründeten Landwirtschaftlichen Universität und der berühmten Bibliothek im Schloss der Grafen Festetics hervorragende Bedingungen für einen Privatgelehrten gegeben. Hier widmete er sich auch der Entwicklung des Plattensee-Museums und dessen Aquariums. Entlang von zehn Jahren gab er als Schriftleiter die wissenschaftliche Zeitschrift „A természet" (Die Natur) heraus und schrieb dabei,

allein zur Propagierung des Budapester Tiergartens etwa 300 Beiträge.
Es sei hervorgehoben, dass Lendl schon als 25jähriger Naturkundler den damals führenden Ornithologen Otto Herman (1835-1914) auf seiner zoologischen Expedition zu den norwegischen Vogelbergen 1887/88 begleitete. Eine seiner Pionierleistungen war die Anlegung in der Ungarischen Ornithologischen Zentrale des Grundstocks der osteologischen Sammlung, in Zusammenarbeit mit L.E. Szalay (1875-1960). Es folgten Sammelreisen nach Kleinasien (1906), Südamerika (1907) und Australien, über die er u.a. das Werk *Reisebriefe aus zwei Weltteilen* 1908 in Budapest herausgab. Er war nicht nur ein Fachmann in der Kenntnis der Vogelwelt, sondern auch ein geschätzter Spinnenforscher; so wurde sein Werk über die Muskulatur der Spinnen 1917 von der Ungarischen Akademie der Wissenschaften herausgegeben. Auf diesem Gebiet befasste er sich mit der Morphologie, Histologie und Genetik der Afterspinnen (Pseudoskorpione). Eine Aufzählung seiner Hauptveröffentlichungen ist bei J. Szinnyei (1900) vorzufinden, sowie in der Fachzeitschrift „Aquila" Nr. 50, 1943. Sein wegweisendes wissenschaftliches Werk *Grundlegende Gedanken über die Errichtung eines naturkundlichen Museums* erschien 1935.
Adolf Lendl verstarb am 25. September 1942 in Kesztely am Plattensee.

Lit.: L. Gebhardt, Die Ornithologen Mitteleuropas, Bd. I, Wiebelsheim 2006, S. 212. – P. Lendvai, Die Ungarn. Ein Jahrtausend Sieger in Niederlagen, München 1999, S. 426, 521, 527. – A.P. Petri, Biographisches Lexikon des Banater Deutschtums, Marquartstein 1992, S.1123-1125. – J. Szinnyei, Magyar irok (Ungarische Schriftsteller), Bd. VII, Budapest 1900, S. 1035-1038. – J. Weidlein, Die verlorenen Söhne. Kurzbiographien großer Ungarn deutscher Abstammung, Bd. II, Wien 1967, S. 21-22, 71-72.

Bild: Museu Nacional UFRJ

Rudolf Rösler

6. Mai   75. Todestag

KEILHOLZ,
Richard

Webelehrer, Botaniker,
Natur- und Heimatforscher

* 29.12.1873,
Haynrode/Untereichsfeld
† 6.5.1937,
Königstein/Sachsen

Der Webelehrer Richard Keilholz wirkte 30 Lebensjahre im oberschlesischen Katscher (heute polnisch: *Kietrz*), stammte jedoch aus dem thüringischen Dorf Haynrode im Untereichsfeld. Dort wurde er als Sohn eines kleinen Landwirtes, Hauswebers und Webwarenverlegers geboren. Er erlernte ebenfalls das Handwerk eines Leinewebers. Bereits in der Schul- und Lehrzeit fiel er durch seine guten Leistungen auf und da er Entwicklungsmöglichkeiten suchte und diese nicht im väterlichen Betrieb sah, folgte er als junger Webergeselle etwa 1893 einem Aufruf der Preußischen Staatsregierung zur Ausbildung von Web- und Wanderlehrern für den späteren Einsatz in Schlesien. Seine Ausbildung begann in Frankfurt/M. und führte über ein Praktikum in Heide/Norderdithmarschen bis nach Berlin. Die in diese Ausbildung einbezogenen Schulen und Einrichtungen lassen sich heute nicht mehr genau ermitteln. Am 25.6.1897 heiratete er in Berlin Else Normann aus Heide.
Wanderlehrer sollten für eine ordnungsgemäße Berufsausbildung in Theorie und Praxis sorgen und außerdem die soziale Lage der schlesischen Weber verbessern. Ziel war, die Weberlehrlinge durch schulische Bildung auf die maschinelle Weberei bzw. auf die Fabrikweberei vorzubereiten. Gleichzeitig

sollten die Lehrlinge aber auch das traditionelle Weberhandwerk erlernen, um später als Geselle mit althergebrachter Hausweberei, gegebenenfalls nur als Nebenbeschäftigung, ihre Lebensumstände auch aus eigenen Kräften positiver gestalten zu können. Weiter war es eine Aufgabe dieser Lehrer, zu den Hausweberfamilien zu wandern, die dort stehenden Webgeräte zu überprüfen, sie der technischen Entwicklung (z. B. Jacquardweberei) anzupassen und gegebenenfalls zu verändern. Wanderlehrer sollten den Meistern und Gesellen eine handwerkliche Fortbildung ermöglichen und mit entsprechenden Hinweisen die Heimweber bei der Materialbeschaffung, Produktion und dem Absatz der Fertigware unterstützen. Dies alles sollte helfen, die Schlesischen Weber aus ihrer damaligen sozialen Krisensituation herauszuführen.

Richard Keilholz wurde als Wanderlehrer zuerst in den schlesischen Weberdörfern Neurode, Langenbielau, Dittmannsdorf und Dittersbach eingesetzt. Eine Anstellung als Weblehrer erhielt er dann an der Webschule Mittelwalde/Grfsch. Glatz und 1905 wurde er Leiter der Königlichen Webereilehrwerkstätte in Katscher/OS. Er war ein ausgezeichneter Textilfachmann, wie seine bemerkenswerten Veröffentlichungen in einschlägigen Fachzeitschriften beweisen. Mit dem Ersten Weltkrieg wurde der allgemeine Niedergang der Weberei auch in Katscher deutlicher. Danach war Wanderunterricht nur noch eingeschränkt erforderlich und die Weberlehrlinge erhielten die praktische Ausbildung nur noch in den Fabriken. Richard Keilholz war in Katscher ab dieser Zeit nur für den fachlichen, theoretischen Berufsschulunterricht zuständig.

So eröffneten sich ihm zahlreiche Freiräume für seine schon immer vorhandenen naturwissenschaftlichen und heimatkundlichen Interessen. Er bildete sich autodidaktisch in diesen Richtungen weiter, besonders auf den Gebieten der Botanik. Aber auch der Entomologie und sogar der Volkskunde widmete er sich ausgiebig und veröffentlichte dazu eine Reihe von Aufsätzen, die ebenfalls wissenschaftliche Beachtung fanden. Natürlich interessierten ihn auch Geologie, Mineralogie, Archäologie und Ornithologie sehr. Umfeld und auch Biozönose um Katscher/Dirschel erforschte und beschrieb er weitgehend. Noch heute sind seine Ermittlungen Ausgangspunkt für gegenwärtige, wissenschaftliche Betrachtungen und seine Erkenntnisse werden immer noch, besonders von Botanikern, als regionales, klassisches Basismaterial wahrgenommen, wenn sie sich mit dem Katscher Gebiet beschäftigen.

Der südlich von Katscher gelegene, pontische Gipshügel Kalkberg, Höhe 285,5 m, war sein Hauptbetätigungsfeld. Damals führte er öfters Exkursionen mit interessierten Besucher- und Wissenschaftlergruppen in diesem Gebiet durch und erläuterte es ausführlich. (Dabei ließ er auch den bergmännischen Gipsabbau im Tiefbauverfahren nicht aus.) Schnell erkannte er, wegen der pontischen Steppenrasenvegetation mit zahlreichen Pflanzengemeinschaften, die unbedingt schützenswerte Bedeutung dieses Areals. Die Einzigartigkeit dieses Biotops beschrieb er in mehreren Aufsätzen wissenschaftlich. Hier fand er Lebensformen, wie sie woanders in mitteleuropäischen Regionen in dieser Vielfalt kaum zu finden waren. Sie entstammten den Steppengebieten am Schwarzen Meer und auch Südosteuropas und sind Relikte früherer Zeitalter oder Einwanderer, die hier Lebensbedingungen wie in ihrer ursprünglichen Heimat, den osteuropäischen Schwarzerdegebieten vorfanden.

Der Kalkberg war schon sehr früh verbal als Naturdenkmal bekannt und auch als solches in der Literatur bezeichnet. Jedoch konkrete Maßnahmen zu seinem Schutz gab es nicht, und besonders die Bedrohungen durch den Gipsabbau wurden täglich immer größer. Aber auch wissenschaftlich interessierte Besucher waren damals eine echte Gefahr. Viele Wissenschaftler verfügten noch nicht über ein heutiges Bewusstsein. Wenn drei- bis viermal im Jahr 5- bis 10köpfige Botanikergruppen das Gebiet besuchten und jeder Teilnehmer eine Belegpflanze mit nach Hause nehmen wollte, hätte dies in einem so kleinen Gebiet das baldige Verschwinden aller seltenen Arten bedeutet.

Für Keilholz wurden die Bemühungen zum Schutz des Kalkberges – in Zusammenarbeit mit der Provinzialstelle für Naturdenkmalspflege – deshalb quasi zur Lebensaufgabe. Nach seinen Forschungen konnten dort in dieser Zeit über 40 pontische

Pflanzenarten nachgewiesen und wissenschaftlich beschrieben werden. Einige waren aber auch schon damals fast verschwunden.
Oberschlesien besaß 1927 mit dem Leobschützer Stadtwald nur ein einziges Naturschutzgebiet.Die Provinzialstelle für Naturdenkmäler in Oberschlesien bereitete aber die Schutzstellung von weiteren 5 Gebieten vor. Dabei war auch, auf Betreiben von Keilholz, der Kalkberg. Das gesamte Grünflächenareal gehörte zu dieser Zeit vier Besitzern, war als Nutzfläche kaum geeignet (Ziegenweide) und die Provinzialstelle plante, in Zusammenarbeit mit der Stadtverwaltung Katscher, einen Erwerb als Naturschutzgebiet. Jedoch erst 1935 erhielt eine kleine Fläche von 3.365 qm am Südhang des Kalkberges diesen offiziellen Status. Diese kleine Schutzfläche war nur ein Teilerfolg und auch bestimmt nicht das Ziel der langen Pionierarbeit von Keilholz in Sachen Naturschutz an diesem Ort. Er wollte eigentlich mindestens eine mehr als doppelt so große Fläche als Naturschutzgebiet einrichten.
Keilholz galt als naturkundlicher Experte für den Kalkberg. Die wissenschaftliche Anerkennung seiner Arbeit wird durch seine Kontakte zu damals führenden deutschen Botanikern, wie Prof. Schube, (Breslau – Schlesisches Herbarium) und Prof. Wangerin (Danzig – pontische Botanik) belegt. Mit Prof. Eisenreich, Leiter der Provinzialstelle für Naturdenkmalspflege Oberschlesien verbanden ihn die Bemühungen zur Schutzstellung dieses Gebiets. (Die Provinzialstelle führte mehrere Exkursionen dorthin durch und tagte auch in Katscher – dann unter seiner Leitung!) Kontakte unterhielt er weiter u.a. zu Prof. Schoenichen, (Direktor der Staatl. Stelle für Naturdenkmäler in Preußen), Freiherr Prof. Bolko v. Richthofen (Oberschlesischer Landesarchäologe). Eine gute Zusammenarbeit gab es in den 1920er Jahren auch mit dem damaligen Katscher Bürgermeister Greinert, der alle Bemühungen zur Schutzstellung des Kalkberges sehr unterstützte. Kontakte auf dem Gebiet der Volkskunde bestanden auch zum späteren Prof. A. Perlick. Vermutlich waren Aufsätze von Keilholz über die

Weberei in Katscher und über die Ölmühle in Rösnitz hier auslösend.
Gesellschaftlich war er in Katscher als Mitglied der Zentrumspartei und Stadtverordneter in der Lokalpolitik engagiert. In der kleinen evangelischen Gemeinde gehörte er zum Kirchenrat und hielt in Abwesenheit des Seelsorgers den Lesegottesdienst. In breiten Bevölkerungskreisen genoss er großes Vertrauen und hohes Ansehen, so dass er auch jahrelang als Geschworener und als Schöffe eingesetzt wurde.
Mit Beginn der Nazizeit wurde sein christliches, soziales und weiteres gesellschaftliches Engagement bestimmt argwöhnisch beobachtet. Die nach der Machtergreifung 1933 erfolgte politische Gleichschaltung des Naturschutzes, sowie aller gesellschaftlichen Aktivitäten, bzw. entsprechende Verbote für solche Tätigkeiten, fanden bestimmt nicht seinen Beifall. Sicherlich unterlag er in der Kleinstadt Katscher zahlreichen, persönlichen Anfeindungen durch Nazis, so dass er diese, mit Erreichen des Pensionsalters, 1935 fast fluchtartig verließ und erst einmal mit seiner Frau in einem Interimsquartier bei einer Tochter in Dresden Unterkunft fand, ehe er sich im sächsischen Königstein an der Elbe als Pensionär niederließ. Dort verstarb er dann 1937 an den Folgen eines Schlaganfalls, ohne, dass in Katscher offiziell Notiz davon genommen wurde. Immerhin brachte die Wochenzeitschrift Der Oberschlesier, etwas versteckt, doch noch eine kurze Nachrufnotiz heraus und würdigte seine umfangreiche Autorentätigkeit mit dem Nachdruck einer früheren Veröffentlichung.
Heute ist der wahre Umfang seines Schaffens nicht genau bekannt, es können bis jetzt etwa 20, überwiegend längere Aufsätze, in verschiedenen Zeitschriften nachgewiesen werden. Weiter sind etwa 30 bibliografische Hinweise zu seiner Person und zu seinem Schaffen in der Literatur gefunden worden. Die Annahme ist jedoch berechtigt, dass noch längst nicht alles bekannt ist. Durch die Zeit des Nationalsozialismus, den Zweiten Weltkrieg, Flucht und Vertreibung ist sein regionales Wirken und seine überregionale Ausstrahlung als Heimatkundler im heutigen Deutschland in Vergessenheit geraten.

Anders im jetzt polnischen Oberschlesien. Dort ist man sich heute sehr wohl bewusst, dass er es war, dem der Kalkberg einen Naturschutzstatus verdankt. Seine Veröffentlichungen dienen heute polnischen Botanikern noch immer als Quellenmaterial. In einschlägigen bibliografischen Verzeichnissen in Deutschland, Polen, Tschechien, Niederlanden und USA sind einzelne Aufsätze von ihm vermerkt.

Der Kalkberg ist seit 1957 in Polen mit einer Fläche von 10.200 m^2 als wichtiges Naturschutzgebiet ausgewiesen. Dort lassen sich noch immer 29 geschützte Pflanzenarten nachweisen, davon elf mit besonders strengem Schutz.

Werke: Aufsätze in der Zeit 1910-1937 in der Wochenzeitschrift „Der Oberschlesier", dem Jahrbuch „Leschwitzer Tischkerierkalender", in den Monatszeitschriften „Deutsche Seidenraupenzucht" und „Entomologische Zeitschrift", bzw. „Entomologische Blätter", sowie in den textilen Fachzeitschriften „Spinner und Weber" und „Leipziger Monatsschrift für Textilindustrie". Moosausstellung von Richard Keilholz/Katscher/Naturschutzausstellung: „Naturschutz und Schule", Ratibor vom 24.08.-02.09.1928.

Helmut Steinhoff

13. Mai   100. Todestag

WACHLER,
Paul

Oberbergrat, Generaldirektor

* 14.2.1834,
Malapane/OS
† 13.5.1912,
Eisleben

Paul Wachler wurde geboren als Sohn des Hüttenmanns Ludwig Wachler, Leiter des Königlichen Eisenhüttenwerks zu Malapane, und dessen Ehefrau Auguste, geb. Paul. Paul Wachlers Vater, Sohn eines Theologen, Historikers und Literaturhistorikers, galt als *„eine nach allen Richtungen hin ausgezeichnete Kraft"*. Seit 1829 als Hütteninspektor auf der Malapaner Hütte tätig, die er von 1840 an bis zu seinem Tod 1865 leitete, hatte er die Anlage zu einem Unternehmen nach dem neuesten Stand der Technik entwickelt. Paul Wachler bezog nach dem Besuch des Gymnasiums zu Oppeln die Universität Breslau, wo er sich dem Studium der Rechtswissenschaften und der Nationalökonomie widmete. 1855 bestand er das juristische Examen. Anschließend absolvierte er die Referendarausbildung *„in allen Zweigen der Rechtspflege"*, ehe er 1860 Gerichtsassessor wurde.

Seine berufliche Tätigkeit begann Paul Wachler in einer Breslauer Rechtsanwaltspraxis. Sein Engagement und seine Aktivitäten dokumentieren sich in seiner juristischen Mitgliedschaft am Oberbergamt in Breslau und bei der Staatsanwaltschaft am dortigen Stadtgericht. 1865 wirkte er als Staatsanwaltschaftsgehilfe bei der Staatsanwaltschaft in Oppeln. Am

1. Dezember 1865 erfolgte seine Ernennung zum Staatsanwalt in Öls. Seit 1862 war Paul Wachler mit Clara Boehm verheiratet. Die als glücklich bezeichnete Ehe sollte kinderlos bleiben. In den deutsch-österreichischen Krieg von 1866 war er *„als Regimentsadjutant des Niederschlesischen Landwehrregiments Nr. 11 in Neisse"* involviert, in den deutsch-französischen Krieg von 1870/71 *„als Adjutant der 21. Infanterie-Brigade"*. Seine seinerzeitigen Aktivitäten dokumentieren sich u. a. darin, dass er vom Jahre 1870 an den Arbeitsanfall des Syndikus der Fürstentums-Landschaft Öls-Militschau erledigte. Schon vom Jahre 1864 an hatte er als Justitiar der Oberschlesischen Steinkohlen-Bergbau-Hilfskasse gewirkt.

Paul Wachlers politisches Engagement kommt in seinem Mandat als freikonservativer Abgeordneter des preußischen Landtags für den Wahlkreis Öls-Namslau-Wartenberg zwischen 1866 und 1874 zum Ausdruck. Dem Programm der Freikonservativen entsprechend, vertrat er deren großindustrielle Interessen. Nachdem er 1874 zum Oberbergrat in Halle ernannt worden war und 1875 den akademischen Grad eines Dr. jur. erworben hatte, quittierte er den Staatsdienst, um als Generaldirektor für Graf Guido Henckel von Donnersmarck tätig zu werden. Als solcher war er verantwortlich für dessen ausgedehnten Grundbesitz sowie das über Jahrzehnte hinweg aufgebaute und weit über das oberschlesische „Kernrevier" hinaus reichende v. Donnersmarcksche Industrie-Imperium. Wenngleich er 1883 aus den Diensten Henckel v. Donnersmarcks ausschied, so blieb er dem bedeutendsten oberschlesischen Industrie-Magnaten doch weiterhin freundschaftlich verbunden.

Die vielfältigen Aufgaben Paul Wachlers, die zumal mit seinem Wirken als Generaldirektor verbunden waren, galten als Ausweis für seine Bestellung zum Leiter des Schlesischen Bankvereins mit Sitz in Breslau im Jahre 1883. Das Geldinstitut war 1856 als Kommanditgesellschaft auf Aktien gegründet worden. Seine Hauptaufgabe sollte die Industriefinanzierung sein. Paul Wachler hat dem Ansinnen, für die *„Beschaffung und Verwaltung"* der für die schlesische Montanindustrie sowie für die übrigen Industriezweige Schlesiens nachgefragten Geldmittel Sorge zu tragen, zu entsprechen vermocht. Dass er dazu imstande war, hatte auch damit zu tun, dass der Schlesische Bankverein Beziehungen zu der 1870 gegründeten Deutschen Bank unterhielt, zu deren Erstzeichnern das Breslauer Institut gehörte. Entstanden war der Bankverein durch das Zusammengehen von Geld- und Hochadel. So gehörten zu seinen Geschäftsinhabern Graf Adrian Joseph Hoverden, der Bankier Conrad Fromberg und der Commerzienrat Wilhelm Lehfeld.

Offenbar fühlte sich Paul Wachler mit seinem Wirken für den Schlesischen Bankverein nur unzureichend ausgelastet. Ansonsten hätte es ihn wohl kaum 1891 nach Berlin gezogen, dem zentralen Banken- und Börsenplatz Deutschlands. Zumal seit Berlin 1871 zur Hauptstadt des Deutschen Reichs geworden war, hatten sich hier bedeutende Bankiers und einflussreiche Unternehmer, darunter nicht zuletzt oberschlesische Magnaten, niedergelassen. Hier konnte Wachler seine vielseitigen Kenntnisse und seinen Schaffensdrang zur vollen Entfaltung bringen. Seine Aktivitäten erstreckten sich auf die unterschiedlichsten Felder. Er war Mitglied des Aufsichtsrats des Schlesischen Bankvereins, der Dresdener Bank, des Schaaffhausenschen Bankvereins sowie der Zulassungsstelle für die Berliner Börse. Zudem fungierte er als Vorsitzender des Aufsichtsrats der Deutschen Grund-Credit-Bank in Gotha, der Kaliwerke Salzdetfurth und der Lignose-Schießwollfabrik Kruppamühle. Stellvertretender Vorsitzender war er des Aufsichtsrats der Vereinigten Königs- und Laurahütte für Bergbau- und Eisenhüttenbetrieb (Oberschlesien), der Aktiengesellschaft Kraft zu Kratzwieck bei Stettin, der Kattowitzer Aktiengesellschaft für Bergbau und Eisenhüttenbetrieb, schließlich der Schlesischen Aktiengesellschaft für Bergbau und Zinkhüttenbetrieb Lipine (Kr. Beuthen/OS).

Als Mitglied gehörte Paul Wachler dem Aufsichtsrat der Aktiengesellschaft Lauchhammer, der Berliner Speditions- und Lagerhaus-Gesellschaft AG, der Schantung-Bergbaugesellschaft, der Friedrich Wilhelm-Lebensversicherungsgesellschaft, der

Schantung Eisenbahngesellschaft und der Superphosphat-Fabrik Mannheim an. Im Jahre 1902 wurde er durch Wilhelm II. zum Mitglied des Herrenhauses berufen. Zu sehen ist die Berufung im Zusammenhang mit seinem Engagement für die Interessen der Industrie. Ihnen verdankte er auch seine Mitgliedschaft im Zollbeirat seit 1892 und im Wirtschaftsausschuss des Deutschen Reiches zur Vorbereitung handelspolitischer Maßnahmen seit 1898. Geschätzt war er als Experte sowohl auf dem Gebiet der Montanindustrie als auch auf dem des Bergrechts sowie des Aktien-, Bank- und Handelswesens. Unter Beweis gestellt hatte er seine Kompetenz gelegentlich der Verhandlungen über die Handelsverträge in den 1890er Jahren sowie im Rahmen der Enqueten über Zolltarife, Handels-, Börsen- und Bankangelegenheiten, die zu den Obliegenheiten der Oppelner Handelskammer gehörten, die von ihm im Jahre 1882 mit begründet worden war. Dass Paul Wachler für sein vielfältiges Wirken mit Auszeichnungen bedacht wurde, versteht sich von selbst. So wurden ihm verliehen die Kriegsgedenkmünzen 1866 und 1870/71, der Rote Adler Orden IV. Klasse, der Kronenorden II. Klasse, das Verdienstkreuz und das Sächsische Komturkreuz II. Klasse mit Stern.

Sieht man von Paul Wachlers intellektuellen Fähigkeiten und seiner Schaffenskraft einmal ab, dann beeindruckt die Vielseitigkeit seiner Aktivitäten. All das speiste sich aus dem in der Lehre der reformierten Kirche angelegten Arbeitsethos, das sich in rastloser Berufsarbeit sowie den daraus resultierenden Erfolgen wesentlich dokumentiert. Dass er sich auch wissenschaftlich betätigte, ergänzt das beeindruckende Bild von ihm und rundet es gewissermaßen ab. Es verwundert daher nicht, dass er noch im hohen Alter rastlos tätig, während eines Gesprächs mit Gewerken *„der Mansfeldschen Kupferschiefer bauenden Gewerkschaft"* in Eisleben plötzlich verstarb.

Werke: Das Allgemeine Berggesetz für den preußischen Staat (1865). – Über die Rechtsgiltigkeit der Felderreservation für den fiskalischen Bergbau insbesondere in Oberschlesien (1865)). – Ferner äußerte sich Wachler, zumal im Rahmen seiner parlamentarischen Funktionen, zu Problemen des Strafrechts, des Bergrechts, des Erbrechts, des Personenstands- und Eherechts, zu Handels- und Verkehrsfragen, zum Börsen-und Bankwesen, zu Staatsanleihen oder zum Scheckverkehr.

Lit.: Oberbergrat a.D. Wachler (†), in: Rundschau 8 (1911/12), S. 182. – Oberbergrat Dr. Wachler (†), in: Kohle und Erz 9 (1912), S. 146/47. – Oberbergrat Dr. Wachler (†), in: Oberschlesien 11 (1912/13), S. 166/67. – Oberbergrat Dr. Wachler (†), in: Zeitschr. d. Oberschlesischen Berg- und Hüttenmännischen Vereins 51 (1912), S. 245/47. – Ernst und Max Wachler (Hrsg.), Chronik der Familie Wachler vom Ende des 16. Jahrhunderts bis zur Gegenwart (1910), S. 206/07. – Alfons Perlick, Oberschlesische Berg- und Hüttenleute (1953), S. 169/170 und S. 274. – Wachler, Paul, in: Deutsche Biographische Enzyklopädie, Bd. 10 (2001), S. 266.

Bild: Zs. d. oberschl. Berg- und Hüttenmännischen Vereins 51 (1912).

Konrad Fuchs

30. Mai   150. Geburtstag

DUCHOSLAV,
Eduard

Forstwissenschaftler,
Pionier des tschechischen
Forstschulwesens

* 30.5.1862,
Tynetz a.d. Elbe/Böhmen

† 14.5.1926,
Pisek/Südböhmen

Leben und Wirken dieses verdienstvollen Forstmannes, ist charakteristisch für einen nicht geringen Teil der Jugend, die im deutschen Sprachraum studierte und nach dem Ersten Weltkrieg zum Aufbau des Forstwesens in den Folgestaaten der Österreichisch-Ungarischen Monarchie sowie in den Balkanländern Pionierleistungen vollbrachten, wie: Paul Grunau (1860-1936, siehe OGT 2010), Julius Fröhlich (1881-1957, OGT 2007), Friedrich Linhart (1903-1987, OGT 2003/2004) u. a.

Eduard Duchoslav wurde am 30. Mai 1862 im Städtchen Tynetz a.d. Elbe/Týnec nad Labem im damals Habsburgischen Böhmen geboren. Im nahe gelegenen Kuttenberg/Kutna Hora – welches 1283 unter Beteiligung sächsischer Kaufleute zu einer bedeutenden Bergstadt Böhmens wurde – besuchte er die Höhere Realschule, die er 1880 mit der Matura (Abitur) absolvierte. Zwecks Vorbereitung für seinen angestrebten Wunschberuf durchlief er eine Forstpraxis in Kaiserebersdorf bei Wien, um anschließend seine forstwissenschaftliche Ausbildung 1881 bis 1884 an der Hochschule für Bodenkultur in Wien – der renommierten *Alma mater viridis* – fortzusetzen, die er als Diplom-Forstingenieur abschloss. Diese Hochschule bildete einst zweifellos die fachliche Klammer zwischen den Forstakademikern aller Nationen Altösterreichs.

Nach Ableistung des Militärdienstes als Einjährig-Freiwilliger in der österreichischen k.u.k.-Armee (1884-1885, entlassen als Unterleutnant der Reserve), bewarb er sich bei den Österreichischen Staatsforsten an der Forstdirektion des Griechisch-Orientalischen Religionsfond des Österreichischen Kronlandes Bukowina (Buchenland) in Czernowitz (ukr. Cernivci, rum. Cernăuți); hier sollte er bei der Forsteinrichtung (Betriebsregelung der Waldungen) als Kartograph tätig werden. Die Urwaldflächen dieses Großraumes gehörten damals gänzlich orthodoxen Klöstern, die 1783 säkularisiert wurden. Österreichische Fachleute – zu denen auch E. Duchoslav gehörte – bewirtschafteten diesen wahren Naturschatz vorbildlich, bis das Buchenland 1919 an Rumänien fiel. Heute gehört die Nordbukowina zur Ukraine, die Südbukowina verblieb hingegen auch nach dem Zweiten Weltkrieg bei Rumänien.

Im Jahr 1886 bewarb sich Duchoslav um einen Posten als Fachlehrer an der Forstschule der südböhmischen Stadt Pisek (um 1240 als Stadt nach deutschem Recht angelegt). Hier war er zunächst als Adjunkt und Instruktor (Assistent) tätig, wurde jedoch nach der Ablegung 1896 der Prüfung für Zivilgeometer (Vermessungsingenieur) einige Jahre später (1899) zum Professor an dieser Forstlehranstalt ernannt. 1902 erfolgte die Ablegung der Staatsprüfung für Professoren an Höheren Forstlehranstalten (heute bekannt als Fachhochschule), so dass er bis Ende 1920 weiter in Pisek unterrichtete. Es sei erwähnt, dass bis 1888 – Entstehung der ersten tschechischen Forstschule des Landes in Pisek – die tschechischen Forstleute u. a. die zahlreichen deutschen Forstlehranstalten Böhmens und Mährens (Sudetenland) besuchten.

Neben seinen pädagogischen Aufgaben an dieser Forstlehranstalt, war Duchoslav auch fachschriftstellerisch tätig. Bekanntlich fehlte es damals an entsprechenden Lehrbüchern in tschechischer Sprache. Als einer der ersten Autoren verfasste er nun mehrere Fachschriften und Lehrbücher, wie *Waldwertrechnung* (1889), *Forstliche Buchführung* (1891), *Lehrbuch über die Forstnutzung* (1893), *Forstbotanik* (1898, 2. Auflage 1899), *Lehrbuch über die Forstverwaltung* (1903), *Kreisflächentafeln* (1903), u.a. In den Jahren 1895 – 1896 war Duchoslav Redakteur einer der ersten Forstzeitschriften in tschechischer Sprache „Listy lesnické" (Forstliche Blätter"). Aus seiner Feder stam-

men zahlreiche Fachbeiträge, erschienen entlang der Jahre auch in anderen tschechischen Fachzeitschriften.
Nach dem Zerfall der Monarchie 1919 wurden alle Forstschulen verstaatlicht, so auch die inzwischen auf vier Studienjahre erweiterte Höhere Forstschule in Pisek. Am 1. Mai 1921 wurde Duchoslav zum ordentlichen Professor daselbst ernannt und mit der Leitung dieser Institution betraut. Ein Jahr darauf (am 30. März 1922) erfolgt die Ernennung zum Direktor, eine Funktion die er bis zu seiner Pensionierung aus gesundheitlichen Gründen am 1. Juli 1925 bekleiden wird. Doch kaum ein Jahr darauf verstarb am 14. Mai 1926 in Pisek, im Alter von 64 Jahren, dieser verdienstvolle Forstmann und Pionier des tschechischen Forstschulwesens.
Rückblickend darf der einstige Zögling der Hochschule für Bodenkultur Wien Eduard Duchoslav, dank seiner Verdienste für die 1918 neu entstandene Tschechoslowakei, (umfassend die ehemaligen österreichischen Kronländer Böhmen, Mähren und Schlesien, sowie die Slowakei samt Karpato-Ukraine), mit Anerkennung *„Vater des tschechischen Forstschulwesens"* genannt werden.

Lit.: J. Fric, Velké vzory našeho lesnictvi (Verdienstvolle Vorbilder unseres Waldwesens), Prag, 1958, S. 192. – H. Killian, Österreichisches Forstbiographisches Lexikon, Bd. 4, Wien, 1991, S. 135-141. – H. Schrötter, Deutsches Forstwesen in Böhmen, Mähren und Schlesien. Eberswalde, 1993, 236 S. – J. Tauber, Bibliografie zemêdêlského výzkumnictvi a školstvi (Bibliographie der Landwirtschaftlichen Hochschulen), Prag, 1941. – J. Uhlir, Bibliografie lesnického školstvi na území Ceskoslovenska v létech 1850-1968 (Bibliographie der Forstlehranstalten auf dem Gebiete der Tschechoslowakei für die Jahre 1850-1968), Hradec Králové/Königgrätz. – J. Uhlir, Lesniké školstvi v Pisku (Die Forstlehranstalt Pisek), Prag, 1975.

Bild: H. Killian (1991) nach Fric J. (1958).

Rudolf Rösler

31. Mai   30. Todestag

KOMANSCHEK,
Josef

Regierungslandwirtschaftsdirektor, Erzähler

* 23.6.1912,
Sanktandres/Banat, Ungarn

† 31.5.1982,
Sindelfingen

Im Geiste der Jugendbewegung aufgewachsen, wollte Josef Komanschek im späteren Beruf seinem donauschwäbischen Bauernvolk von Nutzen sein und entschloss sich, Diplomlandwirt zu werden. Den größten Teil seines Studiums mit Praktika in den Semesterferien absolvierte er fern der Heimat in Hohenheim. Nach je einem weiteren Semester in Wien und Berlin erwarb er dort sein Diplom mit einer Arbeit über *Geschichte und Stand der landwirtschaftlichen Genossenschaften in Südosteuropa*. Heimgekehrt ins Banat, widmete er sich dem flächendeckenden Ausbau des landwirtschaftlichen Genossenschaftswesens in den deutschen Gemeinden, fasste die Genossenschaften zu Zentralen zusammen und gründete einen für das Banat und Siebenbürgen zuständigen Landesverband. 1941 ernannte ihn die rumänische Regierung zum Landesinspekteur der deutschen Genossenschaften. Als führendes Mitglied der deutschen Volksgruppe wurde er nach dem Frontwechsel Rumäniens 1944 verhaftet. Auf dem Transport ins Landesinnere sprang er vom fahrenden Zug und gelangte mit den Flüchtlingen nach Wien. Nach einem Himmelfahrtskommando als Fallschirmjäger hinter der sowjetischen Front überlebte er einen bitteren Weg durch Moskauer Gefängnisse und zehn Jahre Zwangsarbeit in dem berüchtigten Lager Workuta am nördlichen Eismeer. 1955 fand er seine Familie in Reutlingen wieder, wohin seine aus Stuttgart stammende Frau Marga mit den fünf Kindern geflüchtet war. Sepp Komanschek begann erneut in der Landwirtschaftsverwaltung und wurde nach Zwischenstationen 1967 Leiter des Landwirtschaftsamtes und der Landwirtschaftsschule für den Kreis Tübingen in Rottenburg. 1976 erhielt er die Ehrengabe des CDU-Landesverbandes Baden-Württemberg, 1977 das Bundesverdienstkreuz 1. Klasse, 1978 die Silberne Ehrennadel des Deutschen Genossenschafts- und Raiffeisenverbandes. Komanschek trat mit Fachliteratur über Landwirtschaft und humoristischen Erzählungen auch als Autor hervor. Schreibend engagierte er sich in diversen führenden Funktionen für seine donauschwäbischen Landsleute. 1970 zum Regierungslandwirtschaftsdirektor ernannt, ging er 1977 in den Ruhestand, den er bis zu seinem Tod in Sindelfingen verbrachte.

Werke: Geschichtliche Entwicklung und heutiger Stand des deutschen Genossenschaftswesens in Südosteuropa, Diplomarbeit an der Landwirtschaftlichen Hochschule Berlin 1934. – Die landwirtschaftliche Zentralgenossenschaft. Ein Beitrag zur Geschichte des Banater-deutschen Genossenschaftswesens, Deutsche Volksdruckerei und Verlags-AG, Kronstadt 1938, 63 S. – Die landwirtschaftlichen Leistungen der Banater Schwaben in Rumänien 1919-1944, Verlag Oertel und Spörer, Reutlingen 1961, 120 S. u. 8 S. Bildbeilagen [Veröffentlichungen des Kulturreferates der Landsmannschaft der Banater Schwaben, Arbeitsheft 3] . – Die heitere Seite eines ernsten Lebens. Humoristische Erlebnisberichte aus Kindheit, Jugend und Mannesalter, illustriert von Viktor Stürmer, Wegweiser-Verlag, Wannweil [o. J., ca. 1980], 168 S.

Stefan P. Teppert

Juni 2012

3. Juni   50. Todestag

HUBER,
Adam

Erzähler

* 28.7.1920,
Franzfeld
(Banat/Jugoslawien)

† 3.6.1962,
St. Lorenzen/Steiermark

Huber ist der Sohn eines Franzfelder Getreidehändlers. Schon in seinen Kinderjahren übersiedelte die Familie nach Pantschowa, wo er eine Lehre als Kaufmann absolvierte. Seine Jugendjahre verbrachte er in Belgrad. Nach dem Jugoslawienfeldzug war er Dolmetscher und Übersetzer in Crepaja, darauf Angehöriger der Prinz-Eugen-Division in Bosnien, nach dem Krieg drei Jahre lang in englischer Kriegsgefangenschaft, später verschlug es ihn als Arbeiter in die Magnesitwerke nach Trieben in der Steiermark. Dort heiratete er die Tochter des Besitzers eines kleinen Elektrizitätswerks. Er wurde mit 41 Jahren tödlich von einem Auto erfasst.
Huber schrieb Beiträge für die Salzburger Vertriebenenzeitung Neuland. 1955 erschien sein einziges Buch *Halbmondschatten*, ein Band mit Erzählungen, die sich thematisch mit seiner alten Heimat auseinandersetzen. Neben donauschwäbischen Dorftypen porträtiert der Autor mit viel Beobachtungsgabe auch Mit-

glieder anderer Minderheiten des Balkanlandes in ihrem Milieu. Die Leitung seines Betriebs hatte die Drucklegung des Bandes unterstützt, wohl in der Hoffnung, ein Nachwuchstalent aus der Taufe zu heben. Auch der Verfasser setzte große Hoffnungen in den Verkauf des Buches, die sich allerdings nicht erfüllten.

Eine spannungsreiche autobiographische Erzählung ist die im Neuland abgedruckte Serie *Als die Pfeiler stürzten* (1959). Thema ist die dramatische Flucht deutscher Kriegsgefangener durch Slowenien zur rettenden österreichischen Grenze. Nach der bedingungslosen Kapitulation der deutschen Südostarmee gehen jugoslawische Partisanen mit wollüstiger Mordgier auf Menschenjagd. Zahlreiche Kriegsgefangene – Reichsdeutsche einschließlich Österreichern, Donauschwaben und Kroaten – erwarten in Todesangst ein grausames Schicksal. Als Dolmetscher ist der Verfasser an der Rettung von 250 deutschen Soldaten und Landsleuten beteiligt, die schließlich durch die Fluchthilfe eines toleranten Serben und ein von den Engländern unterstütztes Täuschungsmanöver der Willkür ihrer Häscher entkommen. Landeskundig wirft der Ich-Erzähler interessante Schlaglichter auf die Mentalitäten der Balkanvölker. Seine donauschwäbischen Landsleute hält er für unaufgeklärt und unpolitisch, nur von Arbeit und wirtschaftlichem Aufstieg erfüllt, wesensfremd sei ihnen aber der Nationalsozialismus geblieben. Hass und Vernichtungswut gegen die Volksdeutschen Jugoslawiens wurzelten in Wahrheit nicht in ihrer Kriegsteilnahme, sondern in der Absicht, sich ihr Vermögen anzueignen, war Hubers dezidierte Ansicht.

Werke: Halbmondschatten, Donauschwäbische Verlagsgesellschaft m.b.H., Salzburg 1955, 111 S. – Als die Pfeiler stürzten, in: Neuland, Beginn 18.7.1959, S. 9 (23 Folgen).

Lit.: A. K. Gauss: Neue Bücher. Adam Huber: Halbmondschatten. Erzählungen, in: Neuland v. 17.12.1955, S. 6; Adam Huber, in: Die Erinnerung bleibt. Donauschwäbische Literatur seit 1945. Eine Anthologie, Band 3, H-J, hrsg. v. Stefan Teppert, Sersheim 2004, S. 653-672.

Bild: Archiv des Autors.

Stefan P. Teppert

21. Juni 100. Geburtstag

HUBER,
Kurt Augustin

Kirchenhistoriker

* 21.6.1912,
Altsattel/Egerland

† 5.10.2005,
Bad Homburg

Kurt A. Hubers Vorfahren mütterlicherseits stammten aus Südmähren, wo der junge Egerländer einen Teil seiner Ferien verbrachte und die dortige Umwelt von Deutschen, Tschechen, Juden und Kroaten kennenlernte. Nach der Matura am Gymnasium in Elbogen (Loket) trat er in das 1193 gegründete Prämonstratenserstift Tepl (Teplá) ein und studierte Theologie in Prag, Leitmeritz und Salzburg, wo er 1935 zum Priester geweiht wurde. Nach Seelsorgejahren im Stift wurde er 1938 Novizenmeister und 1939 Universitätsassistent an der Theologischen Fakultät der Deutschen Universität in Prag. Hier versah er auch das Amt des Vizerektors an dem 1939 von Prof. Dr. Adolf Kindermann ins Leben gerufenen Deutschen Theologenkonvikt. Seit der Teilung der Prager Universität hatte es zwar zwei Katholische Theologische Fakultäten an beiden Universitäten gegeben, aber ein gemeinsames Priesterseminar für Tschechen und Deutsche. Auch diese Gemeinsamkeit ging durch die Ereignisse des Jahres 1938 nach dem Münchner Abkommen verloren. Huber, der in Prag bei Eduard Winter promovierte, wurde durch diese Zeit der Nationalitätenkonflikte, die auch vor der Kirche nicht Halt machten, entscheidend geprägt. Nach einer Hausdurchsuchung durch die Gestapo leistete er von 1941 bis 1945 Dienst in der Wehrmacht. Im April 1946 kam er als Vertriebener in das oberpfälzische Kloster Speinshart, das 1803 aufgehoben wurde, aber 1921 vom Tepler Abt Helmer wieder zurückgekauft worden war. In diesem Kloster fanden die 1946 aus Tepl vertriebenen Chorherren eine erste Bleibe, ehe sie in Schönau ein neues Kloster bezogen. In Speinshart versah Huber wieder das Amt des Novizenmeisters, ehe er von 1948 bis 1954 Assistent des Generalabtes seines Ordens in Rom war. Er nutzte die Möglichkeiten der römischen Archive und Bibliotheken und erwarb 1950 das Diplom der Schule für Paläographie und Archivistik am Vatikanischen Archiv.

Der Rektor des Prager Theologenkonviktes, Prof. Dr. Adolf Kindermann, hatte inzwischen seit 1946 in Königstein ein Zentrum der katholischen Vertriebenenarbeit mit eigener Philosophisch-theologischer Hochschule und einem Priesterseminar aufgebaut. Hier hatte man zunächst die aus dem Kriege heimgekehrten Theologen gesammelt, die ihre deutschen Ausbildungsstätten in Breslau, Prag, Braunsberg und anderen Bischofsstädten des deutschen Ostens verloren hatten. Kindermann wollte in Königstein das kirchlich-kulturelle Interesse für den Osten wachhalten und lud Studenten aus Vertriebenenfamilien und an der Entwicklung im Osten Interessierte ein. So holte er auch Huber als Dozent und später seit 1965 als Professor für Kirchengeschichte mit besonderer Berücksichtigung Ostmitteleuropas nach Königstein und gründete hier mit Huber 1954 das Institut für Kirchen- und Geistesgeschichte der Sudetenländer, das später in Institut für Kirchengeschichte von Böhmen-Mähren-Schlesien umbenannt wurde. In Königstein fand Huber die Heimat seines Forschens. Er betrieb den Aufbau des Institutes und seiner wertvollen Bibliothek, gründete als Publikationsorgan das *Archiv für Kirchengeschichte von Böhmen-Mähren-Schlesien* und eine Schriftenreihe des Institutes, dem er bis 1988 vorstand.

In der Zeit des Kommunismus in Böhmen und Mähren-Schlesien hielt er nach Möglichkeit Kontakte zu den Wissenschaftlern seiner alten Heimat, von denen er viele von Prag her kannte. Als kirchliche Jubiläen wie das Millennium der Diözese

Prag 1973, die Zweihundert-Jahrfeier der Mährischen Kirchenprovinz 1977 und das 200jährige Jubiläum des Bistums Budweis 1985 in den jeweiligen Bischofsstädten wegen der herrschenden Kommunisten nur zensuriert und erschwert begangen werden konnten, gab er beachtete Festschriften heraus. Die Wende 1989 nutzte er, um alte Verbindungen wieder aufleben zu lassen. Eine Sammlung von wertvollen, in verschiedenen Publikationsorganen erschienenen Arbeiten Hubers wurden ihm zum 70-jährigen Priester-Jubiläum gewidmet. Dieser Band trägt den Titel: *Katholische Kirche und Kultur in Böhmen und Mähren.* Der Band wollte das reiche Erbe der Kirchengeschichte der böhmischen Länder bewusst machen und Impulse für eine neue unbefangene Auseinandersetzung mit ihm geben. Die Beiträge sind nach Hubers Forschungsschwerpunkten in vier Gruppen gegliedert:
- Die Kirche in den böhmischen Ländern.
- Der sudetendeutsche Katholizismus.
- Die böhmischen Länder und Europa.
- Lebensbilder und biographische Skizzen.

In allen Beiträgen dieser Auswahl zeigte sich Kurt A. Huber durchwegs als Meister und als stets der Wahrheit verpflichtete Historiker. Ob er über das Verhältnis der Bischöfe von Prag und Olmütz zueinander schrieb, über den Josephinismus als staatskirchliches Reformprogramm oder die Frage Nation und Kirche in den böhmischen Ländern – immer gelang es ihm, die Vergangenheit für die leidvolle Gegenwart des 20. Jahrhunderts verständlich zu machen. Was Huber über den sudetendeutschen Katholizismus an Fakten und Analysen vorstellte, verdient gerade heute auch im deutsch-tschechischen Dialog Beachtung. Wahre Entdeckungsreisen sind seine Studien über die iberischen Kulteinflüsse und italienischen Kultmotive im Barock der böhmischen Länder. Von tiefer Sachkenntnis, Quellenstudium und Einfühlungsvermögen zeugen die Lebensbilder von Hermann Dichtl, Anton Krombholz, Weihbischof Wenzel Frind, Ambros Opitz, Franz M. Schindler, Anton Ohorn und sein Nachruf auf Eduard Winter. Artikel von Huber finden wir in Nachschlagwerken wie in: Enciclopedia cattolica, Lexikon für Theologie und Kirche (2. und 3. Auflage), Dictionnaire de la Spiritualité, Dictonaire de l'Historie et Géographie écclesiastique, Lexikon für Marienkunde, Österreichisches Biographisches Lexikon, Neue Deutsche Biographie. Er publizierte bis zu seinem Tod 2005.

Lit.: K.A. Huber, Katholische Kirche und Kultur in Böhmen. Ausgewählte Abhandlungen, hrsg. von Joachim Bahlcke und Rudolf Grulich. (= Religions- und Kulturgeschichte in Ostmittel- und Südosteuropa 5), München 2005. Auf den Seiten 759-767 Schriftenverzeichnis Hubers.

Rudolf Grulich

23. Juni   50. Todestag

RÖSSLER,
Richard

Pianist, Komponist

* 14.11.1880,
Riga

† 23.6.1962,
Berlin

Richard Alexander Rössler (auch „Roessler" oder „Rößler") war ein Sohn des sudetendeutschen Geigers und Dirigenten Roman Rössler (1853-1889) aus dem nordböhmischen Gablonz. Verheiratet war der Vater mit der Baltendeutschen Anna Gertrud geb. Schweinfurth (1853-1927) aus Riga, einer Verwandten des Afrikaforschers Georg Schweinfurth (1836-1925). Richard Rössler wurde am 14. November 1880 im damals russischen Riga, der Haupstadt Lettlands, geboren.

Der Vater Roman war von 1877 bis 1883 Kapellmeister des in Riga stationierten Malojaroslaw'schen Regimentes. 1883 bis 1884 war er erster Geiger am Rigaer Stadttheater und danach Lehrer am russischen Lehrerseminar in Riga für Theorie, Violinspiel, Harmoniumspiel und Gesang. 1886 wurde er Militärkapellmeister des 15. Alexandrow'schen Dragoner-Regiments in Kalisz (Kalisch) im damals preußischen Posen (Großpolen), 1888 in Zyrardow (45 Kilometer südwestlich von Warschau) Chorleiter und Dirigent einer Zivilkapelle. Die Familie kehrte 1889 nach dem frühen Tod des Vaters aus Zyrardow nach Riga zurück. Die Mutter hatte Schwierigkeiten, ihre drei Kinder durchzubringen.

Von 1892 bis zum Abitur 1897 besuchte Richard Rössler die Stadt-Realschule in Riga. Seine erste musikalische Ausbildung erhielt er in der Rigaer „Schule der Tonkunst" der Pianistin Amalie Berlin. Ab 1892 wurde er dort intensiv geschult. Sein Lehrer im Klavierspiel war Bror Möllersten. Er schloss dort am 31. Mai 1897 mit dem Diplom ab.

Von Oktober 1897 bis März 1901 studierte Rössler an der Königlichen Hochschule für Musik in Berlin Komposition bei Max Bruch (1838-1920) sowie Klavier bei Heinrich Barth (1847-1922) und Ernst Rudorff (1840-1916). 1900 erhielt er von der Mendelssohn-Gesellschaft, deren Vorsitzender Joseph Joachim (1831-1907) war, den Mendelssohn-Preis für Komposition. Noch im selben Jahr 1900 wurde er von Joachim an die Hochschule für Musik als Klavierlehrer verpflichtet. Am 3. November 1901 führte er im Schwarzhäupter Saal in seiner Heimatstadt Riga eigene Werke auf. 1904 wurde er Korrepetitor an der Berliner Hochschule und hatte dort bis zu zwanzig Unterrichtsstunden wöchentlich zu erteilen sowie bei den dramatischen Sologesangsstunden am Klavier zu begleiten. 1907 wurde er Theorielehrer. Von 1910 bis 1953 war Rössler Hauptfachlehrer für Klavier, ab 1918 mit dem Professorentitel. Bis 1933 und wieder seit 1945 war er Fachvertreter für Tasteninstrumente. *„Oft fungierte er als Sprecher und Repräsentant der Klavierabteilung"* (Schenk). Als Georg Schünemann (1884-1945) von 1932 bis 1933 Direktor der Hochschule war, war Rössler sein Stellvertreter.

1929/30 war Rössler Prüfungsbeauftragter am Berggrün'schen Konservatorium in Kairo. 1932 war er als Juror deutscher Vertreter beim zweiten, 1937 (zusammen mit Wilhelm Backhaus und Alfred Hoehn) beim dritten Internationalen Chopin-Wettbewerb in Warschau. Ferner gab er Kurse am Cieplik'schen Konservatorium in Beuthen (Schlesien).

Rössler heiratete am 3. Mai 1910 die aus Württemberg gebürtige Pianistin Dora Charlotte Mayer (geboren am 6. Mai 1887 in Möckmühl, gestorben am 3. Juni 1951 in Berlin), die Tochter des Bietigheimer Stadtpfarrers Eduard Mayer (1846-1923). Sie studierte in Berlin bei Ernst von Dohnányi (1877-1960) und, wie ihr Mann, bei Max Bruch. Das Ehepaar hatte drei Kinder. Als Pianist war der Verehrer der Musik von Robert Schumann und Johannes Brahms besonders als Bach-Interpret bekannt. Er trug vom 20. Dezember 1934 bis zum 31. Januar 1935 an drei Klavierabenden das gesamte Wohltemperierte Klavier von Johann Sebastian Bach auswendig vor. In Berliner Pressestimmen seiner Bachabende von 1929 und 1930 wurde er als eine *„vornehme, abgeklärte, aller überflüssigen Äußerlichkeit abholde Persönlichkeit"* charakterisiert, und es wurden ihm neben *„außerordentlichem Können"* und *„vollendeter Technik"* eine *„vorbildliche Klarheit und ein unbestechlicher Sinn für das Maß des Ausdrucks"* sowie *„vorbildliche Einfachheit und Selbstverständlichkeit, die das Wesen der ganz großen Kunst sind"*, bescheinigt. Neben seiner solistischen Tätigkeit trat Rössler auch mit namhaften zeitgenössischen Musikern auf. So konzertierte er über Jahrzehnte hinweg mit dem Geiger Karl Klingler (1879-1971), mit dem er auch freundschaftlich verbunden war. Zusammen mit seiner Frau Dora bildete er ein Klavierduo.

Eine Zeit lang war Rössler auch Vertretungsorganist an der Kaiser-Wilhelm-Gedächtniskirche Berlin. In seinen Erinnerungen *Unter dem Zimbelstern* schreibt der Pianist Wilhelm Kempff (1895-1991) von einer Begegnung um 1906 mit dem dort an der Orgel improvisierenden Rössler. Kempffs Vater, ein Kantor, gab dem jungen Organisten das Prädikat *„eines hervorragenden Orgelspielers"*. Rössler antwortete: *„Dies hier, das mache ich nur so nebenbei. Ich vertrete nur dann und wann [Heinrich] Reimann [1850-1906], den bedeutenden Organisten dieser Kirche, um Max Reger, dem neuen Hexenmeister der Orgelkomposition auf seine Schliche zu kommen."*

Der fließend russisch und polnisch sprechende Rössler war bekannt als charmant, geistreich, witzig, humorvoll. Er *„las Dostojewski im Original und spielte Kontrabass, Pauke, Schach und Skat mit gleicher Virtuosität"* (Schier-Tiessen). Der Naturliebhaber beschäftigte sich gern mit Vogelstimmen, die er auch kompositorisch verwertete. Er war völlig unpolitisch. Am 30. März 1940 erhielt er „als Anerkennung für 40jährige treue Dienste das goldene Treudienst-Ehrenzeichen". Beim Einmarsch der sowjetischen Truppen in Berlin 1945 konnte er in seiner Nachbarschaft manche Frauen vor dem Schlimmsten bewahren, indem er mit den Soldaten russisch sprach und ihnen auf dem Klavier vorspielte. Am 29. Juni 1953 erhielt er das „Verdienstkreuz des Verdienstordens der Bundesrepublik Deutschland". Mit einem Schreiben des Direktors vom 25. April 1954 wurde an der Hochschule für Musik seines 50jährigen Dienstjubiläums gedacht. Er starb am 23. Juni 1962 in Berlin.

Als Komponist schrieb Rössler hauptsächlich Werke für Klavier, Klavierkammermusik, Orgel, Lieder und Chorwerke, sowie mehrere unveröffentlichte Orchesterwerke, darunter zwei Klavierkonzerte (1897 und 1911), eine „Serenade" G-Dur (1901) und eine Symphonie As-Dur op. 17.

Stilistisch war der auf Melodik und Kontrapunktik besonderes Augenmerk legende Spätromantiker der musikästhetischen Tradition des Brahms-Joachim-Kreises verpflichtet: *„ein vortrefflicher Kammermusikkomponist der Brahms'schen Richtung"* (Moser). Aber *„es finden sich auch musikantische Anklänge an slawische Musik böhmischer wie polnischer Art"* (Scheunchen). Sein kompositorisches Werk entstand hauptsächlich bis 1920. *„Später komponierte er fast nur noch Gelegenheitswerke für den kleineren Kreis"* (Scheunchen). Allerdings veröffentlichte er während der Kriegsjahre noch einmal eine bedeutende, seinem „im Felde stehenden Sohn Roman" gewidmete Sonate für Violoncello und Klavier (1943).

Gedruckte Werke (Auswahl): (a) Vier kleine Klavierstücke, op. 23 (Leipzig/Berlin 1912, Julius Heinrich Zimmermann); Walzer für das Pianoforte (G-Dur; Es-Dur), op. 24 (Berlin 1912, Ries und Erler); Zwei Impromptus für das Pianoforte, op. 27 (Berlin o. J., Ries und Erler); Variationen a-moll über ein eigenes Thema für das Pianoforte, op. 30 (Berlin 1919, Ries und Erler). – (b) Sonate für zwei Klaviere zu 4 Händen, op. 22 (Berlin/Leipzig 1912, N. Simrock); Variationen As-Dur über das Volkslied „Ach, wie ist's möglich dann" für zwei Klaviere, op. 29 (Berlin 1920, Ries und Erler). – (c) Sonate G-Dur für Violine und Klavier, op. 20 (Berlin/New York 1910, Albert Stahl, G.

Schirmer). – (d) Sonate A-Dur für Violoncello und Klavier (Berlin 1943, Ries und Erler). – (e) Trio As-Dur für Clavier, Violine und Violoncello (Berlin 1905, Ries und Erler). – (f) Sonate E-Dur für Flöte und Klavier, op. 15 (Leipzig/Berlin 1907, Julius Heinrich Zimmermann); Suite d-moll für Flöte und Klavier, op. 16 (Leipzig/Berlin 1907, J. H. Zimmermann; Nachdruck Frankfurt am Main 2011, Zimmermann, Vorwort von Alexander Rössler). – (g) Passacaglia g-moll für Orgel (Berlin 1908, Ries und Erler); Phantasie d-moll für Orgel (Leipzig 1908, Breitkopf und Härtel); Fantasie G-Dur für Orgel (Berlin o. J., Ries und Erler). – (h) Zwei Lieder (Das alte Lied; Flieder), op. 7 (Berlin 1901, Tessaro); Vier Lieder für eine Singstimme mit Clavierbegleitung, op. 18 (Berlin 1908, Ries und Erler). – (i) Vier geistliche Chöre (Klagelieder Jeremiae) für gemischten Chor, op. 26 (Berlin 1914, Bote und Bock).

Diskografie: (a) Malincolia. Werke für Violoncello und Klavier (Helmut Scheunchen, Violoncello; Günter Schmidt, Klavier). Darin von Rössler drei Stücke für Violoncello und Klavier. Cornetto-Verlag, Hummelgasse 4, 70378 Stuttgart, hrsg. vom Haus der Heimat des Landes Baden-Württemberg, 2003. – (b) Masterworks of Richard Rössler. Piano Chambermusic (Alexander Rössler, Klavier; Karin Adam, Violine; Othmar Müller, Violoncello): Trio As-Dur für Klavier, Violine und Violoncello (1905); Sonate G-Dur für Violine und Klavier, op. 20, 1910; Romanze B-Dur für Violine und Klavier, op. 2; Romanze Es-Dur für Violine und Klavier; Albumblättchen für kleine Tochter, G-Dur, 1927. Camerata (Tokyo), 2012, CMCD-28251. Im Booklet Einführung von Otto Biba. – (c) Masterworks of Richard Rössler. Flute and Piano (Wolfgang Breinschmid, Flöte; Alexander Rössler, Klavier): Sonate E-Dur für Flöte und Klavier, op. 15; Suite d-moll für Flöte und Klavier, op. 16. Ferner von Paul Juon: Sonate für Flöte in F-Dur, op. 78. Camerata (Tokyo), 2012, CMCD-28264. Im Booklet Einführung von John A. Philips. – (d) Masterworks of Richard Rössler (Erscheinungstermin Frühjahr 2013). Piano- and Pianochambermusic (Alexander Rössler, Klavier; Karin Adam, Violine; Othmar Müller, Violoncello): Trio für Jugendliche, 1928; Sonate A-Dur für Violoncello und Klavier, 1943; fünf Stücke für Violoncello und Klavier (Valse melancolique, 1928; Zwölf Variationen über ein volkstümliches Thema, 1940; Intermezzo, 1938; Romanze, 1935; Nocturno, 1944); Zwei Impromptus für das Pianoforte op. 27; Variationen über ein eigenes Thema für das Pianoforte op. 30, 1919. Camerata (Tokyo).

Lit.: Wilhelm Kempff, Unter dem Zimbelstern. Das Werden eines Musikers, Engelhornverlag Adolf Spemann, Stuttgart 1951, S. 51-53. – Hans Joachim Moser, Die Musik der deutschen Stämme, G. Wancura Verlag, Wien/Stuttgart 1957, S. 303f. – Anneliese Schier-Tiessen, Über die wahre Art das Klavier zu spielen. In memoriam Richard Rössler, in: Neue Zeitschrift für Musik, 123. Jahrgang, Mainz 1962, S. 402. – Dietmar Schenk, Die Hochschule für Musik zu Berlin. Preußens Konservatorium zwischen romantischem Klassizismus und Neuer Musik, 1869-1932/33 (Pallas Athene. Beiträge zur Universitäts- und Wissenschaftsgeschichte, Band 8), Franz Steiner Verlag, Stuttgart 2004, S. 56. 131. – Helmut Scheunchen, Lexikon deutschbaltischer Musik, Verlag Harro v. Hirschheydt, D-30900 Wedemark-Elze 2002 [ISBN 3-7777-0730-9], S. 214-217. – Im Internet ein Wikipedia-Artikel über „Richard Rössler" (6. Juni 2012).

Bild: Verlag Hans Dursthoff, Berlin, ohne Jahr.

Andreas Rössler

25. Juni 200. Todestag

BREDETZKY,
Samuel

Seelsorger

* 28.3.1772,
Jakobsau/Zips

† 25.6.1812,
Lemberg/Galizien

Samuel Bredetzky wurde in Jakobsau/Jakubiany bei Lublau/ Lubovna in der östlichen Zips geboren. Da sein Vater Lehrer war, wechselte die Familie nach Leibitz bei Kesmark. Hier besuchte er auch die ersten Jahre das Lyzeum, später kam die Familie nach Ödenburg/Sopron.
Ab 1796 studierte Bredetzky in Jena Theologie. Er fühlte sich in dieser deutschen Universitätsstadt, wie viele ungarländische Studenten, sehr wohl und wandte sich auch den Studien in anderen Fächern zu, z.B. in Astronomie, Geographie und Mineralogie, Literaturgeschichte, theoretischer Philosophie bei Johann Gottlieb Fichte u.a. So kam er auch viel in das benachbarte Weimar. An seinen Zipser Freund Jakob Glatz schrieb er: *„Ich bin hier in Weimar in viel mehr Verbindungen als Du und ich vermuten. Ich erlebte interessante Situationen. Vorgestern sprach ich mit unserem Goethe. Und welch ein Mann ist das! Ich bekam Hermann und Dorothea zum Andenken!"*
In Jena wurde 1797 die „Mineralogische Sozietät" unter Mitwirkung von J.W. v. Goethe gegründet und Bredetzky wurde ihr erster Sekretär. Hier konnte er die wissenschaftlichen Grundlagen für seine topographischen Arbeiten in seiner Heimat erwerben.

Nach dem Studium kam er über Ödenburg, wo er an der Bürgerschule tätig war, und Wien, hier als Katechet und Vikar, 1804 als Pfarrer nach Krakau und 1807 nach Lemberg im damaligen Galizien. Der Gouverneur von Galizien soll ihn mit den Worten begrüßt haben: *„Ich habe schon viel Rühmliches von Ihnen gehört!"* Seine evangelischen Gemeindeglieder waren weitgehend Deutsche, die in den Jahren 1781 bis 1785 aus Deutschland gekommen und in Galizien angesiedelt worden waren.

Nach der ersten Teilung Polens im Jahre 1772 wurde Galizien, das nördlich von Oberungarn lag, an Österreich angeschlossen. Bis dahin hatte Galizien keine einheitliche Geschichte; nun hieß es *„Königreich Galizien und Lodomerien"* mit dem Verwaltungssitz im Lemberg und 18 Kreisen. So bestand es bis 1918 und nach dem Ersten Weltkrieg wurde es wieder an Polen angeschlossen. Nach dem kurzen Krieg gegen Polen 1939 wurde Polen geteilt und Ost-Galizien mit der Stadt Lemberg (Lwow) zur Ukraine geschlagen.

Kaiser Josef II. erließ 1781 das Toleranzedikt. In deren Folge wurden rund 700 Klöster von Mönchsorden aufgelöst, wenn sie nicht mit der Krankenpflege oder Erziehung befasst waren. Diese waren nun der staatlichen Verwaltung unterstellt, so dass es nun viel *„staatliches Gutsland"* gab, das mit Bauern besiedelt werden sollte. Er erließ am 21. September 1781 das kaiserliche Patent *„zur Besiedlung freier Territorien"*. Das war ein günstiges Angebot mit vielen wirtschaftlichen Vorteilen. Aber das wichtigste war wohl die Gewährung der *„vollkommenen Gewissens- und Religionsfreiheit"*. Es wurde vor allem in deutschen Gebieten reichlich angenommen, so dass z.B. von 1783 bis 1786 rund 13.000 Pfälzer, auch Rhein- und Moselfranken, Schwaben, Hessen u.a. nach Galizien auswanderten. Davon waren etwa 3/5 evangelisch.

Die Siedlungen wurden neben den polnischen Ortschaften angelegt. Doch schon 1784 erging der Auftrag, die Siedlungen mit mindestens 10 Häusern eigene Gemeinden bilden zu lassen. Sie setzten dann zum slawischen Namen „Deutsch" davor wie z.B. Deutsch-Golkowitz, Deutsch-Kamin, u.a. Viele Siedlungen gaben sich deutsche Namen, die an die alte Heimat erinnerten, z.B. Falkenstein, Wachendorf, Neudörfel, Zaundorf, aber auch Josefsdorf.

Das Leben der Einwanderer war anfangs schwierig. Die katholischen Siedler konnten gleich in die katholischen Gemeinden der polnischen Ortschaften eingegliedert werden, um ihrem Glauben zu dienen. Sie hatten es aber dadurch schwerer, ihr Deutschtum zu bewahren, so dass sie bald nach ein bis zwei Generationen mehr oder weniger polonisiert waren.

Die Evangelischen schufen sich unter Schwierigkeiten eigene Kirchengebäude und daran angeschlossen deutsche Volksschulen. So entwickelte sich in der evangelischen Diaspora ein reges kirchliches, deutschgeprägtes Gemeindeleben. Im Pfarrsprengel Dornfeld mit seinen *„7 Kolonien"* z.B. wirkte Fritz Seefeld von 1916 bis 1933 als deutsch-evangelischer Gemeindepfarrer. In seinem Buch: *Pfälzer wandern* schilderte er sehr ausführlich das Gemeindeleben.

Als Samuel Bredetzky 1807 nach Lemberg als evangelischer Pfarrer kam und bald darauf Superintendent von Galizien und der Bukowina wurde, hatte er eine immens große Aufgabe, für die Fortentwicklung seiner Gemeinden zu sorgen. Schon 1808 konnte er in Lemberg eine evang.-deutsche Schule gründen. Er besuchte vielmals seine Gemeinden. Ludwig Schneider schrieb 1929: *„Er war ein unvergesslicher Seelsorger, ein Gründer des Schulwesens und ein weitblickender Schriftsteller".*

Im Bemühen um Pfarrer und Lehrer für seine Gemeinden konnte er seine gute Verbindung zur Zips nutzen. So kam 1807 Paul Demiany aus Leibitz nach Neu-Sandez und blieb bis 1827. Er hatte zwar kein theologisches Studium, doch Bredetzky schrieb: *„Demiany war in der Zips nur an Trivialschulen angestellt, dafür ist er jetzt ein geschickter Prediger, welcher den Unterricht der Jugend, das wichtigste Geschäft eines Seelsorgers, mit Verstand und Geschick versorgt."*

Auch viele Lehrer kamen aus der Zips, obwohl sie wegen der schlechten Vergütung und der Unsicherheit ihrer Stellung meist nur kurz blieben. So war Samuel Emeritzi aus Leibitz als Lehrer in Neu-Sandez, später Johann Kinsky aus Großschla-

gendorf, auch Johann Samuel Fischer aus Topportz, der nur drei Jahre blieb.
Bredetzky war um die sittliche Entwicklung seiner Gemeindeglieder besorgt und schrieb in seinen historisch-statistischen Beiträgen 1810 über die ersten deutsch-evangelischen Siedler: *„In den kleinen, an polnische Dörfer angesiedelten Orten haben sie schon mehr von den bösen Sitten der Ureinwohner angenommen: sie kleiden sich wie jene, sie liegen tagelang in Wirtshäusern wie jene, sie lassen ihre Kinder verwildern wie jene, und bald werden sie mit Barszcz zufrieden seyn wie ihre Nachbarn; aber dann werden sie auch faul und schmutzig werden wie jene. Sie kommen zum Gottesdienst, ohne den Bart geschoren und sich anständig gekleidet zu haben. Dies wird vielen eine Kleinigkeit scheinen und doch ist es dies nicht; an dem Anzuge erkenne ich es, ob der zu mir kommende Deutsche aus einem kleinen oder großen Dorfe sey. In letzteren herrscht deutsche Polizey, deutsche Kleidung, deutsche Sitten, deutsche Redlichkeit, hie und da auch deutsche Gottesfurcht."*
Den Pfälzern, wie man die deutschen Einwanderer allgemein nannte, warf er Leichtlebigkeit vor. *„Das Leben im deutschen Dorfe in Galizien selbst kreist im allgemeinen um drei Mittelpunkte: Arbeit, Kirche und Wirtshaus."*... *„Die Pfälzer kamen aus einem Weinlande. Als sie in Galizien den Schnaps kennenlernten, sind sie ihm allzu leicht verfallen."* Weiter schrieb er: *„Außer den Bethäusern, welche Deutsche in Galizien besitzen, bedürfen sie vorzüglich Schulen. Instinktmäßig thun die Protestanten in dieser Hinsicht alles, was in ihren Kräften steht, aber dies reicht nicht zu, es fehlt an Lehrern, es fehlt an gehörigem Unterhalt für dieselben ..."*
Doch 1810 muss wohl schon *„eine Wendung zum Besseren bemerkbar"* gewesen sein. Dazu sagte er: *„Ein vieljähriger Beobachter der Gemeinden schrieb mir neulich: In der Arbeit sind sie unermüdlich, die Weiber mähen und dreschen mit den Männern um die Wette. Selbst unverheiratete Mädchen führen die Sense und den Dreschflegel, trotz den jungen Burschen"*. Man sprach da schon von einer *„inneren Finalisierung des Siedlungswerkes."*

Nach dem Ersten Weltkrieg wurde Galizien wieder an Polen angegliedert; nach einigen Verhandlungen kam auch Ostgalizien um Lemberg zu Polen. Durch die Gewährung von Minderheitsrechten konnten die mehrheitlich deutschen Gemeinden ihre Schulen erhalten. Der Zweite Weltkrieg brachte den Deutschen in Galizien viel Elend. Nach dem kurzen Polenfeldzug im September 1939 wurden die Deutschen von der Reichsregierung aus Ostgalizien zwangsweise umgesiedelt. Mit Trecks zogen sie nach Westen, kamen im Wartheland in Lager und wurden hier in polnische Dörfer eingewiesen. Nach Franzen (S. 53) wurden aus dem Wartheland zunächst 920.000 Polen vertrieben und dann 630.000 *„Volksdeutsche"* dort angesiedelt. Schon 1945 kamen diese Deutschen in den Strudel der Flüchtlinge und Vertriebenen und mussten mit rd.14 Mill. ihr Schicksal teilen.

Samuel Bredetzky hielt auch sonst Verbindung zu seinen Landsleuten in der Zips. Er war Mitglied der *„literarischen Gesellschaft"* in Kesmark und konnte mit seinen Freunden die *Beiträge zur Topographie des Königreiches Ungarn* in Krakau 1805-1807 herausgeben, die sich wesentlich mit der Zips und dem Nordkarpatenraum beschäftigen. Im Jahre 1809 kamen in Wien seine *Reisebemerkungen über Ungern und Galizien* in zwei Bänden (336 und 285 S.) heraus. Hier äußert er sich auch über seine persönlichen Lebensumstände und Reiseeindrücke aus der Zips, aber auch über das Verhältnis zwischen Nationalismus und Patriotismus in der Monarchie. Sein letztes Werk erschien 1812 in Brünn: *„Die Deutschen in Galizien oder historisch-statistischer Beitrag zum deutschen Kolonialwesen in Europa"*. Seine Bücher sind in vielen Bibliotheken vorhanden und Nachdrucke sind auch noch käuflich zu erwerben.

Bredetzky starb leider sehr früh mit 40 Jahren am 25. Juni 1812 im Lemberg. Es läuteten in der Stadt die Glocken aller Kirchen und der Chronist wusste zu berichten, in Lemberg habe noch nie eine so große Beerdigung stattgefunden. Unser Landsmann Prof. Dr. Adalbert Hudak würdigte ihn: *„Samuel Bredetzky war in seinem Wirken und Schaffen ganz und gar bestimmt von jenen geistigen Kräften, die seit dem Pietismus und der Aufklä-*

rung die Hinwendung zur Welt und zu ihren Aufgaben vollzogen".

Zum Gedenken an sein 200. Todesjahr wollen wir uns dieses mutigen und tatkräftigen Landsmannes aus dem Karpatenlande erinnern und ihn in die Reihe der unvergessenen Vertreter des Deutschtums im Osten Europas einordnen.

Lit.: A. Hudak/L. Guzsak, Karpatendeutsche Lebensbilder, Erlangen 1971. – Samuel Bredetzky, Historisch-statistischer Beytrag zum deutschen Kolonialwesen in Europa, nebst einer kurzen Beschreibung der deutschen Ansiedlung in Galizien, in alphabetischer Ordnung, Brünn 1812 (Nachdruck 1991); Samuel Bredetzky, Reisebemerkungen über Ungern und Galizien, 2 Bde., Wien 1809. – Roland Walloschke, Von der Pfalz zum Dunajetz, Bergatreute 1991.

Hans Kobialka

Juli 2012

7. Juli   100. Todestag

HOBRECHT,
Arthur

Kommunalbeamter, Minister

* 14.8.1824,
Kobiertschyn,
Kreis Preußisch Stargard

† 7.7.1912,
Berlin

Gleich für zwei Berliner Oberbürgermeister hintereinander war Breslau ein „Sprungbrett" für Berlin: Arthur Hobrecht amtierte 1863-1872 als Oberbürgermeister von Breslau, bevor er anschließend nach Berlin berufen wurde, und Max v. Forckenbeck leitete als sein Nachfolger seit 1873 die Geschicke der schlesischen Hauptstadt, bevor er 1878 zum Oberbürgermeister der Reichshauptstadt ernannt wurde. Eine solche doppelte Nachfolge in zwei so hohen Ämtern dürfte es in der deutschen Verwaltungsgeschichte kaum noch einmal gegeben haben.
Arthur Hobrecht stammte aus Ostdeutschland, mit dem er zeitlebens in Verbindung blieb. Am 14. August 1824 als Sohn eines Gutsbesitzers in einem kleinen Dorf des westpreußischen Kreises Preußisch Stargard, etwa 40 km südlich von Danzig, geboren, besuchte er das Collegium Fridericianum und das Altstädtische Gymnasium in Königsberg, wo er auch sein Jurastu-

dium begann, das er in Leipzig fortsetzte und in Halle abschloss. Diese beiden Universitätsstädte bildeten in seiner beruflichen Laufbahn die „westlichsten" Orte, was für preußische Beamte von damals sehr ungewöhnlich war, da sie in der Regel einige Jahre sowohl in den Westen als auch in den Osten versetzt wurden, um die gegensätzlichen Teile des Landes kennenzulernen. Hobrecht begann seinen Justizdienst 1844 zwar in Naumburg, was ja kaum „westlicher" liegt als Halle, doch bereits die nächsten Stationen seiner Beamtenlaufbahn lagen wieder „im Osten", und zwar als Gerichtsreferendar in Elbing, Braunsberg und Marienwerder. Im Jahre 1846 trat er in die Verwaltung über und wurde während der Typhusepidemie in Oberschlesien 1847/48 mit der Verwaltung des Landratsamtes in Rybnik betraut. Wahrscheinlich bildete sich dort bei ihm ähnlich wie bei Rudolf Virchow, der damals im Auftrag der Regierung die Ursachen dieser Epidemie untersuchen sollte, eine sehr antikatholische Einstellung, die er sein Leben lang, insbesondere während des Kulturkampfes, beibehielt. Nachdem Hobrecht anschließend bis Ende 1849 auch das Landratsamt in Grottkau kommissarisch geleitet hatte, wurde er von Schlesien 1850 nach Posen versetzt, wo er drei Jahre als Regierungsassessor tätig war. Von dort kehrte er nach Oberschlesien zurück, und zwar nach Gleiwitz, wo er 1853-1856 als „Spezialkommissarius" amtierte. Für weitere vier Jahre berief man ihn anschließend wieder in seine westpreußische Heimat, nämlich an die Bezirksregierung in Marienwerder.

Wahrscheinlich hatte sich Arthur Hobrecht in seinen bisherigen Stationen so gut bewährt, dass man ihn 1860 als Referent ins preußische Innenministerium holte. Auch hier blieb er nur wenige Jahre, bis er im Februar 1863 auf Vorschlag des Innenministers Maximilian Graf v. Schwerin-Putzar vom Magistrat der schlesischen Hauptstadt zum Oberbürgermeister gewählt wurde. Diese Wahl erregte deswegen großes Aufsehen, da Hobrecht über den bisherigen Amtsinhaber Julius Elwanger mit 61 von 99 Stimmen haushoch siegte. Mit 38 Jahren war der westpreußische Jurist einer der jüngsten Oberbürgermeister Deutschlands. In den neun Jahren seiner Amtszeit erlebte Breslau den Übergang in das Kaiserreich und den Anstieg seiner Bevölkerung von etwa 140.000 Einwohnern um mehrere zehntausend auf etwa 220.000 Einwohner. Besondere Verdienste erwarb sich Hobrecht um die Erschließung neuer Wohngebiete und um die Verbesserung der Infrastruktur. Da er energisch für eine konfessionslose Schule eintrat, hatte er harte Auseinandersetzungen mit den konservativen Kräften der Stadt zu bestehen. Allgemein aber erfreute er sich großer Beliebtheit, so dass die Breslauer ihn ungern scheiden ließen. Sie benannten nach ihm eine Uferstraße, die an der Tiergartenstraße begann und bis zur Fürstenbrücke führte („Hobrechtufer"), und ebenso eine gewaltige Eiche, die zwischen Fürstenbrücke und Passbrücke stand.

Der „Sprung" von Breslau nach Berlin im Jahre 1872 bedeutete für Arthur Hobrecht ähnlich wie für seinen Nachfolger v. Forckenbeck eine große Ehre. Auch hier konnte er sich bei der Verwirklichung seiner kommunalpolitischen Ziele ähnlich wie in Breslau auf eine vom liberalen Bürgertum getragene Stadtverordnetenversammlung stützen, der so bedeutende Köpfe des Freisinns wie Rudolf Virchow, Franz Duncker und Rudolf Gneist angehörten. Zusammen mit seinem jüngeren Bruder, dem Baurat James Hobrecht (1825-1902), wollte der Oberbürgermeister nach dem Vorbild von Paris die Reichshauptstadt mit großen Boulevardringen und eingeschalteten Sternplätzen umbauen, womit beide jedoch auf großen Widerstand nicht nur in der Bevölkerung stießen. Auch als Befürworter einer Loslösung der Großstadt aus der Provinz Brandenburg und der Bildung einer eigenen Provinz „Groß-Berlin" fand Hobrecht kaum Zustimmung. Von Erfolg gekrönt waren dagegen ähnlich wie in Breslau seine Bemühungen um die Verbesserung der Infrastruktur, insbesondere um den Ausbau der Kanalisation. Da der Oberbürgermeister eng mit seinem Bruder James zusammenarbeitete, lässt sich schwer ermessen, wer von beiden die größeren Verdienste um die Entwicklung der Reichshauptstadt aufzuweisen hat. In der „Hobrechtstraße" im Bezirk Neukölln sind eben beide tüchtigen Brüder, die auch zu Ehrenbürgern von Berlin ernannt wurden, verewigt.

Als Oberbürgermeister der preußischen und der Reichshauptstadt war Arthur Hobrecht verständlicherweise bald weit über die Landesgrenzen hinaus bekannt geworden. Als Bismarck im März 1878 einen Nachfolger für den Finanzminister Otto v. Camphausen suchte, entschied er sich bald für den bewährten nationalliberalen Kommunalpolitiker Hobrecht, der dieses Amt jedoch kaum eineinhalb Jahre bekleidete. Der Grund für diese kurze Amtsdauer war ein innenpolitischer: Im Sommer 1879 kam es zu einem offenen Bruch des Reichskanzlers mit den Nationalliberalen, die seine Politik bisher unterstützt hatten. Mit ihm legten auch die beiden aus Schlesien stammenden Minister Adalbert Falk (Kultus) und Rudolf Friedenthal (Landwirtschaft) ihre Ämter nieder.

Doch zog sich Hobrecht längst nicht von der Politik zurück. Aus dem bewährten Verwaltungsbeamten wurde nun ein ebenfalls rasch aufsteigender Parlamentarier. Noch im Sommer 1879 zog er für den westpreußischen Wahlkreis Berent-Preußisch Stargard (südlich von Danzig) in das Preußische Abgeordnetenhaus ein, in dem er bereits sechs Jahre später zum Fraktionsvorsitzenden gewählt wurde. Es spricht für seine Fähigkeiten und sein Ansehen, dass er diesen verantwortungsvollen Posten bis zu seinem Tode im Jahre 1912, also ganze 27 Jahre, bekleiden konnte. Darüber hinaus fungierte er seine vier letzten Lebensjahre auch als Alterspräsident dieses preußischen Landesparlamentes.

Doch scheint der Vollblutpolitiker Hobrecht mit dem Landtagsmandat nicht ausgelastet gewesen zu sein. Bei der Wahl zum 5. Reichstag im Herbst 1881 kandidierte er ebenfalls in seiner westpreußischen Heimat und gewann das Mandat für den Wahlkreis Stuhm-Marienwerder, den er aber bei der nächsten Wahl dem Kandidaten der Reichspartei, dem Posener Oberbürgermeister Waldemar Müller, überlassen musste. Als nach dem Tod des polnischen Reichstagsabgeordneten Ignaz v. Lyskowski im national hart umkämpften westpreußischen Wahlkreis Graudenz-Strasburg eine Nachwahl anstand, kandidierte Hobrecht noch einmal und besiegte den polnischen Gegenkandidaten. Während er sein Mandat auch bei der Wahl zum 7. Reichstag im Februar 1887 zu behaupten vermochte, schaffte er das bei der nächsten (1890) dagegen nicht mehr. Auch einem dritten Parlament, nämlich dem Preußischen Herrenhaus, gehörte er noch an, und zwar 1865-1878 nacheinander als Oberbürgermeister der Städte Breslau und Berlin.

Von Hobrechts weiteren Ämtern seien nur zwei genannt: Vorsitzender der Nationalliberalen Partei (1891-1898) und Mitglied des Aufsichtsrates der Aktiengesellschaft Nationalzeitung (1890-1904). Im Jahre 1891 zählte er zu den Mitbegründern des Vereins zur Abwehr des Antisemitismus. Es ist immerhin erwähnenswert, dass der wegen seiner Klugheit, seiner Bildung und Liebenswürdigkeit angesehene Politiker nebenbei noch Zeit fand, sich schriftstellerisch zu betätigen. Er schrieb einen zweibändigen historisch-politischen Roman, der 1885 unter dem Titel *Fritz Kannacker* erschien. Darüber hinaus verfasste er zusammen mit seinem dritten Bruder Max (1827-1899) *Altpreußische Geschichten*, die 1882 gedruckt wurden. Dieser Bruder betätigte sich übrigens ebenfalls politisch: Als Achtundvierziger musste er ins Ausland fliehen, ließ sich nach seiner Rückkehr als Geschäftsmann im brandenburgischen Rathenow nieder, amtierte dort lange Jahre als Stadtverordnetenvorsteher und vertrat 1873-1876 – wie sein Bruder Arthur als Nationalliberaler – den Wahlkreis Westhavelland im Preußischen Abgeordnetenhaus. Ebenso wie seine beiden Brüder Arthur und James in Breslau bzw. Berlin, so wurde auch Bruder Max zu einem Ehrenbürger gewählt, und zwar in Rathenow.

Zusammenfassend lässt sich von Arthur Hobrecht, der am 7. Juli 1912 in Berlin starb, sagen, dass er als bedeutender Kommunalpolitiker wesentlich die Entwicklung der preußischen Großstädte Breslau und Berlin mitbestimmt hat und als führender nationalliberaler Abgeordneter zu den bedeutenden Parlamentariern des Kaiserreiches zu zählen ist. Erwähnenswert ist eine verwandtschaftliche Besonderheit: In Berlin arbeitete Arthur Hobrecht mit seinem Bruder James zusammen und auf dem literarischen Sektor mit seinem Bruder Max. Dass drei Brüder zu Ehrenbürgern deutscher Städte gewählt wurden, das hat es wohl nicht ein zweites Mal gegeben.

Lit.: Ernst Kaeber, Die Oberbürgermeister Berlins seit der Steinschen Städteordnung, in: Jahrbuch des Vereins für Geschichte Berlins 1952, S. 53-114, dort S. 76-80. – Altpreußische Biographie, Bd. 1, 1941, S. 278-279 (Arthur Hobrecht), Bd. 3, 1975, S. 956-957 (James Hobrecht). – NDB, Bd. 9, 1972, S. 280-281. – Deutsches Literatur-Lexikon, 3. Aufl., Bd. 3, 1979, S. 1270. – Klaus Schwabe (Hrsg.), Oberbürgermeister, Boppard 1981, Reg. – Bernhard Mann u.a. (Bearb.), Biographisches Handbuch für das Preußische Abgeordnetenhaus 1867-1918, Düsseldorf 1988, S. 183-184. – Birgit Fleischmann, Die Ehrenbürger Berlins, Berlin 1993, S. 100. – Bernd Haunfelder: Die liberalen Abgeordneten des Deutschen Reichstags 1871-1918, Münster 2004, S. 201-202.

Helmut Neubach

9. Juli   70. Todestag

KINTZI,
Gustav

Schuldirektor

* 29.3.1880,
Einsiedel/Galizien

† 9.7.1942,
Wien

Gewidmet sind diese Zeilen dem verdienstvollen Direktor der ehemaligen deutschsprachigen evangelischen Volksschule in Lemberg/Galizien, meinem ehemaligen Schulleiter, aus Anlass seines 70. Todestages. Die Volksschule entstand bereits 1808 und erfreute sich nach dem Schulneubau 1875 eines zunehmenden Ansehens im Lemberger Bürgertum. Sie stand zu österreichischer Zeit Kindern aller Volks- und Religionszugehörigkeit offen und wurde auch von polnischen, jüdischen und ukrainischen Jugendlichen besucht. 1917/18 betrug die Schülerzahl 821.

Nach dem Ableben des Amtsvorgängers 1919 wurde Gustav Kintzi mit der Leitung dieser Schule betraut, an der er bereits als Lehrer gewirkt hatte. Seine Vorfahren stammen aus dem Züricher Raum, waren seinerzeit als Täufer verfolgt worden und sind deshalb in die Pfalz ausgewandert. Deren Nachkommen folgten dann dem Kolonisationsangebot Kaiser Josef II. und siedelten um 1785 in Galizien in der vom Monarchen gegründeten Kolonie Einsiedel. Gustav Kintzi, in diesem Bauerndorf geboren, blieb trotz seines städtischen Wirkens zeitlebens dem bäuerlichen Leben und der Natur verbunden. In Bielitz besuchte er das evangelische Lehrerseminar – die einzige deutsche Lehrerbildungsanstalt, die in den 70 Jahren ihres Bestehens

etwa 1280 Lehrkräfte ausgebildet hatte, darunter 324 Nachkommen der in Galizien angesiedelten deutschen Kolonisten.
Seine Fachlehrerprüfung legte er in Czernowitz ab. 1901 trat er in die Lemberger evangelische Volksschule ein, zunächst als provisorischer, ab 1908 als definitiver Fachlehrer. Er war mit Leib und Seele Schulmann und werkte unermüdlich für „seine" Schule und das Wohl der Schüler. Darüberhinaus saß er viele Sonntage auf der Empore der Kirche der evangelischen Gemeinde und spielte die Orgel zum Gottesdienst. Wir Schüler verdanken ihm auch, dass er konsequent jedes Jahr Gruppenaufnahmen von jeder Klasse unter Einschluss der Lehrer und seiner eigenen Person anfertigen ließ. Diese Aufnahmen sind in großer Zahl erhalten und letzte Zeugnisse der nach dem Polenkrieg geschlossenen Anstalt. Sie sind in einer DVD-Reihe *Das Leben der Lemberger Deutschen in den Jahren 1917-1939* gespeichert und in der Martin Opitz-Bibliothek in Herne einzusehen bzw. als Kopie zu erwerben.
Kintzi übernahm die Schulleitung in einer Zeit schwerer kriegerischer Wirren, gekennzeichnet durch den Zusammenbruch der Habsburger Monarchie, die anschließend ausgebrochenen polnisch-ukrainischen Kämpfe und die Inbesitznahme des Landes durch die Polen. Erst 1921/22 begannen sich die Unterrichtsverhältnisse zu normalisieren. Aber bereits 1923 führte die neue polnische Regierung einen schweren Schlag gegen die privaten Konfessionsschulen: Sie mussten alle „fremden" Kinder, in Lemberg also die nichtevangelischen Schüler, aus dem Schulverband entlassen und sie in eine polnische Staatsschule überführen. Mit dem Abgang der zahlreichen Kinder des Lemberger jüdischen Bürgertums verlor die auf private Finanzierung angewiesene Schule auch den wohlhabenden Teil ihres Klientels. Nur dank der Opferbereitschaft der Lemberger evangelische Gemeinde und aller davon Betroffenen konnte die Schule als deutsche Lehranstalt überleben. Sie schrumpfte von bislang 14 auf sieben Klassen, musste sich von acht Lehrkräften trennen und die Knaben und Mädchen gemeinsam im Klassenverband unterrichten. Im Laufe der Jahre gelang es Kintzi und seinem Lehrkörper, die Schule weiter zu entwickeln, so auf

den Gebieten der Lehrerfortbildung, der Lehrer- und Schülerbibliothek, der Schülervorstellungen, der Anlage eines Schulgartens, der Einrichtung eines Elternbeirats usw. Auch war er Initiator eines Turn- und Spielsaals, der 1932 eingeweiht wurde und eines „Vereins Schulhilfe", der minderbemittelte Schüler unterstützte. Er verstand es, das hohe Leistungsniveau der Schule zu erhalten, ihren deutschen Charakter zu bewahren und ein auskömmliches Vertrauensverhältnis zur polnischen Schulbehörde herzustellen, so dass der Schule bis 1939 das jährlich neu zu beantragende Öffentlichkeitsrecht gewährt wurde.

Zu Beginn des Polenkriegs brach die Verhaftungswelle auch über die Deutschen in Lemberg herein. Auch Direktor Kintzi wurde verhaftet, aber dank sofortiger Intervention eines ehemaligen polnischen Schülers im Rang eines Hauptmanns vorerst wieder auf freien Fuß gesetzt. Aus Sorge vor erneuter Verhaftung flüchtete er mit Frau und Sohn aufs Land. Aber bald änderte sich die Situation vollständig, als am 22. September 1939 der polnische Stadtkommandant Lemberg der aus dem Osten eingerückten Roten Armee übergab. Auch der Schulbetrieb wurde nach Verhandlungen mit dem sowjetischen Schulkommissariat am 6. Oktober wieder aufgenommen, aber bereits am 8. Dezember endgültig eingestellt: Die deutsche Umsiedlungskommission war eingetroffen und bald begann die Registrierung der umsiedlungswilligen Deutschen. Ab Weihnachten 1939 rollten die Umsiedlerzüge in Richtung Westen.

Neuer Wohnsitz der Kintzis war Wien. Dort wurde Direktor Kintzi im Reichshauptschuldienst reaktiviert, und dort ereilte ihn unerwartet der Herztod – wie berichtet wurde mit den Jahreszeugnissen seiner Schüler in der Hand. Er war verheiratet mit Leopoldine geb. Schenker, die gleichfalls Lehrerin an der Lemberger evangelischen Volksschule war und nach der Eheschließung noch lange Jahre als Aushilfslehrerin, bei Schulveranstaltungen und im Frauenverein mitwirkte.

Bild: Archiv des Verfassers.

Erich Müller

19. Juli 90. Geburtstag

SCHERER,
Anton

Literaturhistoriker,
Bibliograph

* 19.7.1922,
Oberndorf/Batschka

Denk ich an den Grazer Prof. Dr. Anton Scherer, dann erinnere ich mich an meine Studentenzeit und an ein nach Rumänien geschmuggeltes Buch, das damals dort für manche Offizielle den suspekten Titel trug *...und die nicht sterben wollten*. Herausgeber dieses frühen und wegbereitenden donauschwäbischen Dichterbuches war Dr. Anton Scherer. Das Buch hat den Eisernen Vorhang überlebt und hat heute noch einen Ehrenplatz in meiner Bibliothek. Das Beispiel kann als Beleg stehen für die Einschätzung, die Dr. Dr. Franz Thierfelder, damals Generalsekretär der Deutschen Akademie in München, kurz nach dem Erscheinen der Anthologie 1959 gab: Scherer habe mit diesem frühen donauschwäbischen Nachkriegswerk seiner Gemeinschaft einen *„Dienst erwiesen, der noch weit in die Zukunft wirken wird"*.
Anton Scherer wurde als Ältester von acht Geschwistern am 19. Juli 1922 in Oberndorf in der Süd-Batschka geboren, wuchs aber im benachbarten Dorf Bukin auf. Nach Abschluss des Gymnasiums und der deutschen Lehrerbildungsanstalt in Werbass folgten viele Stationen (Neusatz, Budapest, Wien) bis er in Berlin das Abitur ablegte, dann Studium (Germanistik, Slawistik, Geschichte, Geographie, Volkskunde, Philosophie) in Wien, Innsbruck und Graz, wo er zum Magister (1947) und

Doktor der Philosophie promoviertre (1955). Seine Dissertation schrieb er im Massenquartier eines Grazer Barackenlagers, hält Ferdinand Leindl in einer der frühen Würdigungen für Scherer zu dessen 50. Geburtstag fest (1972).
Auf das bewegte Leben Prof. Scherers in einer schwierigen Zeit soll hier nicht weiter eingegangen werden, auch nicht auf seine ausgeprägte Eigenwilligkeit und Unnachgiebigkeit, sein offenes Wirken gegen die rivalisierenden donauschwäbischen Gruppen, was ihm viele Feindschaften eingebracht hat, sondern auf die bleibenden Verdienste als Historiker, Literaturhistoriker, Wegbereiter, Bibliograph und Begründer eines donauschwäbischen Archivs. Eine reiche, vielseitige beachtenswerte öffentliche, Presse- und Veröffentlichungsarbeit sind jedoch fest zu schreiben.
Alle diese bleibenden grundlegenden Arbeiten entstanden parallel zu seiner Lehrtätigkeit in Graz an Gymnasien und als Lehrbeauftragter für die Universität über viele Jahre. Mit am Anfang der Buch-Reihe steht die erwähnte Anthologie aus dem Jahre 1959 (Pannonia-Verlag Freilassing, 260 Seiten, zweite Auflage erschienen). Diese erste Dokumentation zur Literatur der Donauschwaben (mit Textbelegen) von Lenau bis zur Gegenwart ist bereits so angelegt wie alle späteren großen Publikationen: mit Blick auf die Nachbarn und im großen südosteuropäischen Kontext. Seine 1960 im Selbstverlag herausgebrachte Einführung *("beinahe alleinstehende Forschertätigkeit")* in die Geschichte der donauschwäbischen Literatur erhielt daher von zahlreichen Fachleuten aus Ungarn und Rumänien, aber auch Forschern im Exil höchste Anerkennung.
Unentbehrlich bis heute sind Scherers bibliographischen Werke, auf die auch im Zeitalter des Internets zugegriffen werden muss, eine damals aufreibende, zeitaufwendige und kostspielige Arbeit. Die Vorarbeit dafür hat Scherer ein einzigartiges, reiches und wertvolles donauschwäbisches Archiv mit Bibliothek dazu gebracht, deren Zukunft leider nicht gesichert sind. Bisherige Versuche scheiterten vor allem an der Geldfrage. Im Alleingang hatte Dr. Scherer 1966 nach zehnjähriger Sammeltätigkeit über viele Landesgrenzen hinweg den schwierigsten

Band für die Zeitspanne 1935-1955 in München herausgebracht unter dem Titel *Donauschwäbische Bibliographie*. Die Belege stammen aus dem deutschen Sprachraum, mehreren Ländern Südosteuropas, aus Frankreich und vier Übersee-Staaten. Es folgte ein zweiter Band für die Zeitspanne 1955-1965, für die der Forscher dem Münchner Verlag des damaligen Südostdeutschen Kulturwerks 8.446 Titel dazu vorlegte (1972, erschienen 1974). Diese Handbücher für Studenten und Forscher bieten grundlegende Hilfe zur Erforschung der Kulturleistungen der Donauschwaben bzw. der österreichischen in ganz Südosteuropa. Sein Donauschwäbisches Bibliographische Archiv umfasst rund 25.000 Titel. Es folgten weitere bibliographische Veröffentlichungen bis ins hohe Alter, von denen als Besonderheit und herausragend, über das Donauschwäbische hinausgreifend, das Buch *Südosteuropa-Disser-tationen 1918-1960* herausgestellt werden muss (Graz/Wien/Köln 1968). Denn Scherer machte damit über 2.200 Doktorarbeiten von Forschern aus aller Herren Länder zum breiten Thema Südosteuropa zugänglich. Wichtig ist ebenso sein *Donauschwäbisches Ortsnamenbuch*, wegen der Mehrsprachigkeit in der historischen Region und den Staatswechseln eine bleibende Handreichung bis heute.

Für seine Forschungs-, Publikations- und verdienstvolle Lehrtätigkeit, für seine Dokumentationsstelle und als Leiter des Donauschwäbischen Bibliographischen Archivs in Graz wurden Prof. Dr. Scherer viele Ehrungen und Auszeichnungen zuteil (hier Auswahl), so bereits 1958 und 1966 der Theodor-Körner-Förderpreis oder der Kulturpreis der Donauschwaben (Ulm 1958), dann 1966 das Goldene Verdienstzeichen der Republik Österreich oder die Ehrengabe des Dehio-Preises für Kultur und Geistesgeschichte (Eßlingen 1970). Auf der Internet-Seite der Stadt Graz steht Prof. Scherer mit Text und Bild als einer der Ehrenbürger dieser Stadt seit 5. Dezember 1996. Diese seine zweite Heimat verlieh ihm u. a. das große Ehrenzeichen des Landes Steiermark sowie die Pro Meritis Medaille in Silber der Karl Franzens Universität und das silberne Ehrenzeichen der Landeshauptstadt Graz.

Lit.: Prof Dr. Anton Scherer. Persönlichkeit und Werk. Zu seinem 75. Geburtstag von Univ. Prof. Dr. Josef Schramm, Graz 1999. Donauschwäbische Beiträge 104. – Der Grazer Professor Anton Scherer, einer der herausragendsten donauschwäbischen Wissenschaftler der Gegenwart, – Publications. 1. Der Akzent. Münchner Studien, in: Donum Indogermanicum, Festgabe für Anton Scherer zum 70. Geburtstag, Heidelberg. – Südostdeutsche Vierteljahresblätter, S. 160-164, Nr. 21/1972: Leindl Ferdinand: Anton Scherer 50 Jahre alt. – Bereits Mitte der 70er Jahre aufgenommen in „Kürschners Deutscher Gelehrten-Kalender", siehe beispielsweise 12. Ausgabe N-Z und Register für 1976, Walter de Gruyter, Berlin-New York, S. 2745-2746, oder für 1992, 16. Ausgabe S-Z, S. 3177-78.

Luzian Geier

20. Juli   190. Geburtstag

MENDEL,
Gregor

Vererbungsforscher

* 20.7.1822,
Heinzendorf/Österreichisch-Schlesien

† 6.1.1884,
Brünn

Der Vererbungsforscher Johann Mendel, der als Mönch den Namen „Gregor" erhielt, wurde am 20. Juli 1822 in Heinzendorf bei Odrau in Österreichisch-Schlesien geboren. Er starb am 6. Januar 1884 als Abt der Abtei Altbrünn des Augustinerordens in der mährischen Hauptstadt Brünn.

Als Sohn der Kleinbauern Anton und Rosina Mendel, der noch zwei Schwestern hatte, eine ältere und eine jüngere, half er schon als Kind im elterlichen Garten beim Veredeln der Obstbäume und züchtete Bienen im Garten der Dorfschule. Wegen ausgezeichneter Leistungen durfte er das Gymnasium in Troppau, der Hauptstadt des Kronlandes Schlesien, besuchen, musste allerdings von seinem 16. Lebensjahr an seinen Lebensunterhalt als Privatlehrer selbst bestreiten und studierte 1840/43 am Philosophischen Institut der Universität Olmütz. Durch Erbverzicht seiner jüngeren Schwester, weshalb er nicht mehr nebenbei Geld verdienen musste, konnte er seine Prüfungen mit guten Noten abschließen, sah sich dann aber, wegen *„bitterer Nahrungssorgen"* (Autobiografie), genötigt, sein Studium abzubrechen und Mönch zu werden.

Auf Empfehlung seines Physiklehrers, des Paters Friedrich Franz, wurde er 1843 in die Augustiner-Abtei St. Thomas in

Altbrünn aufgenommen, wo er seine erbbiologischen Untersuchungen aufnahm und 1845/48 Theologie und Landwirtschaft an der Theologischen Lehranstalt in Brünn studierte, 1847 wurde er zum Priester geweiht.

Da Gregor Mendel, wie seine Vorgesetzten im Kloster bemerkten, mehr der Wissenschaft als der Seelsorge zugeneigt war, bekam er eine Stelle als Hilfslehrer am örtlichen Gymnasium zugewiesen und bemühte sich 1850 für die Fächer Naturgeschichte und Physik um die Zulassung für das Lehramt an Gymnasien, bestand aber die Prüfung an der Universität Wien nicht, was daran lag, dass er sein Wissen unsystematisch als Autodidakt erworben hatte.

Sein Abt Cyrill Franz Napp (1792-1867) sorgte dann aber dafür, dass er 1851/53 in Wien studieren konnte, zum Beispiel Experimentelle Physik bei Christian Doppler (1803-1853) und Anatomie und Physiologie der Pflanzen bei Franz Unger (1800-1870). Danach, von 1854 bis 1868, war er wiederum als Hilfslehrer in Brünn eingesetzt, jetzt aber an der Oberrealschule. Schließlich wurde er, im Alter von 46 Jahren, zum Abt seines Klosters ernannt.

Seine Kreuzungsversuche mit Erbsen hatte er 1856 begonnen, nachdem er schon seit 1854 erbkonstante Sorten geprüft und ausgewählt hatte. Er stellte Versuche mit rot- und weißblühenden Sorten an und mit Sorten, die gelben oder grünen Samen hatten. Nach 355 künstlichen Befruchtungen, aus denen er 12.980 Hybriden gewonnen hatte, konnte er gesicherte Erkenntnisse über die Vererbungsgesetze vorlegen.

Nachdem er sechs Jahre hindurch erbbiologische Versuchsreihen aufgenommen hatte, gründete er 1862 mit befreundeten Naturforschern in Mähren den „Naturforscher-Verein Brünn" und veröffentlichte 1866 seine *Versuche über Pflanzenhybriden*, die aber in der Fachwelt unbeachtet blieben. Auch sein 1870 veröffentlichter Aufsatz *Über einige aus künstlicher Befruchtung gewonnene Hieracium-Bastarde* fand kaum Resonanz. Selbst der Schweizer Botaniker Carl Wilhelm von Nägeli (1817-1891), der selbst Kreuzungsexperimente mit Habichtskräutern betrieb und mit dem Gregor Mendel über seine Entdeckungen korrespondierte, erkannte die Bedeutung dieser Forschungsergebnisse nicht.

Gregor Mendel starb am 6. Januar 1884, im Alter von nur 61 Jahren, an einem Nierenleiden, ohne dass seine bahnbrechenden Erkenntnisse anerkannt worden wären. Anerkennung fanden sie erst zwei Jahrzehnte später, um 1900, als die drei Botaniker Hugo de Vries (1848-1935), Carl Correns (1864-1933) und Erich Tschermak (1871-1962) die Mendelsche Vererbungslehre wieder entdeckten und weiter entwickelten. Heute steht in Altbrünn als verspätete Anerkennung eine Statue des zu Lebzeiten verkannten Augustinermönchs.

Gregor Mendel und seine wissenschaftliche Leistung ist ein schönes Beispiel für das sudetendeutsche Kulturerbe und das der Vertreibungsgebiete überhaupt, deren Beitrag zur deutschen Wissenschaftsgeschichte und zur deutschen Kultur unermesslich ist.

Lit.: Carl Correns (Hrsg.), Gregor Mendels Briefe an Carl Nägeli 1866-1973 (1905). – Rolf Löther, Wegbereiter der Genetik. Gregor Johann Mendel und August Weismann (1990). – Robin N. Henig, Der Mönch im Garten. Die Geschichte des Gregor Mendel und die Entdeckung der Genetik (2001). – Silvia Eckert-Wagner, Mendel und seine Erben (2004). – Luca Novelli, Mendel und die Antwort der Erbsen (2009). – Eckart Roloff, Der Erbsenzähler, der seiner Zeit voraus war (2010/2012).

Bild: Wikipedia.

Jörg Bernhard Bilke

25. Juli   100. Geburtstag

BLASKOWITZ,
Stefan

Dramatiker, Epiker,
Mundarterzähler

* 25.7.1912,
Batsch (Batschka,
Jugoslawien)

† 2.1.1994,
Wien

Blaskowitz studierte in Zagreb Theologie, erwarb die Lehrbefähigung in Kalocsa, wirkte als Religionslehrer (Hauptschule, Präparandie) in Subotica und Sombor, nach dem Krieg als Priester in Bruck a. d. Mur, ab 1953 in der Wiener Pfarre St. Nepomuk (Religionsprofessor u. Fachinspektor an AHS), lehrte an der Volkshochschule Urania, veröffentlichte Lehrbücher für die 7. u. 8. Klasse AHS, auch zahlreiche Aufsätze in Fachzeitschriften, in denen er versuchte, Interesse und Verständnis für die Heilige Schrift zu wecken.

Knapp vier Dutzend kleine Erzählungen in Batscher Mundart versammelt der Band *Wie mir Schwowe verstande henn zu lewe*. Einleitend duzt der als *„Schwowefratz"* auftretende Autor den Leser und schlägt einen gleichsam konspirativen Insider-Ton an, möchte aber demgegenüber weit über seine Batscher Landsleute hinaus Leser finden, ja sich einem Wettbewerb zwischen den donauschwäbischen Gemeinden um die lustigsten Geschichten der durchtriebensten Spitzbuben stellen. Humoresken, Schnurren und Grotesken, wie das Leben der Vorkriegszeit sie mit sich brachte, werden aus der Erinnerung wiedergegeben, angefangen damit, welche Recherchen der Halbwüchsige der Herkunft von Kindern widmet, bis hin zu

der Frage, wie man seine Eltern erzieht. Der Leser erhält beiläufig und auf amüsante Weise Einblicke in die dörfliche Vorstellungswelt und Alltagskultur der Donauschwaben.
Sinn und Wert eines Menschen und eines ganzen Volkes, postuliert Blaskowitz, können nicht aus einzelnen Akten und Ereignissen, sondern nur aus der Gesamtheit eines vollendeten Lebens, einer schon abgeschlossenen Geschichte verstanden werden. Nur so könne man Schuld und Unschuld aller Beteiligten ohne Verbitterung und Leidenschaft nüchtern betrachten und beurteilen. *Das Schwabenepos* (1987) ist der in prosaischer Sprache gehaltene, nur leicht rhythmisierte, passagenweise mehr räsonierende als darstellende Versuch, die Geschichte der „Schwaben" von der Ansiedlung im Donauraum im 18. Jahrhundert bis zu Flucht, Vertreibung und Vernichtung im Zweiten Weltkrieg mit dem langen Atem der Epik als Ganzheit zu behandeln, und zwar innerhalb der Lebenszeit der Hauptfiguren Schwabenmichl und Jurg, Vroni und Martha, die historische Dimensionen verkörpern und die zweihundertjährige Stammesgeschichte quasi persönlich durchleben. Das Epos ist in fünf Gesänge aufgeteilt, die für fünf geschichtliche Epochen stehen, denen wiederum die fünf charakteristischen Akte eines Dramas entsprechen: Ausgang, Entfaltung, Konflikt, Lösung und Läuterung. Der tragische Knoten schürzt sich am politischen Desinteresse des nur um sein Fortkommen besorgten Schwaben, der vor lauter Fleiß blind wird für das Weltgeschehen und unfähig, sich eindeutig für das Reich zu entscheiden oder sich unbeteiligt zu verhalten. *„Das Drama seiner Lebensgeschichte mündet in die Tragödie des Verderbens für sich und seine Heimat."*
In seinem unveröffentlicht und ungespielt gebliebenen Künstlerdrama *Michelangelo* entfaltet Blaskowitz in vier Akten den Konflikt des Bildhauers zwischen an Hybris grenzender Genialität und Sehnsucht nach privatem Glück. In seinem Durst nach Ewigkeit verliert Michelangelo seine irdische Existenz aus den Augen, er lebt in größter Bescheidenheit und trachtet nicht danach, seinen sozialen Stand zu verbessern. Ihm liegt allein daran, gottgleich in seiner Kreation zu leben. Erst nachdem er

mit der Sixtina sein Lebenswerk vollendet und ein Gegenstück zur Weltschöpfung erschaffen hat, krönt die Begegnung mit der Frau seines Lebens die Tragödie, am Lebensglück gescheitert zu sein.

Wer hat unsere Väter ermordet? ist ein schwäbisches Drama in fünf Akten, gleichfalls unveröffentlicht und nie zur Aufführung gekommen. Auf Rhythmus, Reim und Versmaß wird zugunsten einer größeren Realitätsnähe verzichtet. Der erste Akt zeigt die Spannung vor der Flucht im Sommer 1944, der zweite den Einbruch der Partisanen ins Donauland, das Lagerleben und die Verschleppung, der dritte analysiert das persönliche Schicksal der Vertriebenen, der vierte veranschaulicht das Ringen der Donauschwaben um Existenz und Sinn in der neuen Heimat, und der fünfte Akt gipfelt in dem Resümee, dass der „Schwabe" durch den erfahrenen Schmerz in seiner Migrantengeschichte seelischen Reichtum und völkerverbindende Kompetenz angesammelt habe, die er zusammen mit seiner ungebrochenen Lebens- und Genussfreude stärkend ins Land der Ahnen als anpassungsbereiter Heimkehrer zurückbringe.

Werke: Batsch. Geschichte einer tausendjährigen Stadt in der Batschka, Freilassing 1965. – Dr Schwowefratz vrzählt. Wie mir Schwowe verstande henn zu lewe, Wien 1987. – Das Schwabenepos. Gang der Donauschwaben durch die Geschichte, Wien 1987. – Michelangelo. Künstlerdrama (Manuskript). – Wer hat unsere Väter ermordet? Drama in fünf Akten (Manuskript).

Stefan P. Teppert

August 2012

3. August   150. Geburtstag

KÜLPE,
Oswald

Psychologe, Philosoph

* 3.8.1862,
Kandau/Kurland

† 30.9.1915,
München

Oswald Külpe war sogleich nach seiner Promotion in den Jahren 1887-1896 Assistent von Wilhelm Wundt in Leipzig. Ihm kam schon in frühen Jahren große Lehrfreiheit zu, indem er im wesentlichen Wundts Psychologievorlesungen übernahm, während sich Wundt selbst auf die Philosophiekollegs konzentrierte. 1893 publizierte Külpe seinen *Grundriss der Psychologie*, der auf Anregungen Wundts zurückging, aber vor allem aufgrund des Vorschlags, die experimentell positive Psychologie als eigenständiges Fach von der Philosophie zu trennen, Wundts Missbilligung erregte. Naturgemäß war Külpe zunächst in seinen leitenden Auffassungen dem Lehrer gefolgt. Die Differenz wurde jedoch rasch größer, auch weil sich Külpe zunehmend von Husserl und Brentano und der Idee der Intentionalität der seelischen Vorgänge inspirieren ließ.

1894 wurde Külpe zum Extraordinarius in Leipzig ernannt und noch im gleichen Jahr gelangte er auf einen Lehrstuhl in Würzburg, wo er die wichtige Würzburger Schule der Denkpsychologie begründete. Institutionell fußte sie erstmals auf einem psychologischen Labor. Er wechselt 1904 nach Bonn, wo Karl Bühler sein Assistent wird und 1912 nach München. An allen diesen Universitäten begründete Külpe eigene Institute und hatte Schüler. Zu seinem weiteren Schülerkreis zählen so große Namen wie Ernst Bloch, Karl Bühler und Gottlieb Söhngen.

Eine wichtige Innovation innerhalb der Psychologie ist der in Würzburg in Angriff genommene Versuch, auch Willens- und Denkvorgänge psychologisch experimentell zu untersuchen. Dies erforderte eine adäquate Methode, die bei Külpe in der Regel von objektivierter Selbstbeobachtung ausging. Qualitativen Beschreibungen kam dabei größere Bedeutung zu als dies im naturwissenschaftlichen Positivismus der Assoziationspsychologie der Zeit zunächst der Fall gewesen war.

Kritik übte Külpe vor allem am Begriff des ‚psychischen Individuums', wie ihn sein Lehrer Wundt geprägt hatte. Bei Wundt ist dieser Terminus zwar als Abstraktion ausgewiesen, da das Einzelbewusstsein die Individualität in zweifacher Richtung überschreitet: zum einen in Richtung auf die Naturumgebung, zum anderen aber in Richtung auf das geistige Umfeld. Dennoch spielte er eine entscheidende Rolle. Hatte Wundt doch seinerzeit die Psychologie als die Grundwissenschaft innerhalb der Geisteswissenschaften zu etablieren versucht und nicht zuletzt vom ‚psychologischen Individuum' her seinen eigenen Ansatz sowohl gegen den Materialismus als auch den Intellektualismus abgegrenzt. In diesem Horizont hatte Wundt auch den Begriff einer ‚psychischen Kausalität' entwickelt, der darauf beruht, dass einzelne psychische Vorgänge nur zu verstehen sind, sofern es gelingt, sie mit anderen in eine Verknüpfung nach Grund und Folge zu bringen. Solchem assoziationspsychologischen Ansatz misstraute Külpe in zunehmendem Maß. Külpe hat weiterhin darauf insistiert, dass das Individuum nicht als ‚psychologisches', sondern zunächst als körperliches Individuum zu denken sei.

Erst nach Külpes Tod erschienen seine *Vorlesungen über Psychologie* (1920), die seinen Aufriss am klarsten exponieren. Sie lassen erkennen, dass es ihm darum geht, die verschiedenen Elemente des Bewusstseins zu Einheiten zusammenzufassen. Aufgabenstellung, Gedanken, Ziel, Lösung formen für die experimentelle Methode das Set solcher Einheiten. Bemerkenswert ist auch, dass Külpe neben dem bewussten auch ein unbewusstes Seelenleben annahm. Zu einer weitergehenden Annäherung an die Tiefenpsychologie ist es freilich nicht gekommen.

Zentral etablierte Külpe eine Psychologie der ‚höheren' Seelenvermögen und er ging, im Unterschied zu Wundt, davon aus, dass auch sie experimenteller Wissenschaft zugänglich seien. In seinen Versuchsanordnungen wies Külpe die Wirkung von dynamischen Faktoren, namentlich der Einstellung, auf neu hinzutretende Bewusstseinsinhalte nach. Experimentelle Selbstbeobachtung sollte durch Introspektion und bewusste Nacherzählung des Erlebten erweitert, kontrolliert und vertieft werden.

Zu diesem Zweck wurden die Versuchspersonen in Selbstbeobachtung unterwiesen. Der Versuchsleiter ist nicht nur für die technische, sondern auch für die psychologische Begleitung der Versuchsanordnung verantwortlich. Entscheidend ist das ‚Erlebnisprotokoll', das die Personen während der Versuche, zumeist der Lösung spezifischer Textaufgaben, niederzulegen haben. Külpe bevorzugte routinierte Versuchspersonen, unter anderem Professorenkollegen, was ihm berechtigte Einwände eintrug. Sekundär spielte die Messung der Zeit zwischen Reiz und Reaktion eine Rolle. Offensichtlich ist sie aber nur selten in die psychologische Interpretation eingeflossen.

Wundt verwarf diese oft in Dialoge mündenden Anordnungen als Missbrauch des Experimentes. Dennoch kann Külpes Ansatz im Rückblick durchaus Interesse für sich verbuchen, zumal er in manchen Zügen mit der Tiefenpsychologie konvergiert. Das Verhältnis zwischen Külpe und seinem einstigen Lehrer Wundt war alles andere als einfach: Wundt unterstellte, Külpe, den er als naturwissenschaftlichen Positivisten kannte, betreibe

solche Experimente gar nicht aus eigener Überzeugung, sondern lasse sie aus Liberalität gegenüber seinen Schülern zu.
Külpe ließ sich von Kritik nicht entmutigen. Er suchte weiterhin die zumindest relative Unabhängigkeit der Denkvermögen von Assoziationsvorgängen zu plausibilisieren, wobei er vor allem zeigte, dass Denkvorgänge bildlos sein und sich von Anschauung lösen können. Wesentlich wurde dabei auch, dass Külpe die primäre Rolle der Empfindungen in Frage stellte. Sie seien erst Ergebnisse einer wissenschaftlichen Analyse, weshalb die Assoziationspsychologie, die sich im letzten auf Hume zurückführen lasse, *„Steine und nicht Brot"* biete. *„Elementare Inhalte, wie einfache Farben oder Helligkeiten, Töne oder Geräusche, Elemente überhaupt finden wir bei unserer Untersuchung des im Bewusstsein Gegebenen durchaus nicht vor"*.
Außerhalb der eigenen Schule stieß Külpes Introspektionsmethode weiterhin auf Kritik und teilweise auch auf offene Ablehnung. Innerhalb der Schule fand sie mannigfache Ergänzung: Marbe erweiterte sie auf eindeutige Bewusstseinslagen (Spannungen, Ungewissheiten) hin. Die Bedeutung der bildhaften Vorstellungen, die für Külpe selbst zentral gewesen war, trat dadurch in den Hintergrund. Marbe führte dies später auf alltagsorientierte Fragestellungen weiter, mit einem wesentlich weiter gestreuten Probandenkreis. Nur relevante Reize würden während der Bearbeitung von Aufgaben beachtet, von irrelevanten werde abgesehen, womit eine grundlegende empirische Bestimmung von Abstraktion gegeben ist.
Eine umfassende Theorie des Denkens zu entwickeln, blieb Külpe selbst übrigens versagt. Diesen Versuch unternahm später sein Schüler Selz. Auswirkungen hatte die Külpesche Psychologie indessen auf die Pädagogik: auf Külpe geht die heute triviale Erkenntnis zurück, dass Aufgaben wirklichkeitsselegierend wirken. Nur relevante Reize würden während der Bearbeitung von Aufgaben beachtet, von irrelevanten werde abgesehen, womit eine grundlegende Bestimmung von Abstraktion gegeben ist.
Seine Philosophie hat Külpe nicht unabhängig von der Psychologie entwickelt, aber doch auf eine eigenständige philosophi-

sche Begründung wert gelegt. Er kritisierte den Psychologismus und unterstrich die Bedeutung der Geltung von Begriffen und Urteilen. Von hier her nimmt es nicht wunder, dass er selbst manche seiner Schüler für den Einfluss der Husserlschen Phänomenologie empfänglich geworden sind. Külpe arbeitete in der Folge eine realistische Erkenntnistheorie aus, die sich vor allem um die folgenden vier Fragen gruppieren sollte: 1. Ist die Setzung von Realität zulässig? 2. Wie ist diese Setzung möglich? 3. Ist eine Bestimmung von Realem zulässig? 4. Wie ist sie möglich? Im Zusammenhang der Fragen 1 und 2 widersprach Külpe entschieden dem ‚Konszientialismus' des Neukantianismus, der nur der Bewusstseinswirklichkeit überhaupt Realität zuerkennen konnte. Dabei betonte Külpe im Einzelnen, dass die von ihm bejahte Realitätssetzung weder rein empirisch noch rein rational möglich sei. Es bedürfe vielmehr eines „gemischten Verfahrens", einer Forschung, bei der nach und nach Beziehungen zwischen den Bewusstseinsinnhalten und vorhandenen Objekten hergestellt werden. Auszugehen sei dabei von der *„vorgefundene(n) Wirklichkeit des Bewusstseins"*, den *„Erlebnisse(n) in ihrer vollen und unmittelbaren Tatsächlichkeit und Gegebenheit"*. Külpe verteidigt den Realismus nicht nur als bewährte Alltagsontologie, sondern zugleich als wohl bewährtes Konzept in den Einzelwissenschaften. Dafür dass er überhaupt in Frage gestellt werden konnte, macht er die Auffassung von Realgegenständen nach dem Maßstab mathematischer Entitäten namhaft.

In der Unterscheidung zwischen dem Gegenstand und dem Inhalt des Denkens weist Külpe deutliche Affinitäten zum Realismus des frühen Husserl auf. Der Gegenstand des Denkens kann sehr wohl unabhängig vom Denkakt existieren. Anders sei es bei Empfindungen, die an den Akt des Empfindens gebunden seien. So betont er, wiederum gegenüber dem Neukantianismus, die Transzendenz der Objekte gegenüber der Bewusstseinsrealität. Konstitutiv sei für das Denken ein *„Hinausweisen [...] über sich selbst"*, das aber keineswegs die Realität vollständig erreichen müsse.

So plausibel der Realismus aber zunächst ist, so schwer ist er philosophisch zu begründen. Der rationale Weg scheidet aus, weil aus der Realität des Ich nicht auf die des Nicht-Ich geschlossen werden kann (1), weil Regularitäten, wie sie die Induktion aufweisen kann, auch auf Regularität im Binnenbereich des Bewusstseins zurückführbar sein könnten (2) und weil schließlich das Kausalitätsprinzip nicht zwischen psychischen und physischen Entitäten anzuwenden sei (3), zumal seit Hume und Kant nicht mehr eindeutig festgestellt werden kann, dass es selbst eine reale Beziehung ist. Auch die empirische Begründung scheidet aus. Denn sie setzte voraus, dass die Eigenschaften der Empfindungen unmittelbar auf die Realität des Empfundenen und Wahrgenommenen schließen läßt. Külpe konstatierte: *„Bestimmte Erfahrungen weisen nicht über sich hinaus auf eine Außenwelt hin"*.

Die Crux der ‚gemischten Methode' besteht darin, dass die Konstatierung gesetzmäßiger Beziehungen zwischen einzelnen Wahrnehmungen nur mit Rekurs auf eine dieser Gesetzmäßigkeit zugrunde liegende Realität zu erklären sei. Diese Verklammerung von Empirie und Rationalität sei anderen Erklärungsversuchen überlegen, weil sie nicht von der Korrelation einzelner Wahrnehmungen auf einzelne Dinge, sondern von einem nomologischen Zusammenhang ausgeht. Dennoch musste Külpe letztlich konstatieren: *„Der Realismus ist in diesem Sinne ein Glaube"*.

Im dritten Teil seines großen Realismus-Werkes widmet sich Külpe sodann der Frage nach der Möglichkeit der Bestimmung von Realem im Einzelnen. Er kritisiert dabei insbesondere den ‚Phänomenalismus', den er in Kants Konzeption des Verhältnisses von Erscheinung und Ding an sich ausmacht. Fraglich sei schon der doppeldeutige Sinn des Apriori bei Kant. Ein ursprünglich berechtigter logischer Begriffssinn werde in eine genetische Erklärung verschoben. Als Kantischen Grundfehler macht er namhaft, dass dieser sich an Formalwissenschaften orientiert habe. Empirischer Forschung habe Kant zu wenig Aufmerksamkeit gewidmet, eine Auffassung, die sich ihrerseits nicht verifizieren lässt.

Es ist das Denken, nicht die Empfindung, das zur Realität führt, so Külpes entscheidende These. „*Realitäten können nur gedacht werden, und ihre Bestimmung kann nur im Denken und durch das Denken vollzogen werden*". In Frage stehen dann nach wie vor die Kriterien für Reales, denn auch imaginäre und fiktive Gehalte können bekanntlich Gegenstand des Denkens werden. Külpe geht von einem allgemeinen Realitätskriterium aus: der selbständigen Gesetzlichkeit von Gegebenem. Dies ermöglicht weitere Präzisierungen und Detaillierungen: Wenn ein Faktor konstant bleibt, während sich zugleich alle anderen Faktoren ändern, so hat man Gründe, ihm Realität zuzuweisen. Nicht alle Realitäten sind schon in der Erscheinung enthalten, sie können vielmehr im Sinn theoretischer Konstrukte dann weiter erschlossen werden. Diesen Status wies Külpe nicht nur dem Atom- oder Energiebegriff, sondern auch dem Begriff der Substanz zu.

In seinem Schlusswort fügt sich Külpe dann doch, vielleicht nicht ganz überzeugend, in die Geschichte des Kantianismus ein. Er versteht seine Ausarbeitung als ‚Seitenstück' zur ‚Kritik der reinen Vernunft', bzw. als Prolegomena einer künftigen Metaphysik der Realwissenschaften. Komplementär zu Kant, und keineswegs in vollständiger Abkehr von dessen Einsichten, sei es ihm darum gegangen, die Erkenntnistheorie der Realwissenschaften und eine Metaphysik aposteriori zu entwickeln.

Für das Nachleben Külpes ist bemerkenswert, dass im Jahr 2004 durch die anonyme Stiftung von € 100.000,- ein Oswald Külpe-Preis für Denkpsychologie ins Leben gerufen, der, nicht zuletzt durch die namhaften ersten Preisträger (2005 Asher Koriat; 2007 Richard E. Nisbett; 2009: Michael Tomasello; 2011: Wolfgang Prinz) in kurzer Zeit zu einer sehr renommierten Auszeichnung avanciert ist. Für die Vergabe ist das Institut für Psychologie der Universität Würzburg verantwortlich.

Werke: Grundriss der Psychologie auf experimenteller Grundlage. 1893. – Einleitung in die Philosophie (erstmals 1895; ^{12}1928). – Die Philosophie der Gegenwart in Deutschland (1902; ^{7}1920). – Die Realisierung (Phil. Hauptwerk: 3 Bände I 1912; II und III 1920/23, hrsg. von A. Messer). – Vorlesungen über Psychologien, hrsg. von K. Bühler (1920, ²1922). – Grundlagen der Ästhetik, hrsg. von S. Behn (1921).

Lit.: M. G. Ash/U. Geuter (Hrsg.), Geschichte der deutschen Psychologie im 20. Jahrhundert. Ein Überblick, Opladen 1985. – M. Galliker/M. Klein/S. Rykart, Meilensteile der Psychologie. Die Geschichte der Psychologie nach Personen, Werk und Wirkung, Stuttgart 2007, S. 251 ff. – H. E. Kück/R. Miller (Hrsg.), Illustrierte Geschichte der Psychologie, Weinheim und Basel 1999. – H. Holzhey/W. Röd, Die Philosophie des ausgehenden 19. und des 20. Jahrhunderts, Band 2, München 2004.

Bild: Ludwig-Maximilians-Universität München.

Harald Seubert

5. August   100. Geburtstag

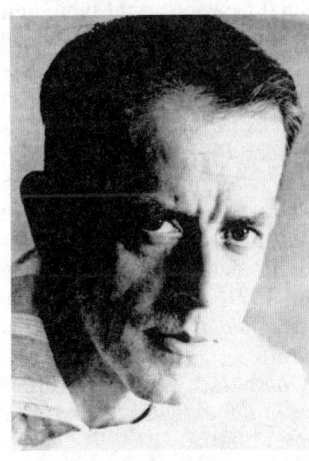

AICHNER,
Fridolin
(Irmfried Benesch)

Schriftsteller

* 5.8.1912,
Aichen, Kr. Sternberg

† 19.4.1987,
Goch/Niederrhein

Fridolin Aichner wurde als Irmfried Benesch in Aichen bei Mährisch Neustadt geboren und nannte sich nach seinem Geburtsort als Autor Fridolin Aichner. Da sein Vater Lehrer war und in verschiedenen Orten Mährens tätig, wuchs Aichner in seiner Kindheit in Runarz, Petersdorf und Rehsdorf auf und maturierte 1931 am Gymnasium in Mährisch Trübau. Er studierte in Prag an der Deutschen Universität Germanistik und Slawistik und schloss sein Studium mit einer Dissertation über die Lautlehre der Schönhengster Mundarten ab. Nach ersten Jahren als Lehrer am Gymnasium in Neutitschein und Mährisch Trübau wurde er bereits 1939 zur Wehrmacht eingezogen. Nach fünf Kriegsjahren geriet er in Gefangenschaft und wurde von dort erst 1947 nach Deutschland entlassen. Er arbeitete als Hilfsarbeiter am Bau, als Nachhilfelehrer und Mitarbeiter der neugegründeten „Sudetendeutschen Zeitung", ehe er 1952 wieder im Schuldienst tätig sein konnte, und zwar in Goch am Niederrhein, wo er als Studiendirektor in den Ruhestand ging.

Aichner begann früh zu schreiben. Schon als Student veröffentlichte er in Zeitschriften und Kalendern Gedichte und Erzählungen. 1951 erschien seine erste Nachkriegs-Erzählung *Der Wald kommt zurück*, der dann Gedichte, weitere Erzählungen, Romane, Theaterstücke und Kinderbücher folgten. In seinem

Werk ist viel Autobiographisches und Historisches aus dem Zusammenleben von Tschechen und Deutschen in Mähren eingeflossen und wird vom Autor mit Gedanken der Versöhnung dargestellt. Trotz aller Tragik der Vergangenheit scheinen aber Hoffnung und Humor auf, wie bereits manche Titel besagen: *Der Kuckuck lacht aus dem Dornenstrauch* (1953), *Die Erlösung des Peter Brachtel* (1959) oder *Und die Welt ist voller Wunder* (1959).

Als weitere Werke nennen wir: *Das Spiel vom toten Tod*. Ein Laienspiel. 1961. – *Der Doppelselbstmord*. Erzählungen. 1964. *Auf verwehter Spur*. Historischer Roman. 1966. – *Wir bauen unsere Häuser fest*. Erzählungen. 1971. – *Alle meine Meyerlein*. Roman. 1971. – *Kornblumen und roter Mohn*. Roman. 1972. – *Gerüchte*. Erzählungen. 1975.

In der Reihe *Bogendrucke* des Marburger Kreises veröffentlichte er *Der Maskenzug* (1968), *In dieser Dunkelheit* (1973), *Vorahnungen* (1978) und *Diaspora* (1980).

Er leitete achtzehn Jahre eine Laienspielgruppe und schrieb Hörspiele für den Schulfunk. 1960 erhielt er den Förderpreis der Sudetendeutschen Landsmannschaft, 1966 den Schönhengstgauer Kulturpreis. Schreibende Landsleute haben ihn gewürdigt: Rudolf Hemmerle lobte seine *„humoristische Ader"* Margarete Kubelka nannte ihn einen *„Anwalt der Liebe und der Menschlichkeit"*.

Fridolin Aichner hat nicht nur durch seinen Autornamen die Verbundenheit mit seinem Geburtsland ausgedrückt, sondern auch in manchen seiner Werke. Als Lehrersohn lässt er seine Kindheit aufleben, wenn er im Buch *Und die Welt war voller Wunder* diese Welt mit *„Freundschaft, vielen Lumpereien und Schwänken"* beschreibt, bis *„zu seiner Gymnasialzeit und seinen Erlebnissen an der Front in Russland"* (Štěpánka Kuřiková). Kurze Erzählungen finden wir auch im *Sudetendeutschen Kalender* der siebziger Jahre.

Wer den sudetendeutschen Schönhengstgau, die größte deutsche Sprachinsel der Tschechoslowakei, kennen und verstehen will, lese Aichners Erzählungen wie *Vorahnungen* und *Die Beerdigung*, aber auch den Roman *Auf verwehter Spur*. In ihm zählte er Missetaten beider Völker auf, die ein *„kraftvolles Land verbluten"* ließen. Aichner ist objektiv und erstreckt seine Kritik auch auf das Münchner Abkommen von 1938.

Dieser Roman endet mit der Vertreibung 1946, als *„jeder ein Stückchen Heimat in seinem Fluchtgepäck trug"*. Seine Kenntnis der Psychologie beider Völker Mährens beweist er auch im Roman *Kornblumen und roter Mohn*. Die Blumen galten bis zur Vertreibung als Symbole, ja als nationale Erkennungszeichen deutschsprachiger oder tschechischsprachiger Mährer in einer seit dem Zweiten Weltkrieg verschwundenen Welt. Aichner lässt anhand einer Wiederbegegnung eines Sudetendeutschen mit seiner tschechischen Jugendliebe im Prager Frühling diese Welt lebendig werden.

Weitere Werke sind die Kinderbücher *Lichtfest im Räuberwald* und *Die Prinzessin im Zauberwald* und eine Reihe von Laienspielen wie die Dramen *Der Schatz im Berge* und *Der Mann auf der Fidel*, die in Göppingen, der Patenstadt der Schönhengster, bei den Schönhengster Heimattagen aufgeführt wurden.

Lit.: Würdigungen von M. Kubelka zu Aichners Geburtstagen 1972, 1977 und 1982 in „Sudetenland", 1997 zum 10. Todestag in „Sudetendeutscher Kalender" (R. Hemmerle). – Irene Kunz, Fridolin Aichner, in: Schriftsteller und Mährisch Trübau. Hrsg. vom Verband der Deutschen – Regionalgruppe Schönhengstgau (deutsch und tschechisch), Moravska Třebova 1999. – Štěpánka Kuřiková, Fridolin Aichner, in: Ingeborg Fiala-Fürst (Hrsg.), Lexikon deutschmährischer Autoren, Olomouc: Univerzita Palackého. Loseblattsammlung 1. Lieferung 2002 (sechs Seiten mit detaillierter Biographie).

Bild: Archiv der Kulturstiftung.

Rudolf Grulich

8. August   80. Geburtstag

NOSSOL,
Alfons

Erzbischof, Theologe

* 8.8.1932,
Broschütz
(Schobersfelde)/Oberschlesien

„Wahre und vollkommene Aus- und Versöhnung ist zutiefst an drei wesentliche christliche Bedingungen gebunden: 1. Überwindung von Vorurteilen, 2. Entgiftung von Gedanken, 3. Heilung von Erinnerungen." Diese Worte von Erzbischof Alfons Nossol, gesprochen bei der 60. Wallfahrt der Oberschlesier zum westfälischen Annaberg bei Haltern am 31. Juli 2005, greifen nicht nur seinen bischöflichen Wahlspruch *„Die Wahrheit in Liebe tun"* auf. Sie umreißen auch das zentrale Anliegen des Bischofs von Oppeln, nämlich die Versöhnung zwischen Deutschen und Polen in dieser Wahrheit und Liebe zu erreichen. Vor diesem Hintergrund kann es auch nicht verwundern, dass Nossol die EU-Osterweiterung euphorisch begrüßt hat. Ob bei Vertriebenen- und Aussiedlerwallfahrten im Westen oder Begegnungen in seiner oberschlesischen Heimat, ob unter Bergarbeitern oder Universitätsprofessoren: Alfons Nossol wird nicht müde, sein Programm in Anlehnung an die von Papst Johannes Paul II. geprägte Sentenz von der *„Zivilisation der Liebe"* zu verkünden. Dabei geht es ihm niemals um eine Versöhnung nur um des Versöhnens willen, die lediglich „in caritate", also aus reiner Nächstenliebe heraus, geschieht. Alfons Nossol versteht vielmehr Versöhnung getreu seinem dem

Brief des Apostels Paulus an die Epheser (4,16) entnommenen bischöflichen Wahlspruch immer mit dem Zusatz des „veritatem facere", also in Wahrheit handeln. Und zur Wahrheit gehört die Aufrichtigkeit, die Problematik des deutsch-polnischen Miteinanders stets von beiden Seiten zu sehen.
In Zeiten des kommunistischen Regimes in Polen hätte dies einen gewichtigen Hinderungsgrund für die Berufung ins Bischofsamt bedeutet, zumal Alfons Nossol aus seiner deutschen Herkunft schon damals keinen Hehl machte. Als ihn 1977 der damalige Primas Stefan Kardinal Wyszynski zu sich rief, um ihm seine anstehende Ernennung zum Bischof von Oppeln und jüngsten polnischen Bischof mitzuteilen, wehrte er mit dem Argument ab, dass Deutsch die Sprache seines Herzens sei und er als Oberschlesier die Sorgen und Nöte der polnischen Diözesanangehörigen nicht angemessen vertreten könne. Der polnische Primas habe ihm darauf entgegnet, wenn er nicht auf polnische Weise Bischof sein könne, solle er es doch auf Oppelner Weise sein. Das Oppelner Schlesien umfasst den oberschlesischen Teil des früheren deutschen Erzbistums Breslau, in dem im Gegensatz zu Niederschlesien besonders viele Deutsche zurückgeblieben waren, deren Sprache und Kultur hingegen systematisch ausgemerzt worden war. Zwar hatte im kirchlichen Bereich die Einrichtung einer eigenen Apostolischen Administratur 1945 und nicht zuletzt die Bistumserhebung 1972 in Folge der Ostverträge die Eigenidentität dieser Region gestärkt, als deutsch betrachtete schlesische Traditionen hingegen blieben auch und gerade im kirchlichen Leben ein Tabu. Und um auf Oppelner Weise Bischof zu sein, musste Nossol an diesem Tabu rühren, was er gründlich tat, indem er zum Brückenbauer zwischen Deutschen und Polen in seiner Diözese wurde.
Insbesondere seit der politischen Wende 1989 konfrontierte er die Menschen in seiner Diözese unablässig und radikal mit der Geschichte und Tradition ihres Lebensraums. Überaus geschickt verstand er es, beiden Seiten gerecht zu werden, indem er die Vorstellung von den zwei bzw. drei Herzen in seiner Brust propagierte, jene Idee vom deutschen und polnischen,

ergänzt um den mährischen Kulturkreis, die in Oberschlesien eine gelungene Symbiose eingehen, wenn die Christen sich der Wahrheit in Liebe stellen und ihr *„Christsein als radikales Füreinander"* begreifen, wie es der Titel einer Festschrift zum 40jährigen Priesterjubiläum Nossols 1997 treffend vor Augen führt. Vielleicht ist der Begriff von der Glaubensradikalität als Heilmittel des Hasses und der Angst unter den Bewohnern Oberschlesiens im westlichen Verständnis ein wenig pejorativ besetzt, dennoch versinnbildlicht er die Intention des Oppelner Oberhirten, die Wurzel (lat. radix) des Problems zu erfassen, indem er nicht allein auf Toleranz baut, sondern zugleich und weitergehend auf Akzeptanz setzt. Er selbst habe stets *„Glück in der Liebe"* gehabt, so der Titel eines Interview-Bandes mit Nossols Lebenserinnerungen, der auf die Liebe zu Gott als Ausgangspunkt und Richtschnur seines menschenzugewandten und begeisternden Auftretens verweist.

1980 ermöglichte Bischof Nossol dem Augsburger Oberhirten Josef Stimpfle, die erste deutsche Predigt der Nachkriegszeit auf dem oberschlesischen Wallfahrtsort St. Annaberg zu halten. An diesem symbolträchtigen Ort gewährte er seit dem 4. Juni 1989 die ersten deutschsprachigen Gottesdienste in Oberschlesien, die nach und nach in vielen Pfarreien angeboten wurden. Oft musste sich der Bischof in der Realisierung dieses pastoralen Anliegens, den Menschen Gottesdienste in der „Sprache ihres Herzens" zu ermöglichen, gegen erbitterten Widerstand bei Klerus und Laien durchsetzen, die ihn des Chauvinismus bzw. Nationalismus bezichtigten. Dazu gehörten Mut und Standfestigkeit, die der wortgewandte Bischof immer wieder beweisen musste. So sehr Alfons Nossol sich auch innerhalb seines Bistums der Kritik aussetzte, so sehr schlug in diesem Klima der Wende seine große Stunde als Identitätsfigur im deutsch-polnischen Dialog. Seine Zweisprachigkeit, seine Erfahrungen und nicht zuletzt seine Eloquenz und sein gewinnendes Auftreten trugen maßgeblich dazu bei, dass Oberschlesien ein pars pro toto für die deutsch-polnischen Beziehungen insgesamt wurde. Zwar fand die anlässlich des Treffens von Bundeskanzler Helmut Kohl und dem polnischen Ministerpräsidenten Tadeusz Mazowiecki am 12. November 1989 geplante Messe letztlich nicht auf dem von Emotionen beider Seiten behafteten Annaberg, sondern auf dem einstigen Gut des deutschen Widerstandskämpfers Helmut James Graf von Moltke im niederschlesischen Kreisau statt, jedoch zelebrierte diesen Gottesdienst kein anderer als Bischof Nossol, der auch der Initiator dieser Versöhnungsmesse war. Welches Motto wäre für seine Predigt geeigneter gewesen als sein Wahlspruch *„Veritatem facere in caritate"*, der ihm einmal mehr in Kreisau als Ausgangspunkt für seinen Aufruf nach der Untrennbarkeit von Menschenrechten und Christenrechten diente? Nur ein christliches Europa, dessen Bevölkerung in Frieden und Freiheit leben könne, vermöge eine *„Zivilisation der Liebe"* zu garantieren, welcher die im Kommunismus und Nationalsozialismus propagierte *„Zivilisation des Todes"* entgegen stehe.

Trotz dieser sich seither immer deutlicher öffentlich artikulierenden europäischen Dimension im Denken Nossols gilt das Hauptaugenmerk des profilierten Bischofs zweifelsohne seiner oberschlesischen Heimat. Hier, in der Nähe von Krappitz, wurde er am 8. August 1932 in Broschütz, das im Zuge der Germanisierung von Ortsnamen während der NS-Zeit Schobersfelde hieß, als Sohn der Eheleute Alfons und Hedwig Nossol geboren. Hier studierte er nach dem Besuch der deutschen und der polnischen Schule in seinem Heimatdorf und dem 1952 in Neisse abgelegten Abitur am Priesterseminar in Neisse Theologie und erhielt am 23. Juni 1957 durch den Apostolischen Administrator in Oppeln, Bischof Franciscek Jop, in der Prokathedrale Heilig Kreuz in Oppeln die Priesterweihe. Hier in dieser Kirche ist er am 17. August 1977 zum Bischof geweiht worden, nachdem er als junger Priester zunächst eine wissenschaftliche Laufbahn eingeschlagen hatte. So war der junge Kaplan Alfons Nossol nach seiner Priesterweihe zum Weiterstudium an der Katholischen Universität in Lublin freigestellt worden, wo er 1961 promoviert wurde und wohin er nach einer Zwischenstation in Neisse 1968 als Wissenschaftlicher Mitarbeiter an den Lehrstuhl für Dogmatik zurückkehrte, 1976 habilitiert wurde und über Jahrzehnte – seit 1982 mit dem

Titel eines außerordentlichen Professors versehen – seine wissenschaftliche Heimat hatte. Daher verwundert es nicht, dass Alfons Nossol an der maßgeblich seinem Einfluss zu verdankenden Gründung einer Katholisch-Theologischen Fakultät an der Universität Oppeln ab 1994 die Leitung des Dogmatik-Lehrstuhls übernahm. Seine öffentliche Ausstrahlungskraft weit über das kirchliche und öffentliche Leben seiner Diözese Oppeln hinaus verdankt er jedoch seinem 32jährigen Wirken als Bischof. Ausdruck dieses Einsatzes war nicht zuletzt die 2003 erfolgte Ehrung mit dem Titel *„Schlesier des Jahres"* durch die polnische „Gesellschaft der Freunde Schlesiens" sowie eine Vielzahl an Ehrungen, die ihm gerade im Umfeld seiner 2009 erfolgten Emeritierung zuteil geworden sind und die hier nur der Vollständigkeit halber aufgezählt seien: Merité Européen in Gold (2008), Komturkreuz Polonia Restituta (2008), Verdienstmedaille Gloria Artis (2009), Großes Bundesverdienstkreuz mit Stern des Verdienstordens der Bundesrepublik Deutschland (2009), Klaus-Hemmerle-Preis (2010), Deutscher Nationalpreis (2010), Schlesierschild (2011). Allen voran steht aber die Verleihung des persönlichen Titels eines Erzbischofs durch den Papst am 12. November 1999. Das bereits erwähnte Ehrendoktorat in Oppeln wird flankiert von Promotionen honoris causa in Münster (1991), Mainz (1992), Bamberg (1998), Olmütz (2000) sowie an der Päpstlichen Theologischen Akademie in Warschau (1997) und an der Päpstlichen Theologischen Fakultät in Breslau (2007).

Als Alfons Nossol zum Bischof ernannt wurde, nahm er gerade eine Gastprofessur in Mainz wahr. Weil er schon in den 1970er Jahren Schlupflöcher im damals noch dichten „Eisernen Vorhang" fand, wurde er von der westeuropäischen Umsetzung der Beschlüsse des Zweiten Vatikanum nachhaltig geprägt und trug neue theologische Ansätze nach Polen hinein. Sein wissenschaftliches Wirken, das er auch nach seiner Ernennung zum Bischof von Oppeln fortsetzte, prädestinierte ihn aber zugleich für eine zweite Ebene der Versöhnung, nämlich für den Dialog auf wissenschaftlicher Basis, und dies nicht nur innerhalb katholisch-theologischer Fakultäten Deutschlands und Polens, sondern ebenso mit den protestantischen Kirchen. Das Postulat von der *„versöhnten Verschiedenheit"* zwischen Deutschen und Polen wandte er ebenso auf das Zueinanderfinden der christlichen Konfessionen an. Immer wieder betont er, dass die Kirche der Gegenwart und Zukunft die Dimensionen aller drei christlichen Konfessionen benötige, nämlich die katholische Weite, die evangelische Tiefe des Wortes und die orthodoxe Dynamik. Etwa ein Dutzend Bücher und weit mehr als 200 Aufsätze sind nur das schriftliche Resultat dieser Komponente des Oppelner Bischofs. Aufgrund seiner Erfahrung und Kompetenz wählte ihn die Polnische Bischofskonferenz in ihren Ständigen Rat sowie zum Vorsitzenden ihres Wissenschaftsrates und ihrer Ökumenekommission und berief ihn Papst Johannes Paul II. u.a. in den Päpstlichen Rat für die Einheit der Christen sowie in die gemischte Kommission für den Dialog mit Orthodoxen und Lutheranern. Es ist nicht zuletzt seiner Bedeutung als Wissenschaftler zu verdanken, dass 1994 eine staatliche Universität in Oppeln gegründet werden konnte, die erste in Polen, die auch eine Katholisch-theologische Fakultät erhielt. Dabei blieb Alfons Nossol nicht nur der spiritus rector, der ein Jahr später als Dank die Ehrendoktorwürde dieser Universität erhielt, und „seiner" Fakultät sowie dem Bistum einige Jahre darauf auf dem mit gewaltigem Aufwand wiederhergestellten Schloss Groß Stein ein nobles Tagungshaus schaffen ließ, sondern er verstand es, das neu aufblühende wissenschaftliche Leben in seiner Diözese auch mit Substanz zu füllen.

Auch auf diese Weise lässt sich für Erzbischof Nossol zum einen Schlesien nach Europa holen, zum anderen aber auch Europa ein wenig von der oberschlesischen Grundsubstanz einer christlichen Seele vermitteln, die diesem Erdteil in seinen Augen immer stärker fehlt.

Die Zeichen der Zeit zu deuten, ist – so scheint es – die eigentlich ganz simple und doch immer wieder aktuelle Botschaft des oberschlesischen Bischofs, die er in Theorie und Praxis stets aufs Neue umzusetzen versucht. So auch in seiner bereits eingangs zitierten Predigt auf dem Annaberg bei Haltern Ende Juli

2005 als er als Ziel formulierte, dass die „*Einheit Europas als Werte- und Kulturgemeinschaft ... im höchsten Maße anzustreben*" sei.

Lit.: Hubert Dobiosch/Joachim Piegsa (Hrsg.), Christsein als radikales Füreinander. Festschrift für Bischof Alfons Nossol zum 40-jäh-rigen Priesterjubiläum, Augsburg 1997. – Michael Hirschfeld, Verita-tem facere in caritate. Erzbischof Alfons Nossol im Porträt, in: Ost-West. Europäische Perspektiven, Bd. 6 (2005), S. 317-320. – Krzysztof Zyzik/Krzysztof Ogiolda (Hrsg.), Erzbischof Alfons Nossol. Glück in der Liebe. Rückblick auf mein Leben, Sankt Ottilien 2010 [polnische Ausgabe Opole 2007].

Bild: Renovabis.

Michael Hirschfeld

28. August   175. Geburtstag

TREICHEL,
Alexander

Volkskundler,
Rittergutsbesitzer

* 28.8.1837,
Alt Paleschken/
Westpreußen

† 4.8.1901,
Hoch Paleschken/
Westpreußen

Alexander Treichel war einer der bedeutendsten Volkskundler der Provinz Westpreußen. Seine Forschungen waren außerordentlich breit angelegt, seine Veröffentlichungen in Aufsatzform umfassten Hunderte von Einzeldarstellungen, seine Sammlungen zu diesem Thema besaßen einen unglaublichen Umfang. Er darf als ein Wegbereiter der ethnologischen Feldforschung angesehen werden. Sein Gut Hoch Paleschken, das ihm aus wirtschaftlicher Sicht diese wissenschaftliche Tätigkeit ermöglichte, lag in der Kaschubei, etwa 50 km südwestlich von Danzig in einer wald- und seenreichen Umgebung, deren Entstehung von der letzten Eiszeit geprägt war.

Alexander Treichel wurde am 28. August 1837, dem „Goethetag" wie er selber schrieb, auf dem Rittergut seines Onkels Johann Hannemann, Alt Paleschken, nur 2 km nordöstlich von seinem späteren Wohnsitz entfernt, geboren. Seinen Vater, Alexander Karl Heinrich Treichel (1811-1839), hat er kaum gekannt, denn er verlor ihn schon mit zwei Jahren. Seine Mutter, Friederike Eleonore geb. Hannemann (1809-1894), die aus einer Gutsbesitzerfamilie im Kreis Neustadt stammte, brachte das Gut Hoch Paleschken, das damalige Wolfsbruch, mit in die Ehe. Seine Erziehung übernahm zunächst der Hauslehrer Meh-

ring, der später sein Stiefvater wurde. Ab Quarta bis zum Abitur 1859 besuchte er das Fürstlich Hedwig'sche Gymnasium in Neustettin, das ihm sein Leben lang viel bedeutet hat, weil er hier mit Gleichgesinnten den Verein der Gedankenspäne gründete, eine Vereinigung für Primaner mit literarisch-philosophischem Anspruch, der ihn selber überlebt hat.
Sein Studium nahm er 1860 an der Universität Berlin auf und belegte zunächst die Fächer Jura und Cameralia, wie man damals sagte (etwa Volkswirtschaftslehre, die Staats-, Finanz- und Rechnungswesen umfasste), zusätzlich hat er aber auch sehr intensiv Volkskunde, Geschichte, Vorgeschichte und Naturwissenschaften, insbesondere Botanik, betrieben, Studiengebiete, die ihn dann sein Leben lang nicht mehr losgelassen haben. Treichel hatte, wie er selber berichtet, alles für seine Promotion in Berlin im Fach Jura sorgfältig vorbereitet, doch hat er nie ein Examen versucht, allerdings auch nie ein staatliches Amt inne gehabt.
Treichel führte nun in Berlin ein Leben als Privatgelehrter. Er wandte sich mit großem Einsatz und sicheren Kenntnissen seinen verschiedenen Interessengebieten zu, forschte und publizierte zunächst vor allem auf dem Gebiet der Botanik, alsbald aber auch auf den Gebieten Vorgeschichte, Anthropologie, Ethnologie und Zoologie bezogen auf Berlin und seine Umgebung. Er engagierte sich in den entsprechenden Vereinen in Berlin und war sieben Jahre lang, von 1870 bis 1876, im Vorstand des Botanischen Vereins der Provinz Brandenburg tätig.
Sein besonderes Interesse galt der Briefmarkenkunde, der Philatelie, die damals noch am Anfang des Weges zu ernsthafter wissenschaftlicher Beschäftigung war. Er gilt als der „Vater der Wasserzeichenforschung", befasste sich auch mit der Zähnung der Marken, besaß eine umfangreiche Sammlung und stand mit Sammlern und Forschern in aller Welt in Verbindung. Die anerkannte französische Philatelisten-Vereinigung, die Société francaise de Timbrologie, verlieh ihm die Urkunde „De récompense" (Zur Belohnung). Ganz allgemein galt er als sehr seriöser und angesehener Forscher, dessen Tätigkeit weitere Ehrungen erfuhr. So wurde 1874 eine neu gefundene Pflanze am Kap

der Guten Hoffnung (eine Glockenblume) nach ihm Treichelia Longebracteata benannt und später eine Flechtenart aus Westpreußen Calicium Treichelianum. In Berlin heiratete er 1867 Johanna Wilhelmina Toepfer (1834-1914), die er schon zu seiner Gymnasialzeit in Neustettin kennen gelernt hatte, hier wurden auch seine beiden Kinder geboren: Franz (1869-1946) und Anna (1874-1971); sie wohnten in der Neuenburger Straße 10 im Stadtteil Kreuzberg.

Dieses Gelehrtendasein fand ein vorerst plötzliches Ende als seine Mutter ihm im Jahre 1876 die Bewirtschaftung des Familiengutes Hoch Paleschken in der Kaschubei übertrug, um selber in das Altenteil und später in die Kreisstadt Neustadt/Westpr. zu wechseln. Lange zögerte er, die Hauptstadt mit ihren vielfältigen geistigen Bindungen und Beziehungen zu verlassen und fand dennoch in Westpreußen seine Lebensaufgabe, die ihn fortan fesselte. Er war kein ausgebildeter Landwirt und vertraute die Wirtschaftsführung des Rittergutes von etwa 750 ha, einem der größeren im Kreis Berent, einem Inspektor und anderen Fachkräften an. Schwer hat es ihn und das Gut getroffen, als 1888 ein Feuer Ställe und Scheunen, Saatkorn und Vieh, darunter wertvolle Pferde und 1.000 Schafe vollständig vernichtete. Insgesamt aber entwickelte sich der Betrieb gut und bildete die wirtschaftliche Grundlage für das Leben der Familie.

Treichel konnte sich wieder seinen wissenschaftlichen Neigungen zuwenden, nunmehr aber bezogen auf die preußische Provinz Westpreußen und vor allem auf die kulturelle Vielfalt von Deutschen, Kaschuben und Polen. In noch größerem Rahmen als in Berlin ging er seinen Forschungen nach, er sammelte alle Informationen und kulturellen Gegenstände, deren er nur habhaft werden konnte. Dabei verließ er sich nicht allein auf die bereits vorliegende Literatur, sondern befragte eine Vielzahl von Personen jeden Alters und jeden Standes. Er fuhr auf der Eisenbahn gerne in der vierten Klasse, einzig und allein, um auch hier mit „einfachen Leuten aus dem Volk" ins Gespräch zu kommen und sie nach Informationen aus seinen weit verzweigten Interessengebieten zu befragen, dazu gehörten Vorge-

schichte und Geschichte, Sprachwissenschaft einschließlich der kaschubischen Dialekte, Sagen und Märchen, Lieder und Schwänke, Bauernweisheiten und Reime, Zoologie und Botanik. Da er vornehmlich für letztere immer wieder und ausführlich Erkundigungen einholte, wurde er schon gelegentlich als Apotheker angesehen, als Original fast stets.
Er wurde Mitglied in mehreren west- und ostpreußischen wissenschaftlichen Vereinigungen, darunter die Naturforschende Gesellschaft in Danzig und in dem mit dieser verbundenen Westpreußischen botanisch-zoologischen Verein, an dessen Jahrestagungen in verschiedenen westpreußischen Orten er fast ständig teilnahm. Er veröffentlichte eine sehr große Zahl von Aufsätzen in verschiedenen wissenschaftlichen Zeitschriften. Erst vor einigen Jahren wurde in Polen ein Verzeichnis seiner Beiträge zusammengestellt, dessen Umfang so recht deutlich macht, wie unglaublich zahlreich seine Interessengebiete und seine Publikationen waren.
Kurz vor 1900 entstand eine frühe und einmalig wertvolle Photodokumentation des Guts- und Landlebens auf Hoch Paleschken und Umgebung. Als Photograph wird sein Schwiegersohn, Bernhard Hagen, angesehen, der als Mediziner in den Tropen gelebt hatte und mit der Photographie vertraut war. Die Familie und Treichel selbst sind auf diesen Aufnahmen in unterschiedlichen Posen zu sehen, er kann also nicht selber der Photograph gewesen sein. Als *Erinnerungen an Hochpaleschken* sind sie von der Familie dem Herder-Institut in Marburg übergeben und 1997 in Auswahl gemeinsam mit dem Brüder-Grimm-Museum in Kassel der Öffentlichkeit präsentiert worden; anschließend wurden sie als Wanderausstellung in verschiedenen Orten gezeigt, zwei davon auch in Polen.
Nach einem langwierigen Kehlkopfleiden starb Treichel am 4. August 1901. Auf dem Friedhof in Neu Paleschken, drei km nordwestlich von Hoch Paleschken (er war als Gutsherr Patron der dortigen Kirche), wurde er neben dem Grab seines Vaters beigesetzt. Sein Gut wurde später von seinen Erben an die Preußische Ansiedlungskommission verkauft und schließlich parzelliert. Bei der Parzellierung verloren die großen Gutsge-

bäude (Gutshaus, Stallungen und Scheunen) ihre ursprüngliche Bestimmung, blieben aber im Kern erhalten, so dass man heute noch die Hofstruktur um das Gutshaus wiedererkennen kann. Ein Teil seiner sehr umfangreichen Sammlungen aus seinem Forschungsgebiet, der Volkskunde, erhielt das Westpreußische Provinzialmuseum in Danzig. Seine Forschungsergebnisse dienen noch heute als Grundlage von Veröffentlichungen vor allem polnischer Forscher. Aus allen seinen schriftlichen Äußerungen aber spricht seine Liebe zu seiner Heimat und zu seinem ausgedehnten Forschungsgebiet.

Werke: Volkslieder und Volksreime aus Westpreußen, Danzig 1895.

Literatur: Anna Hagen-Treichel, Alexander Treichel. Ein Lebensbild des Begründers des Vereins der Gedankenspäne von des Verewigten Tochter: Frau Hofrat Anna Hagen-Treichel in Frankfurt a. Main. Neustettin, o. J. (etwa 1907). – Anna Hagen-Treichel, Die Treue im Kleinen. Der Westpreuße Nr. 9, 1951, S. 14. – Norbert Maczulis, Die Kaschubischen Heimatsagen des Alexander Treichel. Karthaus 1996. – Polen, Deutsche und Kaschuben: Alltag, Brauchtum und Volkskultur auf dem Gut Hochpaleschken in Westpreußen um 1900. Hrsg. und bearb. von Bernhard Lauer und Hanna Nogossek. Eine Ausstellung des Brüder-Grimm-Museums Kassel und des Herder-Instituts Marburg. Kassel 1997. – Gisela Borchers, Westpreußischer Volkskundler aus dem Kreis Berent. Zum 100. Todestag von Alexander Treichel, in: Berenter Kreisbote, Nr. 2, 2001. – Hans-Jürgen Kämpfert, Alexander Treichel. In: Westpreußen-Jahrbuch Band 63, Münster 2013.

Bild: Aus Familienbesitz.

Hans-Jürgen Kämpfert

September 2012

4. September   100. Todestag

ENGELMANN,
Johannes August

Jurist

* 25.6.1832,
Mitau/Jelgava

† 4.9.1912,
Dorpat/Tartu

Johannes Engelmann war der Sohn eines Lehrers und erhielt seine Schulbildung in seiner Heimatstadt Mitau in Kurland, das neben Estland und Livland eine der drei „deutschen" oder „russischen" Ostseeprovinzen des Russischen Reiches bildete (heute ist das Territorium dieser Provinzen auf Lettland und Estland verteilt). Im Jahre 1851 nahm der junge Kurländer in St. Petersburg das Jurastudium auf, das er 1855 mit dem Erwerb des Grades eines „Kandidaten der Rechtswissenschaft" abschloss. Danach arbeitete er wissenschaftlich weiter und konnte 1859 seine Magisterdissertation verteidigen. Ebenso wie seine Kandidatenarbeit, in der er das mittelalterliche Rechtsbuch des russischen Stadtstaates Pleskau/Pskov untersucht hatte, wurde auch seine Magisterdissertation über den Landerwerb nach russischem Recht mit einem bedeutenden

Preis ausgezeichnet. Beide Arbeiten erschienen als Monographien in russischer Sprache.
Damit wurde es möglich, dass Engelmann 1860 einen Ruf auf den vakanten Lehrstuhl für russisches Recht an der Universität Dorpat erhielt. Anfangs trug er dort den Titel eines außerordentlichen Professors, doch wurde er bereits 1861 mit dem Ziel, ihn in Dorpat zu halten, zum ordentlichen Professor ernannt. In der Folgezeit wählte man ihn wiederholt zum Dekan seiner Fakultät. Nachdem er die übliche Zeit bis zur Pensionierung deutlich überschritten hatte, wurde er im Jahre 1900 auf eigenen Wunsch aus dem Dienst entlassen.
Im späteren 19. Jahrhundert forcierte die St. Petersburger Bürokratie in den Ostseeprovinzen eine Russifizierungspolitik, die sich primär gegen die Deutschbalten richtete, aber auch die eigenständige Entwicklung der Esten und Letten bedrohte. Im Zuge dieser Politik wurde auch die deutsche Universität Dorpat russifiziert, wobei die Juristische Fakultät besonders früh betroffen war. Seitdem man Engelmann 1887 dazu aufgefordert hatte, seine Vorlesungen hinfort in russischer Sprache zu halten, wehrte er sich gegen diese Entwicklung. Als Rechtskundigem und aufgrund seiner perfekten Kenntnis der russischen Sprache kam ihm beim verbreiteten Widerstand gegen die Russifizierung der Universität eine führende Rolle zu. Der Widerstand blieb jedoch vergeblich. Bezeichnend ist, dass die bisherige deutsche Alma mater im Februar 1893 unter Verwendung eines alten russischen Toponyms für Dorpat in „Universität Jur'ev" umbenannt wurde.
Wegen seines Auftretens gegen die Russifizierung war Engelmann zeitweilig von der Entlassung aus der Universität bedroht. Für die Behauptung seiner Position war bedeutsam, dass er mit seinen zahlreichen russisch- und deutschsprachigen Publikationen einen sehr wesentlichen Beitrag zur Erforschung und Interpretation des russischen Rechts geleistet hatte. Neben fachlichen Spezialarbeiten ist auch sein Lehrbuch des russischen Zivilprozesses zu nennen, das in russischer Sprache in drei Auflagen erschien, zuletzt 1912 im Umfang von 645 Seiten. Festgehalten sei, dass ihn der russische Rechtshistoriker

Michail D´jakonov einmal als „Hauptbaumeister" des Gebäudes der russischen Rechtswissenschaft bezeichnet hat. In nicht ganz wenigen Veröffentlichungen griff Engelmann außerdem Themen der allgemeinen russischen Geschichte auf. Durch seine deutschsprachigen Bücher, Rezensionen und Lexikonartikel machte er das russische Recht auch in Deutschland bekannt.

Aufschlussreich für Engelmanns Auffassungen ist u.a. seine Monographie über *Das Staatsrecht des Kaiserthums Rußland* von 1889, in der die Grundsätze und Institutionen des russischen Staatsrechts nicht ohne Kritik dargestellt werden. Im Schlussteil dieses Buches wird das öffentliche Sonderrecht von Est-, Liv- und Kurland behandelt. Hier würdigt Engelmann die Tradition der baltischen Selbstverwaltung und weist negative Folgen der St. Petersburger Russifizierungspolitik für die Rechtsentwicklung in den Provinzen nach. Damit steht er seinem Freund und Kollegen Carl Schirren sehr nahe, der aufgrund seiner stärkeren Radikalität bereits 1869 Dorpat hatte verlassen müssen und nach Deutschland übergesiedelt war (vgl. OGT 2001/2002, S. 130-132). Als deutschbaltischer Patriot hob Engelmann die kulturelle Bedeutung der Provinzen für das Russische Reich hervor. Dem Wohle dieses Staates fühlte er sich wie die meisten Deutschbalten trotz der genannten Fehlentwicklung verpflichtet. So erklärt es sich, dass er 1912 ein Dankschreiben an den Rektor der Universität „Jur´ev" für Glückwünsche zu seinem 80. Geburtstag mit den Worten schloss, er wünsche von Herzen, die Universität möge „zum Nutzen der Wissenschaft, unseres Gebiets und ganz Russlands" blühen.

Werke (Auswahl): Peter der Große. Seine Jugend und das Wesen seiner Reformen, Dorpat 1872. – Die Leibeigenschaft in Rußland. Eine rechtshistorische Studie, Dorpat/Leipzig 1884. – Das Staatsrecht des Kaiserthums Rußland (Marquardsens Handbuch des öffentlichen Rechts, Bd. IV), Freiburg i. Br. 1889. – Kurs russkago graždanskago sudoproizvodstva (Kurs des russischen Zivilprozesses), Jur´ev 1912.

Weitere Quellen: Eesti Ajalooarhiiv (Estnisches Historisches Archiv), Tartu, Bestand 402-3-2001 und 2002 (Universitätsakten Johannes Engelmann).

Lit.: Michail D´jakonov, Ėngel´man, Ivan Egorovič (Engelmann, Johannes), in: Biografičeskij slovar´ professorov i prepodavatelej imperatorskago Jur´evskago, byvšego Derptskago universiteta, Bd. I, Jur´ev 1902, S. 596-599. – Wilhelm Lenz (Hrsg.), Deutschbaltisches biographisches Lexikon 1710-1960, Köln/Wien 1970, S. 195. – Roderich von Engelhardt, Die Deutsche Universität Dorpat in ihrer geistesgeschichtlichen Bedeutung, Reval 1933, Register.

Bild: Universitätsbibliothek Tartu

Norbert Angermann

17. September   100. Geburtstag

BARTON,
Josef

Seelsorger, Koordinator der
Kapellenwagenmission

* 17.9.1912,
Wagstadt/Mähren

† 1.1.1982,
Bad Soden i.Ts./Hessen

Josef Barton wurde am 17. September 1912 in Wagstadt (heute Bilovec) in Mähren geboren und besuchte als Zögling des Knabenseminars das deutsche Gymnasium in Freudenthal (Bruntál), wo er 1932 maturierte. Theologie studierte er in der Bischofsstadt Olmütz, in dessen Priesterseminar alle Priesterkandidaten der Erzdiözese beide Sprachen Mährens, deutsch und tschechisch, beherrschen mussten. Am Fest der Landespatrone Mährens, der heutigen Europapatrone Cyrill und Method, wurde er am 5. Juli 1937 zum Priester geweiht. Sein Mitstudent, der spätere Regens des Priesterseminars in Königstein, Prälat Stefan Kruschina, erinnerte 1982 am Grab Bartons an diese Olmützer Zeit, wo im Priesterseminar die vielen Nationen beisammen waren, denn es studierten dort auch unierte Ukrainer und Ruthenen sowie Polen, und wo Josef Barton immer wieder vermittelte und Brücken baute. Seine Priesterweihe war „*in einer Zeit*" – so Prälat Kruschina – „*wo es bei uns gärte, wo die politischen Verhältnisse kritisch, schwierig wurden.*" Barton war dann Kaplan in Jägerndorf (Krnov), das wie andere deutsche Gebiete der Erzdiözese Olmütz 1938 durch das Münchner Abkommen von der Tschechoslowakei an das Deutsche Reich abgetreten wurde. Der Generalvikar von Branitz, das im Deutschen Reich lag, aber kirchlich zum Erzbistum Olmütz gehörte, verwaltete damals die sudetendeutschen Gebiete von Olmütz und errichtete dafür ein neues Seelsorgereferat. Leiter wurde der junge Priester Barton, dessen besonderer Aufgabenbereich die Familienseelsorge war.

„Das Schicksalsjahr 1945, das bei uns den völligen Zusammenbruch brachte und – wie man damals sagte – die Existenzberechtigung für die deutsche Bevölkerung auslöschte, hat ihn als Helfer der vielen notleidenden, der vielen verstoßenen und geknebelten und geschlagenen Menschen gefunden", berichtete am Grabe Prälat Kruschina über diese Zeit im Leben von Pater Barton. *„Eines Tages wurde er selbst getroffen. Auf dem Weg, er war gerade bei einem Kranken gewesen, einem Versehgang, wurde er auf dem Heimweg von einer Soldateska-Truppe einfach gefangen genommen und mit ins Lager geschleppt, nur mit dem, was er gerade mit sich hatte. Mehr hatte er nicht: seine priesterliche Kleidung, sein Brevier. Das war sein Besitz. Mit dem wurde er ausgewiesen. Er kam mit einer Gruppe seiner Landsleute aus Jägerndorf und Umgebung nach Sachsen, wo er mit seinen Vertriebenen die Not wirklich redlich geteilt und alles mit ertragen hat."*

Von der Not der Vertreibung und vom Leid seiner Landsleute geprägt, gründete Barton in Valendar im Zentrum der Schönstattbewegung eine Gebets- und Opfergemeinschaft der Heimatvertriebenen. Sie wurde für Tausende ein fester Halt in der Haltlosigkeit jener Zeit. In Rundbriefen hielt Pater Barton Kontakt zu den Mitgliedern und Freunden, die er auch in Kursen und Einkehrtagen sammelte. Er wollte mit der Gemeinschaft das Kreuz der Vertreibung deuten und fruchtbar machen. Barton betonte immer wieder, dass der Mensch in Gefahr sei, das Kreuz zu entwerten: Nur im Glaube ist der Mensch fähig, es als wertvoll und gnadenreich zu erleben.

So erschien das Gebetbüchlein: *Ausgegossen wie Wasser – Lasset uns werden eine heilige Flut.* Es sollte ein *„Lese- und Gebetbüchlein sein, das helfen sollte, dem auferlegten Kreuz gerecht zu werden"*. Vieles hat darin auch heute dem gläubigen Menschen noch etwas zu sagen, vor allem die Gedanken über die Heimatlosigkeit und das Kreuz. *„Ausgegossen wie Wasser"*

– Dieses Psalmwort übertrug Barton auf die Vertriebenen. Aber er rief sie auch auf, eine Flut zu werden. Symbol dafür war ihm ein Weihwasserbecken, das die Vertriebenen 1950 als Weihegabe in der Gnadenkapelle in Schönstatt aufstellten. Das Gebetbüchlein erlebte eine zweite Auflage, in der Barton die Gedanken des Psalmtitels noch vertiefte. Er schreibt, *„dass wir alles daran setzen sollen, um unsere Vertreibung zu einem Segen werden zu lassen. Wir mögen nun festhalten, dass die Heimatlosigkeit umso verheerender wirken muss, je mehr sie äußerlich verdeckt bleibt. Wunden, die äußerlich heilen, ohne dass der Fäulnisherd beseitigt wird, werden lebensgefährlich. Äußere Bereinigung der Heimatlosigkeit ohne innere Beheimatung müsste ähnliche Folgen zeitigen. Deswegen unser Bestreben, die Beheimatung der Seelen zu fördern, so gut wir können".*

Schon 1947 war von ihm die erste Exerzitienwoche für Heimatvertriebene in Schönstatt abgehalten worden, bei der man den meisten Teilnehmern noch die Last und das Leiden der Vertreibung ansah. Intensiv wurde versucht, die Vertreibung nicht nur vom Menschen, sondern von Gott her zu sehen. *„Wenn etwas zeigt, wes Geistes Kind die Humanität unseres Jahrhunderts ist, dann die Verträge, durch die man Millionen Menschen total enteignete und in die Fremde jagte, von allen anderen Verbrechen, die damit zusammenhängen, ganz zu schweigen. Eine Menschheit, die Gott ausgebürgert hat, wird Menschenrechte immer umbiegen, wie es ihr gerade passt",* so schrieb damals Pater Josef Barton.

Schon 1948 begann die Freundschaft mit dem holländischen Prämonstratenser Pater Werenfried van Straaten, dem inzwischen legendären „Speckpater" und Gründer der Ostpriesterhilfe, der in jenen Jahren zum ersten Male nach Königstein kam und der seit 1950 mit seinen Kapellenwagen die Katholiken in der durch die Vertreibung entstandenen Diaspora stärkte. Werenfried hatte seit Weihnachten 1947 vom belgischen Kloster Tongerlo aus aufgerufen, den vertriebenen Deutschen zu helfen. Königstein war damals mit seiner Hochschule und dem Priesterseminar als „Vaterhaus der Vertriebenen" ein Zentrum der Vertriebenenarbeit.

Seit 1951 war Pater Barton Kapellenwagenmissionar und übernahm 1953 die Planung und Koordinierung der großen Aktion, welche die Kirche in der deutschen Diaspora buchstäblich ins Dorf brachte. Diese Kapellenwagenseelsorge war eine Großtat des Katholizismus, da sie nicht nur die materielle, sondern auch die geistige Not der Vertriebenen linderte. 1961 übernahm er auch das Amt eines Spirituals am Königsteiner Priesterseminar und hielt an der Philosophisch-Theologischen Hochschule Vorlesungen über Aszese und Mystik. In seiner Homilie beim Requiem für Barton sprach sein Schüler Martin Roos, damals Pfarrer in der Diözese Rottenburg und heute Bischof von Temesvar in Rumänien, dass Bartons Grundanliegen war, den Menschen dahin zu führen und darauf hin zu erziehen, dass er fähig werde, sich vorbehaltlos der Führung Gottes anzuvertrauen. Pater Barton tat dies mit einer vornehmen Zurückhaltung, mit einer tiefen Ehrfurcht vor dem anderen und einer schier endlosen Geduld, denn er wollte, dass der ihm Anvertraute seinen persönlichen Weg in christlicher Freiheit und Würdigkeit fände und ihn gehe. Dieses Ziel hatte er bei allen seiner Aufgaben vor Augen. Wer sich ihm einmal anvertraut hatte, den verlor er nicht mehr aus den Augen, ja er konnte rührend um ihn besorgt sein.

Viele aus Königstein hervorgegangene Studenten erlebten ihn als umfassend gebildeten Priester und echten Seelenführer. Jede Enge und Starrheit war Pater Josef fremd, denn er glaubte, dass jeder einzelne Mensch ein origineller Gedanke Gottes sei und daher jeden Einsatz wert. Pater Werenfried dankte ihm am seinem Grab *„im Namen der Kapellenwagenmissionare, die Du betreut hast, und im Namen der Millionen Heimatvertriebenen, denen wir in den dunkelsten Jahren ihres Lebens mit unserer Kapellenwagenmission seelsorglich helfen konnten"*.

Lit.: Ansprachen, die am Grabe von Pater Josef Barton gehalten wurden. Königstein 1982. – Viele von Bartons Vorträgen bei Exerzitien und Tagungen sind nur maschinenschriftlich erhalten. Eine Bearbeitung seines Werkes steht noch aus.

Bild: Kirche in Not.

Rudolf Grulich

29. September   100. Todestag

**DÖLLER,
Anton**

Gründer des
Karpathenvereins

* 5.1.1831,
Winniki

† 29.9.1912,
Kesmark

Über die Kinder- und Jugendjahre des Galizischen Sprosses einer Offiziersfamilie weiß man so gut wie nichts. Sein Leben wird erst mit Beendigung seines Studiums greifbar: Wie in seiner Familie wohl üblich, trat Döller in die Armee ein, beteiligte sich am Feldzug 1848 und war 1849 Leutnant der k.u.k. Armee. Es folgten die Feldzüge 1859 und 1866. Nach dem Österreich-Ungarischen Ausgleich des Jahres 1867 kam er spätestens 1872, nachdem er im Rang eines Majors seinen Dienst quittiert hatte, nach Kesmark. Hier fasste er bald im wirtschaftlichen und gesellschaftlichen Leben Fuß. Durch seine Heirat mit Gisela Demiany wurde er Mitglied einer der angesehensten Familien der Stadt, war aber bereits nach zweieinhalb Jahren verwitweter Vater einer kleinen Tochter. 1877 ging er mit Marie von Kail eine weitere Verbindung ein, aus der eine zweite Tochter und ein Sohn hervorgingen. Der Sohn gleichen Namens sollte kurz vor dem Ersten Weltkrieg in Budapest als Sekretär von Erzherzog Joseph August tätig sein. Das lässt tatsächlich auf freundschaftliche Beziehungen zwischen dessen Vater, Erzherzog Joseph Karl Ludwig von Österreich, und Anton Döller d.Ä. schließen, der mit dem Erzherzog in einem Regiment gedient hatte und immer wieder nach Tátrafüred gerufen wurde, wenn der Erzherzog sich dort aufhielt und wo sie gemeinsam so manche gemütliche Stunde verbracht haben sollen.

Anton Döller wurden von den zeitgenössischen Kesmarker Honoratioren als *„Touristenapostel"*, als *„Pionier des ungarländischen Fremdenverkehrs"* und als *„Pfadfinder zur Erschließung der Hohen Tatra"*, von manchen gar als *„der gute alte Papa Döller"* verehrt.

Zusammen mit Ägidius Berzeviczy, Hugo Payer, Ferdinand Cserépy, Samuel Weber und Friedrich Scholcz hatte er am 4. Juli 1873 in Kesmark den Aufruf zur Gründung eines „Karpathenvereins" erlassen – des Ungarischen Karpathenvereins, der sich als Aufgabe u.a. die Erschließung der Hohen Tatra an die Fahnen heftete. Bereits am 10. August 1873 konnte sich in Tátrafüred der erste heimatliche Touristenverein mit 180 Mitgliedern und Sitz in Kesmark endgültig konstituieren. Döller war zunächst für drei Jahre der Kassierer, von 1876-1883 dann geschäftsführender Vizepräses des Vereins. Als Döller sich 1883 von der Leitung zurückzog, zählte dieser bereits an die 1500 Mitglieder und verfügte über ein Barvermögen von 8850 fl.

Döller träumte von der Zips als künftigem Touristen- und Industrie-Eldorado, aus Ungarn wollte er einen modernen, kulturell und wirtschaftlich blühenden Staat schaffen – und das als „Österreicher", der weit über Kesmark hinaus voll integriert und auch jenseits der Landesgrenzen hoch angesehen war.

Im Rahmen seiner Tätigkeit für den Karpathenverein war er Mitbegründer eines Museums, dem er sogar anfänglich seine Wohnung als Depot für Musealgegenstände zur Verfügung stellte. Er unterstützte die Einrichtung von einer Bibliothek und von sechs Touristenhütten.

In Anerkennung seiner Tätigkeit für den Karpathenverein wurde bereits 1879 ein ca. 7.200 qm großer, viele Monate im Jahr mit Eis und Schnee bedeckter, „kreisförmiger" See in der Tatra nach ihm „Döller-See" benannt (ungarisch: Döller-tó; die polnische und die heute verwendete slowakische Bezeichnung „Okrúhle pleso" sind erst seit dem Ende des 19. Jahrhunderts überliefert). Hinzu kamen der benachbarte *„Döller-See-Turm"* sowie der *„Döller-Turm (Döllerspitze)"*, auch *„Kleiner Solisko"*.

1887 wurde Döller in den ungarischen Adelsstand erhoben und erhielt das Prädikat „*de Póprádvölgyi*". Seinem Lieblingsthema Tourismusförderung widmete er sich nach wie vor. 1891 gründete er in Kesmark die Sektion Tátra des sich vom Karpathenverein abspaltenden „Ungarischen Touristenvereins", der er bis 1902 als geschäftsführender Vizepräses vorstand. Um den Tourismus zu fördern, griff er immer wieder zur Feder, publizierte in den Zipser Blättern, der Karpathen-Post, der Kaschauer Zeitung und zahlreichen anderen Zeitungen. Aus seinen vielen Bekanntschaften mit die Stadt Kesmark aufsuchenden Fremden, die er in Ermangelung eines Führers selbst auf die Besonderheiten der Stadt aufmerksam machte, erwuchs letztlich gar eine kleine Broschüre, die Döller gratis an jedermann verteilte.

Sein Eintreten für die Tourismusförderung wurde von vielen Vereinen und Institutionen im In- und Ausland gewürdigt und honoriert: 1875 ernannte ihn der Galizische Tátraverein, 1889 der Siebenbürgische Karpathenverein, 1894 schließlich auch der Ungarischen Karpathenverein zum Ehrenmitglied. 1901 zog die Lehrer-Sektion des Ungarischen Touristen-Vereins nach und wählte den pensionierten Major Anton von Döller in Kesmark in Anerkennung seiner hervorragenden Verdienste um die Hebung der vaterländischen Touristik ebenfalls zu ihrem Ehrenmitglied.

Neben diesen Tätigkeiten fand der wirtschaftlich-kulturell vielseitig interessierte Döller auch die Zeit, an der Wiege mehrerer Kesmarker Schulen zu stehen. Er wurde Freund und Gönner der 1880 als erste ihrer Art in Ungarn gegründeten Kesmarker Webeschule, der Bürger- und der 1892 gegründeten Handelsschule und setzte sich für die römisch-katholische Schule ein. Für sein soziales Engagement stehen die durch ihn angeregte Rot-Kreuz-Filiale von Kesmark und Umgebung, sowie die Königin-Elisabeth-Armenstiftung.

Neben der wirtschaftlichen Nutzung der Tatra für den Tourismus sah Döller nur noch in der Schaffung einer heimatlichen Fabrikindustrie ein probates Mittel, um in einer Zeit des kleingewerblichen Niederganges in der Zips dem vollen wirtschaftlichen Verfall abzuhelfen. Als Mitglied des Betriebsrates mehrerer örtlicher Unternehmen wie der Textilfabrik und der Blei-

che, entwickelte er Pläne zur Hebung der Industrie, hielt daneben jedoch auch das Althergebrachte oftmals für bewahrenswert. Der von ihm gegründete Fischereiverein etwa sorgte weiterhin für die traditionelle Pflege der Fischzucht.
Als Döller nach seinem Ableben am 29. September 1912 in einem von der Stadt Kesmark gestellten Ehrengrab seine letzte Ruhe fand, waren viele seiner Visionen bereits Wirklichkeit: Durch das Poppertal fuhr die Eisenbahn, und so mancher Fabrikschlot rauchte. Vor allem aber hatte Döllers Motto *„Kultur, Licht, Sonne"* immer mehr Anhänger gefunden. Zahlreiche Badeorte und Sommerfrischen bevölkerten die Hohe Tatra, inzwischen eine ergiebige Einnahmequelle, zu der die elektrische Bahn führte. Sommers wie winters herrschte bis hinauf zu den Schutzhäusern reges Leben, denn Abertausende von Touristen wanderten durch die wildromantischen Tatra-Täler und stürmten die Hochgebirgsgipfel – ein Bild, das nach dem Zweiten Weltkrieg, wenn auch systembedingt in anderer Form, weiterhin Bestand haben sollte.

Lit.: Art. „Zum 80. Geburtstage des Majors Anton von Döller" in der Karpathen-Post vom 12. Januar 1911. – Art. „Major Anton v. Döller †" in der Karpathen-Post vom 3. Oktober 1912. – Art. „Döller, Anton", in: Slovenský biografický slovník – Slowakisches biographisches Lexikon. Bd. I. Martin 1986, S. 490 [mit weiterführender slowakischer und ungarischer Literatur]. – Nora Baráthová, Art. „Döller, Anton", in: Osobnosti Kežmarku. 1206-2009, Kežmarok 2009, S. 76. – Nora Baráthová, Art. „Anton Döller", in: Osobnosti dejín Kežmarku. Historický cintorín. Kežmarok 2005, S. 27-29 [in slowak. und dt. Sprache]. – Ivan Bohuš, Art. „Kto bol kto vo Vysocjých Tatrách – Anton Döller", in: Vysoké Tatry 11,2 (1972) S. 27. – Karl Bruckner, Anton Döller. 1831-1912, in: Jahrbuch des Ungarischen Karpathenvereins XI (1913) S. 178-184 [in der ungarischen Ausgabe des Jahrbuches in ungarischer Sprache]. – Ernst Hochberger, Die Namen der Hohen Tatra in vier Sprachen. Herkunft und Bedeutung, Karlsruhe 2007. – Anton Klipp, Die Hohe Tatra und der Karpathenverein. Karlsruhe 2006.

Bild: Archiv der Autorin.

Heike Drechsler-Meel

Oktober 2012

6. Oktober 100. Geburtstag

GAUSS,
Adalbert Karl

Verlagsleiter, Journalist,
Publizist, Historiker,
Volkskundler

* 6.10.1912,
Palanka (Batschka/Ungarn,
heute Serbien)
† 14.6.1982,
Salzburg

Gauss stammt aus einer alten Lehrerfamilie, der Vater war Volksschullehrer in Palanka. Seine Mutter hieß Maria Koringer, aus ihrer Familie ging der Chorleiter und Komponist Franz Koringer hervor. Seine Matura legte Gauss 1931 am Erzbischöflichen Jesuitengymnasium in Travnik/Bosnien ab und studierte Germanistik, Slawistik und Volkskunde in Zagreb (Agram), Szeged und Münster i. W. Ab 1937 lehrte er Deutsch an der Privaten Deutschen Lehrerbildungsanstalt in Neu-Werbass, der Elite-Bildungsstätte der deutschen Volksgruppe in Jugoslawien. An der Bürgerschule unterrichtete er Serbokroatisch. 1939 gründete er in Werbass zusammen mit Ladislaus Johannes Schmidt (später: Johannes Weidenheim) die kurzlebige Vierteljahresschrift *Schwäbischer Volkserzieher*, deren Schriftleitung er innehatte und einen polemischen Kurs gegen Einflüsse des Nationalsozialismus unter den Donauschwaben steuerte. Als Vorstand der dritten Klasse wurde der beliebte Pädagoge zusammen mit seinen Schülern eingezogen und bei Budapest eingesetzt. Es folgten Verwundung, Lazarett und Kriegsgefangenschaft. Ende 1945 kam er nach Österreich und stellte sich gleich initiativ den zahlreichen Aufgaben, die das Vertriebenen- und Flüchtlingsproblem mit sich brachte, vom Schutz vor Hungertod und Vernichtung über Fragen der Staatsbürgerschaft, Sozialversicherung, Altersversorgung, Verbesserung des Status von donauschwäbischen Kriegswitwen, Familienzusammenführung bis zu Möglichkeiten für die Auswanderung.

Von Leopold Rohrbacher übernahm er 1948 die Schriftleitung des donauschwäbischen Wochenblatts *Neuland*. Während 26 Jahren als Redakteur und (ab 1954) Chefredakteur entstanden über tausend streitbare Leitartikel mit flüchtlingssoziologischer und zeitgeschichtlicher Thematik. 1951-59 war er Mitherausgeber der *Südostdeutschen Heimatblätter* (München), mehrere Jahre lang Redakteur und Herausgeber der Schriftenreihe *Donauschwäbische Beiträge*. Auch für die Publikation *Flüchtlingsland Österreich* (1957) sowie die Periodika *Kalender der Heimatlosen*, *Volkskalender der Donauschwaben* und *Kulturspiegel* versah er (zeitweise) die Redaktion. Einen wichtigen Beitrag hinsichtlich der Sammlung von Dokumentenmaterial, Beratung und Förderung leistete Gauss bei der Erstellung des fünften und letzten Bandes der von Theodor Schieder edierten Reihe *Dokumentation der Vertreibung der Deutschen aus Ost-Mitteleuropa* (1961).

Gauss war Mitbegründer und langjähriger Geschäftsführer der Zentralberatungsstelle der Volksdeutschen im Lande Salzburg (1948), Gründer des *Donauschwäbischen Zentralarchivs* (1949), Mitbegründer und langjähriger Vizepräsident des *Verbandes Katholischer Donauschwäbischer Akademiker* (1949), des Vereins *Salzburger Donauschwaben* (1951), Verlagsleiter der donauschwäbischen Verlagsgesellschaft mbH, Gesellschafter des *Hauses der Donauschwaben – Donauschwäbisches Kulturzentrum GmbH* und wissenschaftlicher Leiter des *Österreichischen Flüchtlingsarchivs*, ab 1959 unterrichtete er an der

Bundeslehranstalt für wirtschaftliche Frauenberufe (Annahof), alles in Salzburg. Mit seiner aus Futog (Batschka) stammenden Frau zog er vier Söhne groß. Wie kaum ein anderer hat Gauss in den Nachkriegsjahren dazu beigetragen, dass Not, Elend und rechtliche Benachteiligung der Heimatvertriebenen einer breiten Öffentlichkeit bekannt wurden. In Salzburg saß er am wichtigsten Umschlagplatz auf der Ost-West-Wanderbahn seiner vertriebenen Landsleute. Seit 1945 bis zu seinem Lebensende stand er in der donauschwäbischen Betreuungs- und Pressearbeit, und immer versuchte er von einem gesamtdonauschwäbischen Standpunkt, gelöst von landsmannschaftlichen Egoismen und ideologischen Verzerrungen, aber auch gegen einen exklusiven banatdeutschen Separatismus, leidenschaftlich auf die Ungeheuerlichkeit hinzuweisen, die seinem Volk widerfahren war. Er suchte es, auch angesichts der erschreckenden Unkenntnis der Besatzungsmacht über die Ursachen der Vertreibung, von der entsetzlichen Anklage zu rehabilitieren, als Handlanger des Faschismus und Fünfte Kolonne Hitlers eine kollektive kriminelle Minderheit gewesen zu sein und den eigenen Untergang verschuldet zu haben. Erst nachdem Gauss mehrfach nachgewiesen hatte, dass nur verschwindend wenige Donauschwaben der Waffen-SS freiwillig angehörten, sondern sich in aller Regel einer verschleierten Zwangsrekrutierung beugen mussten, öffnete sich für viele Flüchtlinge das Tor zur Auswanderung nach Übersee. Am Ende des Zweiten Weltkriegs verwaisten in Titos Machtbereich im Zuge der Internierung und Verschleppung der Deutschen Tausende von donauschwäbischen Kindern oder wurden gewaltsam von ihren Eltern getrennt. Soweit sie die Hungerlager überlebten, wurden sie als Staatseigentum in Kinderheime eingewiesen und entsprechend der herrschenden Doktrin einer radikalen, ihre Identität tilgenden Umerziehung unterworfen. Mit seinem Memorandum *Kinder im Schatten* konnte Gauss eine internationale Öffentlichkeit (die 1950 anlässlich einer Konferenz des Weltkirchenrates in Salzburg zusammengetreten war) über dieses erschütterndste Kapitel des Leidensweges der Deutschen im kommunistischen Jugoslawien in Kenntnis set-

zen, die Unterstützung von prominenten Institutionen und Persönlichkeiten gewinnen und moralischen Druck auf die jugoslawische Regierung initiieren, so dass tatsächlich viele dieser Kinder freikamen und den Weg zu ihren Eltern fanden.
Das von Gauss 1954 herausgegebene Quellenbändchen *Dokumente zur Geschichte der Donauschwaben 1944-1954* sollte die Gegenwartssituation der heimatvertriebenen Donauschwaben als Gesamtproblem umreißen und zugänglich machen.
Programmatisch fasste er 1955 die *Probleme und Aufgaben der Donauschwäbischen Pressearbeit nach der Vertreibung* in einem Vortrag auf Einladung des Südostdeutschen Kulturwerks in München zusammen, der im gleichen Jahr auch als Sonderdruck erschien. Zielsetzung war es, die räumliche und landsmannschaftliche Zerrissenheit der Donauschwaben durch ein überstaatliches Presseorgan mit an modernen Gemeinschaftsaufgaben orientierter Geistigkeit und gesamtdonauschwäbischer Gesinnung überwinden zu helfen. Zwar konnte dieses Ziel nicht erreicht werden, aber dass Salzburg in den ersten drei Nachkriegsdekaden als das geistige, kulturelle und publizistische Zentrum der Donauschwaben weltweit gelten konnte, ist vor allem ein Verdienst von Gauss mit seiner Wochenzeitung „Neuland", die in 26 Staaten auf vier Kontinenten gelesen wurde.
Als Vorkämpfer der Wojwodina-Bewegung war Gauss Mitunterzeichner der Salzburger Erklärung von 1958 und ihr jahrelanger publizistischer Förderer. Das Manifest zielte auf die Gleichberechtigung aller in der Wojwodina lebenden ethnischen Gruppen ohne deklassierte Minderheiten oder ein bevorzugtes Staatsvolk. Das unterschiedliche kulturelle Gepräge der regionalen Völker sollte der Symbiose einer politischen Wojwodinaer Nation mit mehr sozialer Gerechtigkeit, Föderalismus und Demokratie sowie dem Aufbau guter Beziehungen zu allen Nachbarvölkern entgegenstreben. Die Wojwodina-Bewegung ist ihrer Zeit utopisch vorausgeeilt, vielleicht wird sie im Zuge der europäischen Integration als brauchbares Modell zur Lösung der Nationalitätenfrage erst noch entdeckt.

Nach dem Reisebericht *Bei den Donauschwaben in den USA* von Franz Hamm aus dem Jahre 1952 legte Gauss mit dem Band *Zwischen Salzburg und Los Angeles. Streiflichter einer Amerikafahrt* (1957) das zweite Reisebuch eines prominenten Donauschwaben über seine Beobachtungen in den Staaten vor. Der Leser erfährt nicht nur viel über amerikanische Mentalität und Lebensverhältnisse der mittfünfziger Jahre, sondern erhält auch Einblick in die gewachsenen Sozialstrukturen donauschwäbischer Ballungszentren, insbesondere in New York mit der Leitfigur Peter Max Wagner, in Chicago mit Nick Pesch und in Los Angeles mit Father Lani. Gauss entfaltet dabei ein regelrechtes „Who is who" der erfolgreichen Unternehmer, Selfmademen und akademischen Zelebritäten donauschwäbischer Herkunft. Angesichts des eigenen Minderheitenschicksals hielt er die Donauschwaben für prädestiniert, stets für die Rechte der gesellschaftlich Benachteiligten einzutreten, so in Amerika die der Schwarzen. Dem US-Donauschwabentum mit einer halben Million Menschen gebührte nach Gauss' Überzeugung die Führungsrolle in einem damals von ihm angeregten übernationalen Weltrat, weil realpolitische Impulse bezüglich der wesentlichen Gemeinschaftsanliegen nur von drüben aus einer das Vertreibungsschicksal überwindenden Zukunftsfähigkeit zu erwarten seien, während die Landsmannschaften in Europa vor Selbstmitleid in der Verwaltung des Elends, vereinsmeierischem Leerlauf und mittelmäßigem Provinzialismus verharrten.

In späteren Jahren wurde Gauss zum unnachsichtigen Kritiker all jener Landsmannschaftsorganisationen, die durch ihr Verhalten den Ruf der Unbelehrbarkeit der Heimatvertriebenen zu verantworten hatten. Gauss war es auch, der sich als einer der ersten mit dem „konstruktiven Unruhestifter" Johannes Weidenheim, seinem ehemaligen Schüler, auseinandersetzte und dem bedeutenden donauschwäbischen Schriftsteller im „Neuland" ein Forum bot.

Mit Weidenheim zusammen entstand der repräsentative Bildband *Die Donauschwaben* (1961). Vorwort und Begleittext zu der umfangreichen Bilddokumentation vermitteln pointiert, gerafft und anekdotenhaft viel von donauschwäbischer Geschichte und Lebensart. Dabei wird die für Südosteuropa unstreitig segensreiche deutsche Kulturmission, vorbildlich vor allem im Bereich der Agrikultur und des rationellen Wirtschaftens, immer zusammen mit den einhergehenden Schattenseiten betrachtet, die sich in der Gefahr zur Abkapselung, zur Verkümmerung des sozialen Instinkts, zur Verkennung der politischen Möglichkeiten und Verpflichtungen des Deutschen im Südosten abzeichnen. Der Donauschwabe wird als der „Typ des konstruktiven Un-Helden" charakterisiert, dessen Größe in seiner kontinuierlichen Friedfertigkeit bestand, die jedoch, in eine heroische Konstellation hineingestellt, zur Ausbildung der ihm wesensmäßig fremden Gestalt des Volkstumskämpfers verurteilt war. Das interethnische Geben und Nehmen habe in zwei Jahrhunderten gemeinsame Züge einer typisch pannonischen Identität geformt, die in einer übernationalen Ordnungsidee der Vielvölkerbalance aufgehoben war, bis nationalistische Bestrebungen, vor allem aber der Nationalsozialismus ihre Zerstörung herbeiführten. 330 aussagekräftige Schwarzweißfotos veranschaulichen alle Bereiche einstigen donauschwäbischen Lebens bis hin zur Katastrophe des Heimatverlustes und dem Aufbau einer neuen in 30 verschiedenen Ländern. Bei Erscheinen des Bandes war die ehemalige Heimat schon 17 Jahre lang nur noch in einer langsam verblassenden Erinnerung lebendig, Grund genug für die begeisterte Aufnahme des Buches, das seinen Wert als prägnant geschriebene, musterhaft bebilderte Einführung in die Geschichte der Donauschwaben nicht verloren hat.

In seinen letzten Lebensjahren widmete sich Gauss verstärkt zeitgeschichtlichen Fragen, insbesondere der Suche nach der Verantwortung für die Vertreibung seiner Landsleute aus Jugoslawien. Er hinterließ zahlreiche (teils noch unveröffentlichte) Bausteine für eine entromantisierte, kritische und von alten Klischeebildern befreite Geschichte der Donauschwaben. Landsmannschaftlich bis zur Vereinsamung isoliert, stand der unbequeme Mahner doch mitten im geistigen Leben seines zerstreuten Völkchens, auf das er zeitlebens bezogen blieb, so sehr, dass er manches lukrative Angebot von Forschungsinstituten ausschlug, obwohl seine Zeitung nie auf gesicherter wirtschaftlicher Grundlage stand. Seine Bemühungen um die Rehabilitierung der Donauschwaben freilich stießen ausgerechnet bei ihnen selbst auf taube Ohren. In diesem Punkt musste er sein Leben als gescheitert bilanzieren, ganz im Gegensatz zu dem unschätzbaren Erfolg des Wegs ebnenden Nothelfers der Flüchtlinge. Als markanter geistiger Führer im Eingliederungsprozess der Donauschwaben in der Nachkriegszeit stand er immer im Zentrum der Auseinandersetzung und fand vielleicht deshalb – von den einen als zu radikal, von den anderen als zu nachgiebig geschmäht – von keiner Seite die ihm gebührende Anerkennung. *„Man hat die Selbstkritik"*, sagt der jüngste Sohn, der Schriftsteller Karl-Markus Gauß, *„die er immer als Zeichen von Liebe zur eigenen Gemeinschaft geübt hat, als Feindseligkeit, Verrat, Schrulle genommen."* Nur die Republik Österreich ehrte Gauss 1960 für seine aufopfernde Lebensleistung mit ihrem Goldenen Verdienstzeichen.

Werke: Kinder im Schatten, Schriftenreihe „Aktuelle Gegenwart" Band 1, Salzburg 1950, 40 S. – Hrsg., Dokumente zur Geschichte der Donauschwaben 1944-1954, ausgew. u. eingel. v. A. K. Gauß, Donauschwäbische Verlagsgesellschaft, Salzburg 1954, 46 S. – Probleme und Aufgaben der donauschwäbischen Pressearbeit nach der Vertreibung, Donauschwäbische Verlagsgesellschaft, Salzburg 1955, 15 S. – Zwischen Salzburg und Los Angeles. Streiflichter von einer Amerikafahrt, Pannonia-Verlag, Freilassing 1957, 128 S. – Hrsg., Erinnerungen an Palanka, Pannonia-Verlag, Freilassing 1958, 220 S. – Die Donauschwaben. Bild eines Kolonistenvolkes (mit J. Weidenheim), Vorwort von Theodor Schieder, Pannonia-Verlag, Freilassing 1961, mit 333 Abb., [o. S.] . – Das zweite Dach. Eine Zwischenbilanz über Barackennot und Siedlerwillen 1945-1965 (mit B. Oberläuter), Salzburg 1979, 96 S. – Wege und Irrwege in Rot-Weiß-Rot. Zeitgeschichtliches und Interviews mit Bruno Kreisky u.a., Österreichisches Flüchtlingsarchiv, Salzburg 1979, 180 S. – Eine Volksgruppe im Umbruch, Haus der Donauschwaben, Salzburg [o. J.] . – Mitherausgeber, Tscherwenka. Werden und Vergehen einer batschkadeutschen Gemeinde [o. O., o. J.]

Lit.: Johannes Weidenheim, Zum Tode (und zum Leben) von Adalbert Karl Gauß, in: SV 1982/4, S. 300-305. – Adalbert Karl Gauß. Ein donauschwäbischer Publizist. Aus dem Nachlaß. Ausgewählte Leitartikel. Über sein Leben, Salzburg 1983, 136 S. – Adalbert Karl Gauß, in: Die Erinnerung bleibt. Donauschwäbische Literatur seit 1945. Eine Anthologie, Band 2, E-G, hrsg. v. Stefan Teppert, Hartmann Verlag, Sersheim 2000, S. 559-582

Stefan P. Teppert

30. Oktober   350. Geburtstag

LAUTERBACH,
Samuel Friedrich

Theologe, Historiker

* 30.10.1662,
Fraustadt

† 24.6.1728,
Fraustadt

Unter den Fraustädter Pastoren nimmt Samuel Friedrich Lauterbach eine Sonderstellung ein: Keiner seiner Vorgänger oder Nachfolger hat eine so ungewöhnliche Doppelkarriere hingelegt: Vom Landpastor zum ranghöchsten Vertreter der lutherischen Kirche in Polen auf der einen und vom Fraustädter Lokalhistoriker über den Regionalhistoriker zum polnischen Nationalhistoriker auf der anderen Seite. Die Frage stellt sich: Wer war dieser Mann und was wollte er?

Geboren wurde Lauterbach am 30. Oktober 1662 in Fraustadt, das, hart an der Grenze zu Schlesien gelegen, seit 1343 zum Königreich Polen gehörte. Der Vater, Kaspar Lauterbach (1611-1695), war Schuhmacher, die Mutter, Anna geborene von Troy (1624-1709), stammte aus einer ursprünglich pommerschen Familie. Die Lateinschule besuchte Samuel Friedrich in Fraustadt, ab 1679 in Thorn. 1681 wechselte er auf das Gymnasium St. Maria Magdalena zu Breslau. Ab 28. April 1683 studierte er in Wittenberg. Nach dem Studium wurde er Auditor bei dem Theologen Johann Fabricius in Magdeburg. Nach Fraustadt zurückgerufen, erhielt er in seiner Heimatstadt 1687 die Stelle des Auditors, 1688 des Baccalaureus an der Lateinschule, am 14. Dezember 1691 die Pfarrstelle in Röhrsdorf bei Fraustadt. Nachdem die Kirche in Röhrsdorf 1699 rekatholisiert worden war und Lauterbach seine Gemeinde verlassen musste, wurde er im Jahr 1700 Substitut des Diakonus Melchior Schön in Fraustadt, 1701 dessen Nachfolger, 1709 Pastor an der Kirche „Kripplein Christi", 1717 Kreissenior, 1727 Generalsenior der lutherischen Kirchen in Großpolen. Wegen seiner altersbedingten Kränklichkeit hat er in diesem Amt allerdings nicht mehr sehr viel tun können. Am 24. Juni 1728 ist Samuel Friedrich Lauterbach in Fraustadt gestorben. Bei seinem Tod soll er 5.275 Predigten und 1.659 Begräbnis-Parentationen hinterlassen haben.

Verheiratet war Lauterbach in erster Ehe mit Anna Barbara Prüfer. Sie starb 1717. Der Sohn Johannes, der aus dieser Ehe hervorging, wurde am 17. Juni 1693 geboren. Er starb am 20. November 1758 als Diakonus in Zduny. Die zweite Ehe mit der Witwe Rosina Hoffmann geb. Kaerger, geschlossen am 21. November 1719, blieb kinderlos.

Von den Zeitgenossen, über Fraustadt und Polen hinaus, wurde Lauterbach vor allem wegen seiner historischen Arbeiten geschätzt. Und das wiederum besonders wegen seines Alterswerkes *Pohlnische Chronicke, Oder Historische Nachricht von dem Leben und Thaten aller Hertzoge und Könige in Pohlen ...*, Franckfurth und Leipzig 1727, 796 Seiten. Sehr ungewöhnlich ist, dass es ein deutsch sprechender und schreibender Lutheraner war, der sich aufgerufen fühlte, eine polnische, ja, die erste Nationalgeschichte Polens überhaupt zu verfassen. Die im „Eingang" des Werkes gegebene Begründung macht deutlich, dass Lauterbach als polnischer Patriot deutscher Sprache anzusehen ist. Es kränkt ihn, dass die Nachbarvölker, allen voran die Deutschen, auf die Polen hochmütig herabsehen und sehr viel Falsches und Ungerechtes über sie kolportieren. Demgegenüber möchte er sich zum Fürsprecher für seine Landsleute machen und als Einheimischer, Kenner und Nutznießer diesen Verächtern im übrigen Europa die Stärken und die Vorzüge der polnischen Geschichte und Wesensart vorstellen. Gleichzeitig macht er seinen eigenen Landsleuten klar, dass er vieles in ihrer Geschichte selbst sehr kritisch sieht. Unrecht, Blutvergießen, Verrat, Gewalttätigkeiten haben eine dunkle Spur in der polnischen Geschichte hinterlassen und sind aktuell wieder so allgegenwärtig präsent, dass man sich um Polen ernsthaft Sorgen machen muss. *„GOtt verhüte nur [...], dass (diese Dinge) [...] nicht einmahl dem Fasse den Boden ausstoßen".* Noch ist es nicht zu spät. Noch kann sich Polen besinnen und zu seinen alten großen Tugenden zurückfinden. Darauf hofft Lauterbach und dazu will er mit der *Pohlnischen Chronicke* einen Beitrag leisten.

Es geht ihm aber auch um die Lutheraner. Lauterbach ist Royalist aus Überzeugung. Er will und fordert, dass der König die ihm zustehende Macht im Gesamtstaat auch wirklich wahrnimmt und sich gegenüber den Einzelinteressen, vor allem der römisch-katholischen Kirche gegenüber, durchsetzt, andererseits aber Minderheiten, wie etwa die Lutheraner, schützt, – ohne die Gewichtungen seines Königtums in Richtung Absolutismus oder absolute Monarchie zu verschieben. Diese Balance eines an die Verfassung gebundenen Königtums ist das Ideal, das Lauterbach vorschwebt. Dass es in der Praxis durchgehalten wird, hängt nicht nur, aber doch sehr stark auch von der Charakterstärke des jeweiligen Amtsinhabers ab.

Vor diesem Hintergrund wird verständlich, dass sich Lauterbach bei der Abfassung seiner polnischen Nationalgeschichte an den regierenden Personen orientiert. Angesichts der verfassungsmäßigen Stellung der Regenten bietet sich dieses Verfahren an. Zugleich eröffnet es die Möglichkeit, in jedem einzelnen Fall zu zeigen, wie weit der Herzog oder König der Verantwortung des Amtes gewachsen war oder warum er als Versager eingestuft werden muss. Dazu kommt, dass diese Darstellungsart ohnehin der auf Lebensbilder spezialisierten Arbeitsweise Lauterbachs entsprach. Dabei konnte und wollte er den Pastor nicht verleugnen. Das zeigt sich etwa darin, dass er sich bei seinen Wertungen ausdrücklich an den Zehn Geboten orientierte oder auch daran, dass er die Interessen der Evangelischen, deren offensive Darlegung und Verteidigung, immer im Blick hatte; – nicht isoliert, sondern immer im Rahmen des Gesamtstaates. Diese grundlegenden Absichten des Historikers und Pastors Lauterbach sind zusammengefasst in dem Satz, mit dem er sein Buch endet: *„Ich schließe meine Polnische Her-*

zogs- und Königshistorie mit diesem treuen Wunsche: Es gehe Polen wohl!".

Heute ist Lauterbach nahezu vergessen. Das liegt hauptsächlich daran, dass er im Spätbarock lebte und seine Arbeitsweise dem von der Aufklärung bestimmten historisch-kritischen Denken nicht mehr vermittelt werden konnte. Bei näherem Hinsehen zeigt sich jedoch, dass Lauterbach als Historiker durchaus ehrenwerte Ziele verfolgte und gerechterweise nicht einfach als *„halb erbaulich, halb wissenschaftlich und eigentlich keins von beiden"* oder als *„abgeschmackt"*, abgetan werden kann, so wie es etwa Karl Völker im Jahr 1910 getan hat. Im Gegenteil, Lauterbach verdient es, trotz seiner Zeitgebundenheit und in seiner Begrenztheit deutlicher gesehen und angemessener gewürdigt zu werden.

Werke: Vita, Fama Et Fata Valerii Herbergeri. Das merckwürdige Leben, guter Nach-Ruhm, und seliger Abschied, Des theuren und um die Kirche GOttes hochverdienten Theologi, Hn. Valerii Herbergers, Weiland Predigers zur Fraustadt in Groß-Polen. Aus allerhand Schrifften und Nachrichten mit Fleiß und Treue aufgesetzt. Leipzig 1708. – Kleine Fraustädtische Pest-Chronika, Oder Kurtze Erzehlung, Alles dessen, was sich in wehrender Contagnion, von An. 1709. den 8. Jun. an, biß An. 1710. den 8. Febr. an diesem Orte zugetragen, aus eigener Anmerckung treulich beschrieben. Leipzig 1710 [polnisch u. d. T.: Mala wschowska kronika zarazy albo Krótkie streszczenie wszystkiego tego, co sie podczas trwania epidemii poczawszy od Roku Panskiego 1709, dnia 8 czerwca, do roku Panskiego 1710, dnia 8 lutego, w tej miejscowosci zdarzylo, na podstawie wlasnej obserwacji wiernie opisane przez Samuela Fryderyka Lauterbacha, kaznodzieje przy kosciele pw. Zlóbka Chrystusowego. Wschowa 2009]. – Fraustädtisches Zion. Das ist Historische Erzehlung desjenigen, Was sich von An. 1500 biß 1700 im Kirch-Wesen zu Fraustadt in der Cron Pohlen zugetragen, Dabey so wohl fernerer Bericht vom Kripplein Christi und den andern Lutherischen Kirchen allhier, als auch die Lebens-Beschreibungen aller Evangelischen Prediger dieses Ortes, samt denen Schul-Bedienten, und was inzwischen denck- und merckwürdiges vorgefallen, So dass es für den 2. Theil des ausgegangenen Lebens Valerii Herbergers, Welches zugleich umb ein gutes vermehret wird, dienen kan [...]. Leipzig 1711. – Ariano-Socinismus olim in Polonia. Der ehemalige Polnische Socinismus, Wie er sich in diesen Landen eingeschlichen und ausgebreitet, welches ihre vornehmsten und bekandtesten Lehrer gewesen, deren 50. an der Zahl nach ihrem Leben und ausgegangenen Schrifften beschrieben werden, und wie er endlich völlig daraus vertilget worden, in einer Historischen Erzehlung gezeuget, dabey zugleich in der Vorrede eine kleine Schrifft, unter dem Nahmen eines Arianers, widerleget wird. Franckfurt/Leipzig 1725. – Pohlnische Chronicke, Oder Historische Nachricht von dem Leben und Thaten aller Hertzoge und Könige in Pohlen, von Lecho an bis auf jetzt glorwürdigst-Regierende Königliche Majestät Augustum II. Nebst ihren eigentlichen Bildnüssen, aus sehr vielen fleißig-nachgeschlagenen Geschicht-Büchern/ bey einer noch nicht habenden angenehmen Ordnung. Und in Acht unterschiedene Alter eingetheilet. Franckfurth/Leipzig 1727.

Lit.: Albert Werner und Johnnes Steffani, Geschichte der evangelischen Parochien in der Provinz Posen, Lissa 1904; zu Fraustadt S. 66-84. – Karl Völker, Der Protestantismus in Polen auf Grund der einheimischen Geschichtsschreibung, Leipzig 1910. – Adolf Warschauer, Die deutsche Geschichtsschreibung in der Provinz Posen, Posen 1911. – Arthur Rhode, Geschichte der evangelischen Kirche im Posener Lande, Würzburg 1956. – Robert Franz Arnold, Geschichte der Deutschen Polenliteratur von den Anfängen bis 1800, Halle/Saale 1900. Neudruck Osnabrück 1966. – Gotthold Rhode, Geschichte Polens. Ein Überblick, 3. Aufl. Darmstadt 1980. – Klaus Wetzel, Theologische Kirchengeschichtsschreibung im deutschen Protestantismus 1660-1760. Diss. theol. Mainz, gedruckt Gießen/Basel 1983. – Christian-Erdmann Schott, Der Fraustädter Pastor Samuel Friedrich Lauterbach (1662-1728) als Historiker, in: Im Dienst der Schlesischen Kirche. FS für Gerhard Hultsch zum 75. Geburtstag, Lübeck 1986 S. 53-68. – Sergiusz Sterna-Wachowiak, Nagrobek Samuela Fryderyka Lauterbacha, in: Przyjaciel Ludu 3, 1988, S. 14-17. – Ders., Intelektualisci Wschowy, in: Przyjaciel Ludu 5,1988, S. 5-8. – Ders., Nagrobek pastora, in: Tytul 2, 1991, S. 149-166. – Joachim Rogall, Die Deutschen im Posener Land und in Mittelpolen, München 1993. – Christian-Erdmann Schott, Fraustadts Bedeutung für die Kirchengeschichte, in: JBSK 75/1996 S. 23-44. – Aleksander Wilecki, Die Fraustädter Pest 1709/10 als literarischer Stoff in den Werken Samuel Friedrich Lauterbachs und Ruth von Ostaus, Wrocław 1997. – Jörg K. Hoensch, Geschichte Polens, 3. Aufl. UTB Taschenbuch 1998. – Christian-Erdmann Schott, Valerius Herberger (1562-1627), in: Schlesische Lebensbilder Band VII, Stuttgart 2001 S. 30-35. – Ders., Der erste polnische Historiograph in deutscher Sprache. – Samuel Friedrich

Lauterbach (1662-1728), in: BOKG 4, 2001 S. 12-27. – Ders., S. F. Lauterbach (1662-1728), in: Schlesische Lebensbilder Bd. XI., Insingen 2012, S. 195-204.

Bil.: J. Dziubkowa, Vanitas. Portret trumienny na tle sarmackich obyczajów pogrzewowych, Poznan 1997, S. 101.

Christian-Erdmann Schott

November 2012

10. November   50. Todestag

KREMLING,
Bruno

Redakteur, Journalist,
Lyriker

* 12.9.1889,
Weißkirchen (Südbanat,
Ungarn, heute Bela Crkva,
Serbien)

† 10.11.1962,
Heidelberg-Rohrbach

Bruno Kremling entstammt dem schon im 12. Jahrhundert am Bodensee nachweisbaren Geschlecht der Gramlich. Die Abwandlung des Namens auf „Kremling" beruht wohl auf dem Hörfehler eines Beamten, vielleicht als der Auswandererahne Johann Georg Gramlich 1718 als 26jähriger Spielmann in die damals unter deutscher Verwaltung stehende Stadt Belgrad kam oder als er sich 1735 vor den Türken nach Weißkirchen flüchtete, wo seine Familie sesshaft wurde und ein Geschlecht von Weinbauern und Handwerkern hervorbrachte. Bruno Kremling wuchs in einem Elternhaus auf, das deutsche Gesinnung und Grundhaltung hochhielt und sich gegen den damals herrschenden Magyarisierungsdruck auflehnte. Der Vater, Dr. Ludwig Kremling, war ein angesehener Rechtsanwalt in Weißkirchen. Er gehörte im Vorkriegsungarn zu den prominentesten

Persönlichkeiten der deutschen Selbstbehauptung, auch im 1919 neu entstandenen Jugoslawien war er erster Obmann der Partei der Deutschen und ist aus der donauschwäbischen Geschichte nicht wegzudenken. Seinem Sohn ließ er eine solide Ausbildung an ausschließlich deutschen Schulen angedeihen, um die einheitliche Formung seines Geistes und Sprachgefühls nicht durch das ungarische fremdsprachliche System fragmentieren zu lassen. Nach den Volksschuljahren in Weißkirchen schickte er ihn nach Eisenstadt auf die k. u. k. Militär-Unterrealschule, dann auf das humanistische Hubertus-Gymnasium in Hermannstadt, dem Kulturzentrum der Siebenbürger Sachsen. Nach bestandener Reifeprüfung verbesserte der begabte Eleve im folgenden Jahr seine Griechisch- und Lateinkenntnisse in Vorbereitung auf eine Ergänzungsprüfung, die er in Mediasch mit Auszeichnung bestand. In diesem ungebundenen Studienjahr – der glücklichsten Zeit seines Lebens – erwarb er sich bei ausgedehnten Wanderungen durch das Neratal bis hin zur Donau eine intime Kenntnis seiner Heimat und einen für seine spätere Dichtung fruchtbaren Erfahrungsschatz. Während des folgenden Philosophiestudiums an der Universität Wien widmete sich Kremling mit Vorliebe ästhetischen und poetologischen Studien. Zusammen mit Stephan Kraft war er für die „Vereinigung deutscher Hochschüler aus den Ländern der ungarischen Krone" tätig. Er hatte das Glück, Adam Müller-Guttenbrunn kennenzulernen und dessen Vertrauter zu werden. Den um vier Jahrzehnte älteren, in Wien heimisch gewordenen Banater Dichter unterstützte Kremling bei der Verbreitung seiner ersten Romane in die ungarischen Schwabendörfer, ein riskantes Unterfangen, weil im Königreich Ungarn auf die wegen ihrer Kritik an der Magyarisierungspolitik verfemten Schriften Staatsgefängnis stand. Guttenbrunns Bücher sollten den von der Assimilation bedrohten Schwaben neues Selbstbewusstsein einhauchen. Da dem „Erzschwaben" der Werdegang des vielversprechenden Lyrikers am Herzen lag, wollte er ihn in Wien behalten, stieß jedoch auf den Einspruch des Vaters, der ein Brotstudium verordnete. Also studierte der Sohn Medizin in Heidelberg. Von dort führte er später die Einheimische Gertrud Veith als Gattin heim, die bald in die Rolle einer Südostschwäbin hineinwuchs. Aus der Ehe ging ein Sohn hervor. Bei Ausbruch des Ersten Weltkriegs rückte Kremling als Leutnant zum 43. k. u. k. Infanterieregiment ein, kämpfte in Galizien und Italien, wo er am 21. Oktober 1915 schwer verwundet wurde, und rüstete, für seine Tapferkeit mehrfach ausgezeichnet, als Berufsoffizier und Hauptmann einer Ersatztruppe ab. An den Folgen seiner schweren Verwundungen litt er lebenslang. Dem Ruf seines todkranken Vaters folgend, kehrte er 1920 nach Weißkirchen zurück. Die neue jugoslawische Regierung entzog ihm wegen angeblicher Spionage für Ungarn zwölf Jahre lang den Reisepass. Sein abgebrochenes Medizinstudium konnte er durch veränderte Vermögensverhältnisse nicht mehr fortsetzen, sondern war auf einen Broterwerb angewiesen. 1922 wandte er sich der Journalistik zu und wurde Kultur- und Feuilletonredakteur beim „Deutschen Volksblatt" in Neusatz, dem Organ der deutschen Bewegung in Jugoslawien in der Zwischenkriegszeit, wo er später auch Chef vom Dienst war und die Schriftleitung der „Deutschen Zeitung", der Wochenschrift „Die Heimat" und des „Deutschen Volkskalenders" innehatte. Dass diese Arbeit persönlichen Mut erforderte, beweisen die beiden Überfälle auf das „Volksblatt" und seine Redaktion 1922 und der Bombenanschlag am 23. März 1923. Im Frühjahr 1942 kündigte Kremling seine Stellung beim „Volksblatt" und verließ fluchtartig das Land, weil Volksgruppenführer Franz Basch ihn gegen seine Überzeugung zwingen wollte, Inspekteur einer ungarischen Rüstungsfirma zu werden. Während des Zweiten Weltkriegs führte ihn ein Forschungsauftrag nach Budapest und Wien, wo er im Hofkammerarchiv die Quellen der donauschwäbischen Siedlungsgeschichte studierte. Nach dem Zusammenbruch 1945 fand Kremling in Heidelberg eine neue Heimat. Er war in Deutschland der erste unter den heimatvertriebenen Südostschwaben, der sich in der westdeutschen Presse Trost und Orientierung spendend für seine verzweifelten Schicksalsgenossen einsetzte, obwohl er selbst in größter Armut lebte. Die letzte Phase seiner publizistischen Tätigkeit bricht im Sommer 1949 plötzlich ab. Einen Versuch, seiner bedrückenden Armut aus eigener Kraft zu entkommen, unternahm er noch im November 1949, indem er sich als Kenner donauschwäbischer Belange beim Ministerium für Vertriebenenfragen in Bonn bewarb, leider vergeblich. Die Folgen seiner Verletzung aus dem Ersten Weltkrieg gepaart mit den Folgen der schlechten Ernährung nach dem Krieg lähmten seine Arbeitskraft durch unerträgliche Schmerzen und warfen den tapferen Mann in ein langes Siechtum. Nur mit Medikamenten konnte er sich notdürftig aufrecht erhalten, trotzdem lehnte er eine ihm angetragene Hilfsaktion der Landsleute ab, weil er jeder Bittstellerei abhold war. Erst der Tod setzte seinem Leiden ein Ende.

Schon als Realschüler in Eisenstadt bekundete Bruno Kremling seine literarische Begabung, indem er die Aufmerksamkeit seiner Lehrer durch phantasiereiche, in lesbare Verse gebrachte Klassenarbeiten erregte. Die Erstlingswerke des kaum zwanzigjährigen Mittelschülers erschienen bereits ab 1907 in der von Adolf Meschendörfer edierten schöngeistigen Halbmonatsschrift „Die Karpaten" und fanden in Siebenbürgen begeisterte Aufnahme. Jugendliche Aufbruchsstimmung, Suche nach neuen Formen der Anschauung und der Andacht, überschwänglich fromme Hingabe und mystisches Naturerleben bezeichnen in den ersten Gedichten einen Fundus, in dem Kremling es später zur Meisterschaft bringen sollte. Als Gymnasiast übersetzte er Petöfi aus dem Ungarischen und Ovid aus dem Lateinischen. Auch seine ersten Aufsätze und Essays – sie thematisierten das zu politischem Selbstbewusstsein erwachende Deutschtum in Ungarn – veröffentlichte er noch vor dem Ersten Weltkrieg. Zum 70. Geburtstag von Adam Müller-Guttenbrunn brachte Kremling 1923 eine Festschrift heraus, in der er den Menschen und sein Werk zu würdigen suchte. In den zwanziger Jahren brachten die angesehensten Zeitungen und Zeitschriften Deutschlands und der deutschsprachigen Schweiz laufend seine Gedichte in ihren Kulturbeilagen, so etwa die „Deutsche Allgemeine Zeitung", „Velhagen und Klasings", „Westermanns Monatshefte", die „Leipziger Illustrierte" und der „Türmer". Dass Kremlings Dichtungen in der Heimat weit weniger rezipiert wurden, ist den fehlenden sprachlichen und gesellschaftlichen Voraussetzungen zuzurechnen, z. B. besaß das jugoslawische Deutschtum keine belletristische Zeitschrift; auch versagte der Dichter es sich in vornehmer Zurückhaltung, in dem von ihm selbst redigierten Kulturteil des „Deutschen Volksblattes" eigene Gedichte einzuschalten.

Sein erstes Gedichtbändchen, der kunstvolle Sonettenkranz *Mit roten Rosen*, erschien 1923 bei Theodor Weicher in Leipzig. Ein unverwechselbarer Ton, märchenhafte Farbenpracht, die Sehnsuchtsqualen und Hingabe eines jungen Liebenden, glut- und blutvolle Leidenschaft passgenau in die strenge Form des Sonetts gegossen: in Deutschland horchte man auf. Franz Xaver Kappus rezensierte: *„In der Versform Petrarcas singt der Dichter das hohe Lied der Leidenschaft, die sich nicht erfüllen darf."* Der einzige Zeitgenosse Kremlings in der deutschen Literatur, der Sonettenkränze gestaltete, war der Wiener Josef Weinheber.

Der Prestigedurchbruch war dem Dichter jedoch erst 1938 mit der im Verlag Eugen Wahl in Stuttgart herausgebrachten Gedichtsammlung *Aus Klingsors Garten* beschieden. Die Auflage von 2000 Exemplaren war binnen Jahresfrist vergriffen. Der Zauber des heimatlichen Neratales ist darin ebenso gegenwärtig wie das Gedeihen der Frucht, bäuerliche Frömmigkeit, die Ordnung des Kirchenjahres, die Geborgenheit von Haus und Herd als Entgegensetzung zur schweifenden Weite der Donaulandschaft. Wo die Szenen der straffen, von religiöser Ergriffenheit zeugenden Gedichte angesiedelt sind, verrät der Untertitel des Bandes: *„am Südwesthang der Karpaten".* Nie hat der Dichter von überlieferten Formen abgelassen, am wenigsten von dem anspruchsvoll-strengen Sonett, immer hielt er Distanz zu *„neutönerischen Moderichtungen"* und strebte nach dem Ideal einer ewig gültigen Lyrik. Seine Verse sind nicht selten wuchtig und von geballter Bildkraft, jedoch zu Wohlklang gebändigt. In der Natur will er *„den Schöpfer fromm belauschen".* Negativ wirkte Rilkes Lyrik auf ihn, die er als dunkel, geheimniskrämerisch und krampfhaft empfand und die, ohne haften zu bleiben, an ihm herabtropfte. Kremlings Gedichte

weisen eine Beherrschung der Sprache, einen Reichtum des Gefühls und eine Formschönheit auf, die es bis dahin in der deutschen Poesie Jugoslawiens noch nicht gegeben hatte.
Um 1939 wandte er sich einem neuen Aufgabengebiet zu. Nach genauem Quellenstudium schrieb er erzählende Gedichte, historische Balladen, die großen Anklang fanden. Kurz vor dem Untergang der Lebenswelt seines seit Jahrhunderten im Südosten siedelnden Volksstammes begann er, den Donauschwaben die Gründungstaten ihres Lebensraumes in einer volksnahen Darstellungsart dichterisch zu erobern. Mit packender Eindringlichkeit schildern seine Balladen die Heldentaten seiner Vorfahren, deren Pioniertugenden zu ewigen Mustern verherrlicht werden. Hier erst wird Kremling zum Heimatdichter im eigentlichen und zugleich besten Sinn des Wortes. Seiner Heimatstadt widmete er die Ballade *Der Blutherbst 1738* von der Flucht der Südbanater Deutschen vor den immer wieder einfallenden Türkenhorden und der Zerstörung Weißkirchens, von Not und Bewährung der Wehrbauern auf der Militärgrenze; ein Preislied auf die Überlistung der Türken durch die Werschetzer ist die Verserzählung *Die Tat des Bauern und Grobschmieds Hennemann im Türkenkrieg 1788*, die ohne Kremlings Wissen vor der Vertreibung bis in den Schulunterricht vordrang; die Ballade *Der Schimmelreiter von Peterwardein* kündet vom ruhmreichen Sieg Prinz Eugens auf dem Wezirac 1716. Mit seinen Balladen trat Kremling aus der bisher geübten Zurückhaltung heraus ins Rampenlicht der heimischen Öffentlichkeit. Neben seinem Dichterfreund Karl von Möller stand er im Mittelpunkt der großen Kulturtagung des Schwäbisch-Deutschen Kulturbundes in Neusatz 1939, die einen Überblick über das gesamte künstlerische Schaffen der deutschen Volksgruppe in Jugoslawien gab, gleichsam ein letztes Aufflammen vor ihrem Erlöschen. Gegen den erbitterten Widerstand von Johann Keks, Präsident der landwirtschaftlichen Genossenschaft „Agraria" und Organisator der Tagung, und seiner nazifreundlichen Parteigänger las er damals mit großem Erfolg seine Ballade *Des Reiches fernste Feldwache*. Ebenso trat er mit Balladen im Belgrader Rundfunk, bei Dich-

terlesungen in Budapest und schließlich bei seinen heimatlos gewordenen Landsleuten in Deutschland hervor. Aus dem Jahr 1941 stammt Kremlings mit 28 Seiten größtes Prosawerk, eine Festschrift über *Prinz Eugen von Savoyen* anlässlich der 225jährigen Wiederkehr der Schlacht bei Peterwardein.
Auch in der Zeit nach 1945 ist der dichterische Quell nicht versiegt. Trotz seines schweren körperlichen Leidens entstanden viele Dichtungen, die das Schicksal der Vertreibung ausdeuten und überwinden wollten. Als kulturpolitischer Mittler hat sich Bruno Kremling nicht minder berufen eingesetzt. Er war nach dem Krieg der erste und zunächst einzige Fürsprecher und Ratgeber der notleidenden Südostdeutschen, einer, der die Weltpolitik aufmerksam beobachtete und seine ganze Persönlichkeit dem traurigen Los der Entwurzelten widmete. Die Demokraten Württembergs mit Theodor Heuss und Reinhold Mayer an der Spitze öffneten ihm die Spalten ihrer Zeitungen. In zahlreichen Aufsätzen und Artikeln wandte er sich zwischen 1946 und 1949 an das Gewissen der Welt und der Deutschen, indem er unerschrocken das fürchterliche Unrecht brandmarkte, das den Südostdeutschen, besonders den Deutschen Jugoslawiens widerfahren war. Im „Neuen Vaterland" warb er seit dessen Bestehen bei der einheimischen Bevölkerung um Verständnis für das harte Los seiner oft verkannten Landsleute, berichtete von dem *„umgekehrten Schwabenzug"*, so der berühmt gewordene Titel einer publizistischen Arbeit von 1946. Seinen Leidensgenossen wiederum suchte er den Weg aus Verzweiflung und Not zu weisen, richtete mahnende Worte an sie, Deutschland nicht den Rücken zu kehren, mit den bewährten Tugenden ihr Leben in die Hand zu nehmen und sich auf die neue Wirklichkeit einzustellen. Tausende hat der Dichter durch seine mitreißende Vortragskunst zu begeistern und aufzurichten vermocht. Solange er gesundheitlich dazu in der Lage war, beteiligte er sich aufopferungsvoll an leitender Stelle auch an der Betreuungsarbeit für die Flüchtlinge. Seine Entsendung in den Flüchtlingsbeirat für Württemberg-Baden war ebenso Ausdruck des Vertrauens seiner Landsleute wie seine Nominierung als Flüchtlingsvertreter.

Freundschaftliche Beziehungen, die noch in die Wiener Studentenzeit zurückreichen, verbanden Bruno Kremling fünf Jahrzehnte bis zu seinem Tod mit Dr. Stefan Kraft. Auch stand er in steter Verbindung mit namhaften Dichter-Zeitgenossen. Seine Gedichte fanden Anerkennung bei Börries Freiherr von Münchhausen, Ludwig Finckh, dem schwäbischen „Rosendoktor", Helmut Unger, Kurt Kölsch u.a. Mit Karl von Möller, der Müller-Guttenbrunns Sendung zur Wiederbesinnung auf die angestammte Volkseigenart der Donauschwaben literarisch weitertrug, verband ihn eine innige Freundschaft, seit sie sich auf den Schlachtfeldern Galiziens begegnet waren. Hellhörig war er für die Versuche der Nachwuchstalente unter seinen Landsleuten und unterstützte mit Rat und Tat Johannes Wurtz, Martha Petri und Jakob Wolf. Mit dem eine Generation jüngeren Wolf pflegte er während seiner Heidelberger Jahre einen vertrauten, von materieller Not und geistiger Freiheit auf beiden Seiten zeugenden Briefwechsel, seit der Jüngere ihn aus der „Eisesstarre" nach der Kapitulation erlöst hatte.

Was zu Bruno Kremlings Lebzeiten nicht gelang, nämlich die Herausgabe seiner gesammelten Werke, ist ein Desiderat geblieben. Erst diese Sammlung wäre die Grundlage dafür, dass einer der bedeutendsten Dichter der Südostschwaben nicht vergessen sein muss, bevor man ihn in voller Gestalt wahrnahm. Manches war erst im Entstehen, als die Krankheit ihn lähmte, düstere Bilder der *„Trümmerstätte Deutschland"*, Terzinen, freie Rhythmen, drei Sonettreihen. Ein Doppelkranz von Sonetten unter dem Titel *Das einsame Licht* ist unveröffentlicht geblieben. Der Zyklus schließt den Kreis zu seinen frühen Dichtungen und kündet in voll entfalteter Reife von irdischer und himmlisch verklärter Liebe.

Max Jungnickel bedachte Kremlings Gedichte mit folgenden Worten: *„Hier ist Farbe, Herz, Naturnähe und Melodie"*; Karl von Möller sagte über Kremling: *„ein wirklicher Dichter grossen Stils"*; Hilde Isolde Reiter bezeichnete ihn als bedeutendsten Lyriker des Südostdeutschtums; der Historiker Josef Senz hielt ihn für den bedeutendsten Dichter der Donauschwaben nach Müller-Guttenbrunn; Jakob Wolf nannte ihn den bedeutendsten südostschwäbischen Lyriker seit Nikolaus Lenau. Dichtend und deutend umspannt Kremling die österreichisch-ungarische Monarchie, die beiden Weltkriege und die Nachkriegszeit in Deutschland, obwohl sein Œuvre, rein quantitativ betrachtet, nicht mehr als einen stattlichen Band einnehmen würde. Oft verstummte seine Muse aus Kummer und Ekel über den eigensüchtigen Hader und das Konjunkturrittertum in der donauschwäbischen Politikerkaste, über Gebühr nahmen ihn Redaktionsarbeiten in Anspruch, später hemmte körperliches Leiden seine kreativen Möglichkeiten.

Dennoch sind sowohl sein Leben wie auch sein Werk Verdichtungen donauschwäbischen Schicksals, binnendeutschen Ansprüchen angepasst und strengen Wertmaßstäben gerecht. Der Politiker und der Poet in Kremling bezweckten das Nämliche: die Kultur seiner bescheidenen, in fremder Umgebung sprachlich eingeschränkten Landsleute zu heben, später, nach ihrer infolge der Vertreibung weltweiten Zerstreuung, die Geister wieder zu sammeln und eine selbstbewusste Zusammengehörigkeit zu stiften. Den Glanz des Lorbeers auf seiner Stirn schenkte ihm spontan das begeisterte Volk, aber die Ungunst der Zeitumstände machte ihn zum „entthronten Olympier" und hat es verhindert, dass seine Bedeutung sich auch in hohen Auflagen und offiziellen Ehrungen niederschlug. Anscheinend war der einzige Preis, der ihm zuteil wurde, ein „Westmarkkrug", die Ehrengabe des Instituts für Volksforschung in Kaiserslautern. So bahnbrechend Kremling als Lyriker und Interessenwahrer der Heimatvertriebenen wirkte, so verschüttet ist mittlerweile sein Vermächtnis selbst bei seinen engeren Landsleuten.

Werke: Adam Müller-Guttenbrunn. Der Mensch und sein Werk. Festschrift zum 70. Geburtstage des Dichters am 22. Oktober 1922, Novisad-Neusatz 1923. – Mit roten Rosen. Sonettenkranz, Leipzig 1923/ Neuaufl. Salzburg 1982: Donauschwäbisches Archiv, Schriftenreihe VI, „Weißkirchner Beiträge", Folge 6, 36 S. – Aus Klingsors Garten. Lieder und Gedichte vom Südwesthang der Karpathen, Verlag Eugen Wahl, Stuttgart 1938, 64 S. – Der Blutherbst 1738. Ballade von der grenzdeutschen Not und Bewährung donaupfälzer Bauern [o.O., o.J.]; Prinz Eugen von Savoyen. Festschrift anläßlich der 225jährigen Wiederkehr der Schlacht bei Peterwardein am 5. August 1716, Novisad-Neusatz 1941.

Lit.: Hildebrand, Bruno Kremling – südostdeutscher Heimatdichter. Zu seinem 60. Geburtstag am 12. September 1949 (Fotoporträt), in: Neuland v. 10.9.1949, S. 3. – H. I. R. [Hilde Isolde Reiter], Bruno Kremling – ein Sechziger, in: Wegwarte v. 10.9.1949, S. 3. – Jakob Wolf, Begegnungen mit Bruno Kremling. Zu des Dichters 60. Geburtstag (Fotoporträt), in: Kulturspiegel. Blätter aus dem Schaffen der heimatlosen Donauschwaben, Salzburg 3/1949, S. 3 f. – J. W. [Jakob Wolf], Zum 60. Geburtstag Bruno Kremlings (Fotoporträt), in: Der Neubürger Nr. 24, 1949, S. 4. – Hans Diplich, In geistiger Frische mitten unter uns. Bruno Kremling zum 70. Geburtstag (Fotoporträt), in: Neuland v. 12.9.1959, S. 6. – Annie Schmidt-Endres, Bruno Kremling zum 70. Geburtstag (Fotoporträt), in: Der Donauschwabe v. 13.9.1959, S. 7. – Hans Rasimus, Bruno Kremling – Dichter und Heimatbruder (Fotoporträt), in: Donauschwäbische Forschungs- und Lehrerblätter 10/1959, S. 275-278. – Oskar Bischoff, Der donauschwäbische Dichter Bruno Kremling. Bemerkungen über sein Schaffen (Fotoporträt), in: Der Donauschwabe v. 20.5.1962, S. 5. – Hilde Isolde Reiter, Bruno Kremling zum Gedenken, in: Neuland v. 24.11.1962, S. 7. – L., „"... Du gingst uns nur voraus". Der donauschwäbische Dichter Bruno Kremling ist gestorben (2 Fotoporträts), in: Der Donauschwabe v. 25.11.1962, S. 5. – L., Bruno Kremlings letzter Weg, in: Neuland v. 30.11.1962, S. 4. – Hans Diplich, Der Sprecher und Ratgeber in der Not der Südostdeutschen. Bruno Kremling als Publizist (Fotoporträt), in: Südostdeutsche Vierteljahresblätter 2/1963, S. 75-79. – o. v., Vor zehn Jahren starb Bruno Kremling, in: Neuland v. 9.12.1972, S. 5. – Hans Diplich, Bruno Kremling – zum 10. Todestag des Dichters (Fotoporträt), in: Weißkirchner Nachrichten, Nr. 35/März 1973, S. 1 f. – Anton Peter Petri, Lexikon des Banater Deutschtums, Marquartstein 1992.

Bild: Archiv der Kulturstiftung.

Stefan P. Teppert

10. November   100. Geburtstag

HAHN,
Karl Josef

Politiker, Germanist

* 10.11.1912,
Karlsbad/Böhmen

† 13.7.2001,
Amersfoort/Niederlande

Nach der Matura in Karlsbad studierte Hahn an der Deutschen Universität in Prag deutsche Literatur, Philosophie und Kunstgeschichte. 1932 weilte er ein Jahr als Student von Karl Jaspers in Heidelberg. Das Thema seiner germanistischen Dissertation in Prag war 1935 *Gemeinschaftsbild und Gemeinschaftskräfte Stefan Georges*, die in Halle im Druck erschien. Im selben Jahre veröffentlichte er das Buch *Adalbert Stifter. Religiöses Bewußtsein und dichterisches Werk*.

Da Hahn aktiv in der Deutschen Christlichen-Sozialen Partei und im Reichsverband der deutschen katholischen Jugend mitarbeitete, bedeutete das Jahr 1938 für ihn eine Katastrophe. Seine Frau war eine Jüdin, die bereits vor der Heirat katholisch geworden war. Als nach dem Münchner Abkommen und der Abtretung des Sudetenlandes an das Deutsche Reich die neuen nationalsozialistischen Machthaber auch in Karlsbad wie im ganzen Reich die sogenannte Kristallnacht mit Übergriffen gegen die jüdischen Mitbürger durchführten und die Juden in einem „*Schandmarsch*" durch Karlsbad trieben, da marschierte Karl Josef Hahn mit seiner blonden Frau an der Spitze des Elendzuges. In einem kleinen Heft *Kristallnacht in Karlsbad* beschreibt er voller Schmerz, wie sich seine Heimatstadt ver-

ändert hatte. Das Ehepaar floh dann in die Rest-Tschechoslowakei und konnte mit Hilfe Jan Patočkas, mit dem sich Hahn Weihnachten 1938 im Prager Café Slavia traf, nach Holland ausreisen. Nach dem Krieg war Hahn Dozent für deutsche Literatur an der Katholischen Universität Nijmegen, dann Lehrer der deutschen Sprache in Utrecht und später Leiter des Sprachendienstes beim Europäischen Gerichtshof in Luxemburg. Von 1956 bis 1960 war er Auslandssekretär der niederländischen Christdemokraten und dann bis 1982 zwei Jahrzehnte im Büro der Europäischen Volkspartei (EVP) in Rom, zunächst als Redakteur des Studien- und Dokumentationszentrum der christlich-demokratischen-Parteien Europas und Latein-Amerikas, später als Vizegeneralsekretär der EVP und als Mitglied des Präsidiums der Weltunion der Christdemokraten.
Er unterhielt in der ganzen Zeit gute Kontakte zu seinen vertriebenen sudetendeutschen Landsleuten und zur tschechischen Emigration, auch zum Prager Kardinal Josef Beran nach dessen Freilassung und zum Auslandsbischof der Tschechen Jaroslav Škarvada. In der Nachkriegszeit hatte er auch früh den Gründer der Ostpriesterhilfe, Pater Werenfried van Straaten, kennengelernt und leistete ihm Hilfe bei der Organisation des Ersten Kongresses „Kirche in Not" in Hilversum. Später war er oft in Königstein, wo diese Kongresse bis 1996 stattfanden.
Nach der „Samtenen Revolution" in Prag lebte er als Pensionär noch einmal richtig auf. Als 80Jähriger organisierte er in Holland das Symposium zum 400. Geburtstag von Jan Amos Comenius und beriet wissenschaftliche Konferenzen über Jan Hus, die abgehalten wurden in Bayreuth, Karlsbad, Prag und Rom.
Karl Josef Hahn starb 2001 in Amerfoort. Bei der Trauerfeier am 19. Juli in Bilthoven waren aus Deutschland nur sein langjähriger Weggefährte August Lücker und Klaus Weigelt von der Konrad-Adenauer-Stiftung anwesend. Aber es sprachen der frühere niederländische Ministerpräsident Piet de Jong und die ehemaligen Außenminister Frans Andriessen und Pieter Kooimans. Sie würdigten das europäische Engagement von Hahn, der seine Arbeit für die Christliche Demokratie auf europäischer und auf Weltebene aus seinem tief verwurzelten Glauben leistete.

Karl Josef hatte hohe Auszeichnungen erhalten. In seiner zweiten Heimat war er Officier in de Orde van Oranje Nassau und Ridder in de Orde van de Nederlandse Leeuw. Er war Träger des Großen Bundesverdienstkreuzes der Bundesrepublik Deutschland und des Silberkreuzes der Republik Österreich. Andere Ehrungen waren die Robert-Schumann-Medaille des Europäischen Parlamentes und die Joseph-Bech-Medaille der FVS-Stiftung in Hamburg. Außerdem war er Commendatore der Republik Italien, Offizier des O'Higgins-Ordens der Republik Chile und Kommandeur des Belgischen Kronenordens.

Unter seinen Publikationen ragen auch Arbeiten in holländischer Sprache hervor, die nach dem Krieg in den Niederlanden zum besseren Verständnis für Deutschland beitrugen wie *Duitsland als geestelijk probleem* (1949) und *Konrad Adenauer. Fysionomie van een staatsman.* (1946) Hahn würdigte nach dem Krieg auch die Friedensarbeit des Papstes Pius XII. (*Pius XII. en de internationale vraagstukken* 1956). In seinem Buch *Standplats Europa. Memoires van een christdemocrat* erfahren wir viel über seine Visionen für Europa. Mit August Lücker, den er 1948 erstmals bei der europäischen Konferenz christlich-demokratischer Politiker kennengelernt hatte, gab er 1987 heraus: *Christliche Demokraten bauen Europa.*

Über den Politiker Hahn darf auch der Germanist und Literaturwissenschaftler nicht vergessen werden. 1949 veröffentlichte er die Studie *Rainer Maria Rilke*. In verschiedenen Sammelbänden und im „Hochland", sowie in holländischen, belgischen, französischen, englischen und italienischen Zeitschriften behandelte er deutsche christliche Dichter wie Werner Bergengruen, den er persönlich kannte, oder Stefan Andres, mit dem er seit 1935 Kontakt hatte, als Andres wegen seiner jüdischen Frau im Riesengebirge Zuflucht suchte. Was Hahn über den sudetendeutschen Kulturpreisträger Erwin Guido Kolbenheyer schrieb, ist auch heute wichtig für das Verständnis des oft umstrittenen Dichters und Philosophen.

Bild: Archiv des Verfassers.

Rudolf Grulich

15. November   150. Todestag

BOSSE,
Ernst Gotthilf

Maler

* 4.8.1785,
Riga

† 15.11.1862,
Florenz

Ernst Gotthilf Bosse war der Sohn des Rigaer städtischen Wagenmeisters und Kaufmanns Joachim Gotthilf Bosse und der Anna Barbara geb. Ebel. Dem Wunsch des Vaters entsprechend hatte er zunächst eine kaufmännische Laufbahn eingeschlagen. Er gründete eine Handlung und heiratete 1809 Wilhelmine Dänemark. Ein erster künstlerischer Erfolg war sein Entwurf zur Jubiläumsmedaille, die 1810 zur Erinnerung an die „Vereinigung der baltischen Provinzen mit Russland vor hundert Jahren" geprägt wurde. Dieser Erfolg wird zu seinem Entschluss beigetragen haben, sich ganz der Kunst zuzuwenden, obwohl er schon Familienvater war – sein erster Sohn Eduard war 1810 in Riga geboren worden. 1811 wandte er sich nach Dorpat, wo er für ein Jahr Schüler des Universitätszeichenlehrers Professor Karl August Senff wurde, der damaligen Autorität der künstlerischen Ausbildung in den baltischen Landen. Ihm folgte sein ebenfalls künstlerisch begabter Bruder Anton (1792-1860), der neben seinem Theologiestudium auch Unterricht bei K. A. Senff nahm. Nach zweijährigem Studium an der Akademie in St. Petersburg, wo sein zweiter Sohn Harald 1812 geboren wurde, ging Bosse 1814 nach Dresden. Dort wurde er Schüler von Josef Grassi. Seine 1817 in Dresden entstandene

Kopie einer Madonna von C.? (wohl Giovanni) Matta, kam nach Riga in den Besitz der Familie Hollander. Als Grassi zum Studiendirektor der sächsischen Pensionäre in Rom ernannt worden war, begleitete Bosse seinen Lehrer nach Italien. Eine wohl 1817 oder 1818 in Rom entstandene Zeichnung des Carl Philipp Fohr, der mit Anton Koch das Atelier teilte, zeigt Bosse mit zwei deutschbaltischen Malern, mit August Pezold und Leberecht Eggink sowie dem Schriftsteller Carl Raupach (Kurpfälzisches Museum Heidelberg). Von Fohr, der 1818 mit 23 Jahren beim Baden im Tiber ertrank, ist aus derselben Zeit eine weitere Zeichnung mit baltischen Malern bekannt, die neben Pezold noch Otto Ignatius und Gustav Hippius zeigt. Bosse verkehrte außer mit den Genannten und weiteren baltischen Landsleuten auch unter den Deutschrömern der Kochschen Richtung sowie mit den Nazarenern. Hinzu kam wohl noch mancher St. Petersburger Romreisende. Eine Porträtzeichnung von Carl Vogel v. Vogelstein, einem Vertreter der nazarenischen Richtung, bezeichnet „*Ernst Gotthilf Bosze von Riga Rom den 16ten Mai 1820*", befand sich bis 1945 im Kupferstichkabinett Dresden.

Auf Bestellung der Administration des Rigaer Doms entstand 1819 die „Verklärung Christi" nach Raffael, die 1821 als Altar im Rigaer Dom aufgestellt wurde. Von 1819 ist ein Porträt der Fürstin Pauline Borghese genannt und im selben Jahr hat er im Palazzo Caffarelli Miniaturkopien nach Raffael und Tizian ausgestellt. Als Bosse über Florenz 1820 nach Riga zurück kehrte, stand er dort im Ruf eines anerkannten Künstlers. Er erhielt mehrere Porträtaufträge, vor allem aus der Kaufmannschaft, so des Ältermanns der Schwarzhäupter Renny Kniest, des Kaufmanns Krüger, des Daniel Kleeberg, der Frau Anna Wöhrmann (1821), aus der Stifterfamilie des Wöhrmannschen Parks sowie des Mineralogen E. M. Ulprecht. Auch ein Selbstbildnis entstand in dieser Zeit sowie eines seiner Gemahlin Wilhelmine (1824). Er wandte sich nach St. Petersburg, wo ihm die Akademie der Künste den Professorentitel verlieh. Eine Zusammenarbeit mit dem Petersburger Bildnismaler Michael Terebeneff ist durch 145 Karikaturen auf Napoleon und den Rückzug seiner Armee aus Russland nachzuweisen, welche in die Sammlung der Rigaer Gesellschaft für Geschichte und Altertumskunde kamen. Es wurde ihm ein großer Auftrag erteilt, Kopien nach den berühmtesten italienischen Meistern für die kaiserlichen Sammlungen anzufertigen und so wurde er als Hofmaler nach Italien entsandt. Auch als Porträtist des Zarenhauses hatte er reüssiert, wie Porträts von Nikolaus I. sowie der Kaiserin Elisabeth (1822, Baden-Baden Zähringer Museum) belegen. Zur Ausführung der Kopieraufträge reiste er 1822 zunächst nach Dresden, wo er in der Dresdner Galerie arbeitete und dann nach Italien. Er hatte einen gewissen Ruf als *„Wiederverjünger italienischer Kunst"* (Lenz). Durch sein erfolgreiches Wirken in Italien wurde er Ehrenmitglied der Academie St. Lukas in Rom und der Akademie in Parma sowie Mitglied der Akademie in Florenz, die ihn auch zum Professor ernannte. Selbständiges hat Bosse in dieser Zeit weniges geschaffen, er hat *„sich vielmehr auf die Wiedergabe von Werken der italienischen Renaissancemeister beschränkt, die er meistens en miniature kopierte"* (Neumann), welche zur damaligen Zeit besonders von Reisenden gefragt waren.

1832 schickte er fünf Kopien nach St. Petersburg, die allerdings von Professoren der St. Petersburger Akademie *„eine vernichtende Kritik erhielten"* (Neumann), so dass die Aufträge für weitere Kopien zurückgezogen wurden. Seine geschäftlichen Verbindungen in die baltischen Lande und nach St. Petersburg scheinen wohl in Folge dieses Vorfalls zurückgegangen sein. So sind nach 1832 auch keine Erwähnungen in den Rigaer Stadtblättern in der Literatur mehr genannt. Vielleicht hat Ernst Bosse deshalb auch keine Aufnahme in das Standardwerk *Malerwerke des Neunzehnten Jahrhunderts* (Dresden 1891/1901) seines Landsmannes Friedrich von Bötticher gefunden, da er später in den baltischen Landen und in Deutschland wenig bekannt, ja vergessen gewesen war, wozu sein entfernter Wohnort Florenz beitrug. Ausstellungsmäßig ist er 1839 bis 1841 beim Kunst-Verein München nachzuweisen.

Hans Geller erwähnt noch ein Werkverzeichnis aus des Künstlers Hand und führt daraus acht Selbstbildnisse auf, von denen damals sechs als verschollen galten. Die zwei letzten Selbstbildnisse *„als 40jähriges Mitglied der Academie San Marco"* und *„mit Portefeuille"* waren für die Uffizien bestimmt. Im Visali Corridor, dem Durchgang mit den Selbstbildnissen, sind die Porträts nicht zu finden, vielleicht fanden sie den Weg in die Magazine der Uffizien? Es ist anzunehmen, dass sich manches Werk in Italien erhalten hat, vielleicht auch aus der starken englischen Kolonie, die es zu jener Zeit in Florenz gegeben hat. Sein ältester Sohn Eduard, der als vielbeschäftigter Maler in London gelebt hat, siedelte 1858 auch nach Florenz über, wo er jedoch bereits 1859 verstarb. Ernst Gotthilf Bosse fand seine letzte Ruhe auf dem Englischen Friedhof in Florenz, wo mancher deutschbaltische Namen zu lesen ist, da die katholischen Friedhöfe Andersgläubigen verwehrt waren.

Belege seines zeichnerischen Talents tauchen gelegentlich im Kunsthandel auf, italienischen Landschaftszeichnungen, die eher an den flüssigen Stil Kochs denken lassen und nicht an den harten Stift der Nazarener. Selten werden Porträts angeboten, so dass seine Entwicklung, die wohl von einer klassizistischen Tradition ausgehend über das Biedermeierliche zum Repräsentativen gelangte, noch erforscht werden müsste.

Der jüngere Sohn Harald von Bosse († 1894 Dresden) war ein erfolgreicher Architekt. Sein 200. Geburtstag 2012 wurde in St. Petersburg, Dresden und in Riga mit Konferenzen und Ausstellungen begangen. In Riga in der seit 2011 als Museum für ausländische Kunst genutzten Börse, die Harald von Bosse im eleganten Palazzo-Stil 1856 aufgeführt hat.

Lit.: Lexika Thieme-Becker und Saur. – Katalog des Städtischen Museums in Riga, Riga 1906. – Dr. Wilhelm Neuman, Lexikon Baltischer Künstler, Riga 1908 (ND 1972). – Hans Geller, Die Bildnisse der deutschen Künstler in Rom 1800-1830, Berlin 1952, S. 43f. – Deutsch-baltisches biographisches Lexikon 1710-1960, hrsg. v. Wilhelm Lenz usw., Köln/Wien 1970, S. 92. – Verkaufskatalog Sammlung Hans Geller, Moosinning 1992, Nr. 42/43. – Ulrike Andersson/Annette Frese: Carl Philipp Fohr und seine Künstlerfreunde in Rom, Kurpfälzisches Museum Heidelberg 1995, S. 224.

Bild: Ausschnitt aus der Zeichnung von Carl Philipp Fohr, Katalog Heidelberg 1995, S. 225.

Helmut Scheunchen

24. November   100. Geburtstag

ROKYTA,
Hugo

Kunsthistoriker

* 24.11.1912,
Kamieńsk

† 16.3.1999,
Wittingau/Třeboň
(Südböhmen)

Sein Name sollte eigentlich neben den von Karl Baedeker und Georg Dehio stehen, die mit ihren Büchern Bildungsgeschichte schrieben und Weltruf erlangten. Der Baedeker ist seit dem 19. Jahrhundert dem Touristen als Reisehandbuch unentbehrlich. Ohne den Dehio kann der kunstgeschichtlich interessierte Reisende viele Kunstdenkmäler in ihrer Bedeutung kaum würdigen. Wäre der Name Rokyta bekannter und sein Werk von den Mitteleuropäern verstanden, läge im Reisegepäck jedes Touristen in Böhmen, Mähren und Schlesien der Rokyta als Handbuch der Gedenkstätten der Kulturbeziehungen im Raum der böhmischen Ländern.

Hugo Rokyta wurde 1912 in Kamieńsk geboren, und zwar zufällig in dieser Stadt in der heutigen polnischen Wojwodschaft Lodž, weil sein Vater wie viele andere Österreicher beruflich in vielen Kronländern der Donaumonarchie arbeiten musste. So sind Sudetendeutsche wie Erwin Kolbenheyer in Budapest geboren, der Schriftsteller Bruno Brehm in Laibach, die südmährische Dichterin Ilse Ringler-Kellner in Sarajevo, der Olmützer Übersetzer und Autor Otto F. Babler ebenfalls in Bosnien. Hugo Rokyta wuchs in Brünn (Brno) auf, sein Vaterhaus war aber in Lanzendorf nördlich von Olmütz. Bis zur

Matura in Brünn war er bereits in Deutsch und Tschechisch perfekt, er beherrschte aber auch Jiddisch und das slawische Idiom, das oft als Wasserpolnisch bezeichnet wird. Von 1931 bis 1938 studierte Rokyta in Prag an beiden Universitäten: An der nunmehr Tschechischen Karlsuniversität Geschichte, Slawistik und Volkskunde, an der Deutschen Universität Germanistik und Volkskunde, außerdem an der Hochschule für Politik und Diplomatie Politikwissenschaften. 1938 wurde er, erst 25 Jahre alt, Sekretär des Abgeordnetenhauses, aber bereits 1939 von den neuen nationalsozialistischen Machthabern verhaftet und nach Dachau und später nach Buchenwald verschleppt. Seine Frau war ebenfalls fünf Jahre in Ravensbrück inhaftiert, ehe beide auf Intervention des Internationalen Roten Kreuzes 1944 entlassen wurden. Als Antifaschist wurde Rokyta 1946 nicht vertrieben, sondern konnte bleiben und seit 1948 als Lektor im Verlag „Orbis" und als Dozent bis zum Beginn des kommunistischen Kirchenkampfes an der Hochschule „Studium Catholicum" lehren. 1952 promovierte er mit einer Arbeit über die alttschechische Katharinenlegende aus der Zeit Kaiser Karls IV. Seit 1955 arbeitete er für die Staatliche Denkmalpflege und gab zahlreiche Schriften über Kunstdenkmäler in der Tschechoslowakei heraus. Nach dem Prager Frühling durfte er endlich auch ins westliche Ausland reisen und erhielt eine Honorarprofessur in Salzburg. In dieser Zeit war sein Hauptwerk entstanden: *„Die böhmischen Länder. Handbuch der Denkmäler und Gedenkstätten europäischer Kulturbezeichnungen in den böhmischen Ländern"*, das 1970 in Salzburg erschien und nach der politischen Wende des Jahres 1989 auch neu bearbeitet wurde und in Prag in drei Bänden über Prag, Böhmen und Mähren-Schlesien neu herausgegeben wurde. In diesem Werk zeigt Rokyta auf, wie vielfältig und eng im Laufe der wechselvollen Geschichte der Länder der böhmischen Krone die Kontakte zum europäischen Geistesleben waren und vor allem, welche Größen europäischer Kultur in Beziehung zu Böhmen und seinen Nachbarländern standen oder dort auch zu Gast waren. Man kann durch dieses Buch Prag und die heutige Tschechische Republik viel intensiver erleben, ja mit europäischen Augen neu wahrnehmen. Rokyta war zeitlebens ein echter Altösterreicher geblieben. *„Andere haben ihre Büros und Dienstadressen. Ich habe mein Kaffeehaus, wo ich zu erreichen bin"*, sagte er selber. Es war das ehemalige Café Radetzky am Kleinseitner Platz in Prag, das heute das Kaffeehaus „Malástranská" ist.

Nach dem Tod seiner Frau 1993 verbrachte er seinen Lebensabend in einem Pflegeheim der Boromäerinnen in Mährisch Budwitz (Moravské Budějovice). Er starb am 18. März 1999 im Krankenhaus im Wittingau (Třebon). Rokyta erhielt verschiedene Ehrungen wie die Jan-Amos-Comenius-Medaille der Stadt Fulnek, die Johann-Kepler-Medaille der Stadt Prag, die Goldene Winckelmann-Medaille, die Goethe-Medaille und den Ehrenring der Görres-Gesellschaft. Sein Hauptwerk wurde viel gerühmt. So urteilte Golo Mann: *„Es ist das bei weitem Reifste, Schönste, was es über den an sich so reichen Gegenstand gibt."* Hans-Dietrich Genscher schrieb ihm: *„Ihr Lebenswerk ist beispielhaft für die Kraft des kulturellen Austausches als Fundament der Verständigung zwischen Völkern"*. Sein Schüler Erhard Koppensteiner würdigte ihn zum 100. Geburtstag in einem Vortrag des Adalbert-Stifter-Vereins im Kulturforum des Sudetendeutschen Hauses, veranstaltet in Zusammenarbeit mit dem Institutum Bohemicum der Ackermann-Gemeinde und dem Deutschen Kulturforum Östliches Europa Potsdam als *„Böhmischen Landespatrioten, Kulturwissenschaftler und Publizisten, Denkmalpfleger, Reiseleiter, Vortragenden und Universitätslehrer."*

Bild: Archiv des Verfassers.

Rudolf Grulich

25. November   zum Tode

DECKER,
Irene

Schriftstellerin

* 24.8.1910,
Hatzfeld/Banat

† 25.11.2012,
Bad Herrenalb

Als die Tochter des Hutfabrikanten Robert Decker am 24. August 1910 in Hatzfeld im Banat zur Welt kam, gehörte ihr Heimatort noch zur Habsburger-Monarchie Österreich-Ungarn. Nach dem Ersten Weltkrieg besuchte sie dort das deutsche Realgymnasium. Sie gehörte zur Gesellschaftsklasse der „Herrischen" und sprach sowohl ungarisch als auch „herrisch", einen an die österreichische Beamtensprache angelehnten Dialekt, der als Hochsprache empfunden wurde, in klarer Abgrenzung zu den Bauern, die „schwowisch" sprachen und sich als Gralshüter der Tradition verstanden.

Das Städtchen Hatzfeld wurde nach Kriegsende zuerst Jugoslawien, später Rumänien zugeschlagen. Irene fing schon als junges Mädchen an zu schreiben. Mit 19 Jahren schloss sie eine Liebesehe mit einem intellektuellen Rumänen alten Schlages. Daraus gingen ein Sohn und eine Tochter hervor. 1938 lernte sie den aus Karansebesch im Banater Bergland stammenden Schriftsteller René Fülöp-Miller kennen, der öfter als Freund zu Gast bei ihrer Familie war. Seine Rasputin-Biographie von 1927 hatte ihn weltberühmt gemacht. Er entdeckte Irenes Schreibtalent und ermunterte sie zur literarischen Arbeit: *„Alles zu mir nach Wien schicken, ich habe meine*

Verleger!" Später entrissen der Eiserne Vorhang und seine Auswanderung nach Amerika ihr diesen Freund und Förderer auf immer. In der Erzählung *Interludium* beschreibt sie diese Beziehung.

In Heimatzeitungen wie „Der Donauschwabe" und „Banater Post" wurden in den 70er Jahren einige ihrer Novellen und Kurzgeschichten veröffentlicht, manche in Fortsetzungsform: *In der Stadt sind Russen, Der Baragan, Stille Nacht in Rumänien.* Anfang der achtziger Jahre war sie Mitarbeiterin beim „Donautal-Magazin" als Redakteurin der Rubrik „Hatzfeld", auch einige ihrer Erzählungen sind hier erschienen wie *Der Verdacht* und *Genosse Oberleutnant Loewe.* In der Halbjahresschrift „Geschichte, Literatur, Politik" erschien die Erzählung *Die Generalprobe.* Im Jahre 2007 kamen ihre Geschichten in einem Sammelband unter dem Titel *Zwischenspiel* im Hartmann Verlag heraus. Neben der literarischen Qualität dieser Erzählungen bieten sie wertvolle Einblicke in die ethnische Vielfalt Südosteuropas und in die Lebenswelt der Donauschwaben in ihrer ehemaligen Heimat sowie in ihre harte Existenz als Aussiedler. Irene Decker veröffentlichte auch unter dem Namen Irene van Dekker, wie ihre holländischen Vorfahren geheißen hatten.

Ihr großer Familien- und Gesellschaftsroman *Rote Dornen*, ebenfalls 2007 im Hartmann Verlag erschienen, schildert den Aufstieg der Familie und den Untergang ihrer Klasse in der „Volksdemokratie", der schmerzende Narben hinterlassen hat. Mit dem Vagabundieren der abenteuerlustigen van-Dekker-Ahnen vor zweihundert Jahren beginnt der Roman. Drei Brüder irren handeltreibend mit eigenem Schiff weltweit auf allen Meeren herum, bis sie beschließen, sich auf den Flüssen Europas zu versuchen. Schließlich landen sie an der Theiß bei den von Maria Theresia angesiedelten „Donauschwaben", wo sie sesshaft werden und Familien gründen. Später bilden der Untergang der Habsburger-Monarchie und die Schrumpfung Ungarns nach dem Ersten Weltkrieg den historischen Hintergrund, während Serben, Rumänen und Tschechen dank ihrer Verbündeten den Sieg feiern. Das Städtchen Hatzfeld fällt vorerst den

Serben zu, vier Jahre später wird es den Rumänen zugeschoben und erhält den Namen Jimbolia. Die Verfasserin schildert prägnant die Lebensart der Kleinstadtmenschen in ihrer ehemaligen Heimat. Markante Stationen sind: erste Liebe, Ehe, Glück, zwei Kinder, später Enttäuschungen aller Art, der Zweite Weltkrieg, Scheidung, Invasion der Sowjets, neue Menschen, neue Gesellschaftsordnung, Freundschaften, Feinde, schließlich die totale Enteignung des von drei Generationen erarbeiteten Familienvermögens im Zuge der Verstaatlichung der wichtigsten Produktionsmittel im Juni 1948. Irenes einziger Bruder, geboren während des Ersten Weltkrieges, fällt im Zweiten. Sein Name steht als erster auf der Heldenliste unter dem großen Kruzifix in der Hatzfelder Kirche. Der bittere Kampf um die pure Existenz beginnt 1946 mit der Flucht ins Landesinnere Altrumäniens, nach Câmpulung Muscel. Dort verbringt die Autorin zwölf Jahre, geprägt von Hungersnot, Kälte, Elend, Verfolgung – kurz: Kommunismus. Mit einer Nähnadel in der Hand und der Unterstützung ihrer Mutter erzieht und schult sie die Kinder, ernährt sie die Familie. Der Vater ihrer Kinder ist sieben Jahre lang aus politischen Gründen inhaftiert. Kaum freigelassen, stirbt er an den Folgen der Haft, jedoch nicht bevor er seine inzwischen erwachsenen Kinder noch einmal gesehen hat. Die letzten 13 Jahre in Rumänien verbringt die dreiköpfige Familie wieder im Banat, zuerst in Bruckenau, ab 1965 in Temeswar. Nach dem Tod ihrer Mutter kann Irene Decker 1971 endlich im Alter von 60 Jahren allein in die Bundesrepublik Deutschland auswandern.

Es folgen Jahre der Eingliederung. 1972 gelingt es ihr mit Hilfe eines Anrufs des Bundespräsidenten Gustav Heinemann, die Tochter Liana-Maria aus dem Gefängnis Rumänien zu retten. Den künstlerisch begabten Sohn Alfred Garoescu und dessen Familie kann sie dank einer Demonstration vor der rumänischen Botschaft in Köln und eines Hungerstreiks vor dem Kölner Dom während der „Fotokina" im Jahr 1976 nach Deutschland holen. Nach dessen Scheidung lebt sie mit ihm zusammen in einem Haushalt in Bonn. Nach seinem Tod im Jahr 2000 ziehen Mutter und Tochter zusammen in dasselbe Hochhaus in

Bad Herrenalb. Es ist ein harmonisches Zusammenleben bis zu Irene Deckers Tod in ihrem 103. Lebensjahr am 25. November 2012. Auf dem Friedhof von Bad Herrenalb wurde sie beigesetzt.

Rückblickend auf ihren langen Werdegang hat die Jahrhundertzeugin trotz der harten Schicksalsschläge, die ihr und der Familie widerfahren sind, die Gewissheit eines erfüllten Lebens gehabt, das uns in ihrem literarischen Werk als spannend erzähltes Zeugnis lebendig und detailgesättigt entgegentritt. Das Erscheinen ihres literarischen Werks im Jahr 2007 war ihr eine freudige Genugtuung, die ihr in den letzten Lebensjahren viel Auftrieb gab.

Ihre unverwüstliche Menschenliebe und positive Einstellung zum Leben hat sich Irene Decker bis zuletzt bewahrt. Nach dem Rezept befragt, wie sie in solcher Rüstigkeit ihr hohes Alter erreicht habe, pflegte sie auf ihre unversiegliche Heiterkeit hinzuweisen. Man müsse stets die erfreulichen Seiten des Lebens hervorkehren, empfahl sie mit freudigem Blick. *„Ich bin ein unverbesserlicher Optimist"*, war ihr Lebensmotto.

Buchveröffentlichungen: Zwischenspiel. Kurzgeschichten, Hartmann Verlag, Sersheim 2007, 297 S. – Rote Dornen. Autobiographischer Roman, Hartmann Verlag, Sersheim 2007, 498 S.

Stefan P. Teppert

28. November 100. Geburtstag

GALINSKI,
Heinz

Vorsitzender der jüdischen Gemeinde zu Berlin und des Zentralrates der Juden in Deutschland

* 28.11.1912, Marienburg/Westpreußen
† 19.7.1992, Berlin

Heinz Galinski wurde am 28. November 1912 in Marienburg geboren. In der westpreußischen Provinzstadt führten die Eltern, Albert und Renate Galinski, ein kleines Textilgeschäft. In der Schmiedegasse 5 wuchs Heinz Galinski auf, besuchte das humanistische Gymnasium, die jüdische Religionsschule und die Synagoge seiner Heimatstadt.

Sein Vater, der aus dem Ersten Weltkrieg schwer verwundet zurückkehrte, engagierte sich als Vorsitzender im örtlichen „Krankenpflege- und Beerdigungsverein Chewra", im „Reichsbund Jüdischer Frontsoldaten" und in anderen lokalen Vereinen, die das Leben einer nur 170 Mitglieder umfassenden jüdischen Gemeinde prägte.

Heinz Galinski erinnert sich an Marienburg, *„wo ich eine ruhige Kindheit und Jugend erlebte. Zu den ersten schwer begreiflichen Ereignissen meiner jungen Jahre gehörte es, daß mich Menschen, mit denen ich befreundet war, meine Mitschüler aus dem Gymnasium, plötzlich und über Nacht als einen Ausgestoßenen zu behandeln anfingen, irrational, grundlos, nur meines Judentums wegen."*

In Elbing absolvierte Heinz Galinski eine kaufmännische Lehre, arbeitete anschließend als Textilverkäufer in Rathe-

now/Havel. Schon in Elbing *"spürte ich noch stärker, noch konkreter, daß manches im Begriff war, sich in negativem Sinne zu verwandeln. Es war kein Zweifel mehr möglich: uns jüdischen Menschen blies der Wind stärker ins Gesicht, obwohl die Willkür- und Gewaltherrschaft des Nationalsozialismus noch nicht begonnen hatte."*
Die seit 1933 begonnene „Arisierung" der Unternehmen zog nicht nur den Verlust des Arbeitsplatzes nach sich. Die zunehmenden antisemitischen Übergriffe auf die jüdische Bevölkerung wurden zur konkreten Bedrohung.
In der Hoffnung auf die Anonymität der Großstadt zogen Heinz Galinski und die spätere Ehefrau Gisela nach Berlin, wo auch bereits seine Eltern lebten. Fassungslos erlebte er hier die Zerstörung der Großen Synagoge in der Fasanenstraße, die am 9. November 1938 in Flammen aufging. *"Eine Welt brach für mich zusammen."*
Seit 1940 wurde Heinz Galinski zur Zwangsarbeit in Berliner Rüstungsfirmen gezwungen, im Februar 1943 gemeinsam mit seiner Mutter und seiner Ehefrau nach Auschwitz-Birkenau deportiert. Nach der „Selektion" an der berüchtigten „Rampe" werden Gisela und Renate Galinski in Auschwitz ermordet.
"Als ich von ihnen Abschied nahm für immer, war mein Vater ... im Polizeigewahrsam auf der Polizeistation des Jüdischen Krankenhauses in Berlin, wo er kurz danach verstarb."
Die Orte des unbeschreiblichen Terrors und Grauens prägten die Leidensstationen – *„eine Zeit, die sich mit Worten nicht umschreiben läßt"*: Zwangsarbeit für die IG-Farben im Lager Buna-Auschwitz-Monowitz, „Todesmarsch" in das KZ Mittelbau-Dora, Verschleppung in das KZ Bergen-Belsen, aus dem Heinz Galinski am 15. April 1945 von britischen Truppen befreit wurde.
In die zerstörte Hauptstadt im August 1945 zurückgekehrt, wurde Heinz Galinski als stellvertretender Leiter des Hauptausschusses für die Opfer des Faschismus, Abteilung Nürnberger Gesetze, beim Groß-Berliner Magistrat angestellt, beteiligte sich an der Gründung der „Vereinigung der Verfolgten des Naziregimes" (VVN). Gleichzeitig engagierte er sich in der

Jüdischen Gemeinde zu Berlin. „*Viele vertraten damals die Auffassung, daß das jüdische Leben in Deutschland durch die Ereignisse der letzten Jahre unwiderruflich sein Ende gefunden habe. Ich hatte Verständnis für diese Meinung, konnte sie aber nicht teilen.*"
Galt es zunächst, elementare Hilfe für die Überlebenden der Schoa zu sichern, so war es das vordringlichste Ziel Galinskis, die Jüdische Gemeinde Berlins, zu deren Vorsitzender er am 1. April 1949 gewählt wurde, neu aufzubauen: „*Ich habe immer den Standpunkt vertreten, daß die Wannseekonferenz nicht das letzte Wort sein kann im Leben der jüdischen Gemeinschaft in Deutschland. Ich habe mich daher mit einigen anderen mitbeteiligt am Wiederaufbau ...*".
1957 erfolgte bereits die Grundsteinlegung für das Jüdische Gemeindehaus in der Fasanenstraße. Errichtet am Standort jener Synagoge, die Heinz Galinski in der Pogromnacht von 1938 brennen sah.
Auch als Vorsitzender des „Zentralrates der Juden in Deutschland" (1954-1963 und 1988-1992) nahm Heinz Galinski zu tagespolitischen Fragen Stellung, mahnte gegen das Vergessen und warnte vor neuen antisemitischen Tendenzen. „*Doch mit schärferen Gesetzen allein ist eine Renaissance des Nationalsozialismus nicht zu verhindern. Politiker, Eltern, Pädagogen, Journalisten und alle, die auf die Meinungsbildung junger Menschen Einfluß haben, stehen vor der schweren Aufgabe, demokratisches Bewußtsein zu fördern und zu stärken.*"
Heinz Galinski, vielfach ausgezeichnet, seit 1987 Ehrenbürger der Stadt Berlin, starb am 19. Juli 1992 und wurde auf dem Jüdischen Friedhof an der Heerstraße beigesetzt. Auf seine Grabstätte wurden 1998 zwei Sprengstoffanschläge von bisher unbekannten Tätern unternommen. „*Ich weiß, ich bin kein Bequemer. Aber bin ich denn deshalb ein Unbequemer, weil ich mit Selbstverständlichkeit meine Rechte und erst recht meine Pflichten als Bürger dieses Landes in Anspruch nehme? ... Bin ich deshalb ein Unbequemer, weil ich mich so energisch gegen all diejenigen wende, die aus der Vergangenheit nichts gelernt haben und auch nichts lernen wollen?*".

Lit.: Wolfgang Benz, Deutsche Juden im 20. Jahrhundert. Eine Geschichte in Portraits, 2011. – Juliane Berndt, Ich weiß, ich bin kein Bequemer. Heinz Galinski-Mahner, Streiter, Stimme der Überlebenden, 2012. – Ernst Cramer, In memoriam Heinz Galinski, in: Jahresbericht, hrsg. vom Vorstand der Jüdischen Gemeinde zu Berlin, Berlin 1992, S. 3. – Heinz Galinski, An der Schwelle zum Inferno, in: Rolf Italiander (Hrsg.), Wir erlebten das Ende der Weimarer Republik. Zeitgenossen berichten, 1982, S. 103-104. – Heinz Galinski, Neubeginn jüdischen Lebens in Berlin, in: Michael Brenner, Nach dem Holocaust. Juden in Deutschland 1945-1950, 1995, S. 147. – Heinz Galinski, Die Ehrung bedeutet vor allem Verpflichtung. Rede Heinz Galinskis vor dem Berliner Abgeordnetenhaus am 26. November 1987, in: Andreas Nachama/Julius H. Schoeps (Hrsg.), Aufbau nach dem Untergang. Deutsch-jüdische Geschichte nach 1945. In memoriam Heinz Galinski, 1992, S. 79-84. – Ruth Galinski, Woher der Hass? in: Ulrich Eckhardt/Andreas Nachama (Hrsg.) Jüdische Berliner. Leben nach der Schoa. 14 Gespräche, 2003, S. 83-96. – Andreas Nachama, Der Mann in der Fasanenstraße, in: Julius H. Schoeps, Aufbau nach dem Untergang, a. a. O., S. 27-52. – Klaus Schütz, Heinz Galinski (1912-1992), Ein Berliner unter dem Davidsschild, 2004. – Wolfgang Wippermann, Steinerne Zeugen. Stätten der Jüdischen Gemeinde zu Berlin. Mit einer Rede des Vorsitzenden der Jüdischen Gemeinde zu Berlin, Heinz Galinski, am 20. Januar 1982, 1982.

Bild: Archiv der Kulturstiftung.

Dirk Urland

Dezember 2012

8. Dezember   175. Geburtstag

ZEDLITZ-
TRÜTZSCHLER,
Robert Graf v.

Preußischer Beamter und
Minister

* 8.12.1837,
Freienwalde a.d. Oder

† 3.10.1900,
Berlin

Der (12.) Posener Oberpräsident Robert Graf v. Zedlitz-Trützschler war zwar nur wenige Jahre in Posen aktiv, aber in seiner Amtszeit wurde die Ansiedlungskommission in Posen eingerichtet, die eine heftige Reaktion seitens der Nationalisten auf beiden Seiten auslöste.
Die Familie Zedlitz gehört zu den uradeligen Geschlechtern Thüringens. Sie stammen aus dem Pleißenland und führen ihren Namen auf die Stammburg Zedtlitz bei Borna zurück. Die ersten Namensträger, die Brüder Henricus und Otto de Cedelitz, waren Ministeriale im Dienst des Reichs bzw. des Bistums Naumburg. Urkundlich tauchen sie 1190 erstmals auf. Um 1320 siedelten sich neun Brüder Zedlitz in Schlesien an und begründeten sieben Linien der Familie. Die Linie Wilkau wurde 1764 in den preußischen Grafenstand erhoben.

Die Familie von Zedlitz und Trützschler geht auf eine Vereinigung von zwei Familien zurück, auf Gottlieb v. Trützschler und Falkenstein, dem Neffen und Erben des Nikolaus Graf v. Zedlitz auf Frauenhain und Rungendorf (Chwałów und Rzędów, Kr. Schweidnitz, Schlesien). Am 22.2.1810 wurde er unter dem Namen v. Zedlitz-Trützschler in den preußischen Grafenstand erhoben.

Karl Eduard Robert Graf v. Zedlitz-Trützschler wurde am 8.12.1837 in Freienwalde a. d. Oder als Sohn des Landrats von Oberbarnim und späteren Regierungspräsidenten von Liegnitz, Karl v. Zedlitz-Trützschler, und der Ulrike v. Vernezobre-Luvrieux geboren. Er besuchte das Friedrich-Gymnasium in Breslau, das er aber bereits mit der Primareife verließ und zum Militär ging. Er strebte eine Offizierskarriere an und erwarb sein Patent im Jahr 1856 und diente bereits im selben Jahr als Regimentsadjutant im Garde du Corps. Der Militärdienst erwies sich dann letztlich nicht als seine Berufung und er verließ das Heer im Jahr 1862 als Major a. D.

Er entschied sich, in die Landwirtschaft zu gehen und übernahm vom Vater das Gut Nieder Großenborau (Borów, Kr. Freystadt); die Familie war im schlesischen Kreis Freystadt (Kożuchów) begütert. Doch auch das genügte ihm nicht und er engagierte sich in der kommunalen Verwaltung und dem ständischen Vereinsleben. 1865 wurde er Vorsitzender des Vereins für Land- und Forstwirte des Kreises Freystadt. Auch im schlesischen landwirtschaftlichen Verein war er als Vorstandsmitglied tätig, ebenso als Mitglied im Kreis- und Provinzialausschuss; in letzterem war er von 1879-81 Vorsitzender und vertrat oft den erkrankten Landeshauptmann. Er wurde auch den schlesischen Provinziallandtag gewählt.

Auch das Militär ließ ihn nicht los. Als überzeugter Patriot meldete er sich 1866 beim Krieg Preußens gegen Österreich freiwillig und diente als Adjutant im Stab der 11. Kavallerie-Brigade der 2. Armee. Auch 1870 meldete er sich wieder zu den Waffen und war Adjutant des Kommandos der immobilen Gardetruppen.

Anders als bei all seinen Vorgängern in Posen war v. Zedlitz-Trützschler kein Berufsbeamter; seine Verwaltungskarriere entwickelte sich eher zufällig. Als Vertreter des Landeshauptmanns war er mehrfach in Oberschlesien unterwegs, wo man nach einer Missernte Schlimmes befürchtete. Hier fiel er dem schlesischen Oberpräsidenten und damaligen Reichstagspräsidenten des Deutschen Kaiserreiches, Otto Theodor v. Seydewitz (1818-1898), auf, der ihn der Regierung empfahl, die es mit ihm versuchte.

Im September 1881 wurde v. Zedlitz-Trützschler zum Regierungspräsidenten in Oppeln ernannt, obwohl er nie eine entsprechende Ausbildung genossen hatte. Dennoch erwies er sich als guter und fürsorglicher Verwalter. 1884 wurde er sogar in den Staatsrat berufen. Reichskanzler Otto v. Bismarck (1815-1898) erkannte sein Talent und hat ihn seither gefördert.

Im Jahr 1886 trug man v. Zedlitz-Trützschler den Vorsitz der Königlich Preußischen Ansiedlungskommission für die Provinzen Posen und Westpreußen an, den er anfangs ablehnte, da er dessen Erfolg nur im Zusammenhang mit dem Oberpräsidium sah. Aus diesem Grunde wurde ihm im Juni 1886 das Amt des Posener Oberpräsidenten übertragen und im Juli 1886 wurde er zudem erster Vorsitzender der Ansiedlungskommission.

Zedlitz-Trützschler war ein Vertreter des harten nationalen deutschen Kurses. Für sein Amt, auch in der Ansiedlungskommission, schien er auch deshalb prädestiniert zu sein, da er Fachmann für Landwirtschaft war und die Ausweisungsanordnungen für Polen und Juden aus Russisch-Polen direkt umgesetzt hatte. Er war ein Vertreter des harten Kurses gegen das Polentum und als solcher musste er zum einen die Vorgaben der Berliner Regierung umsetzen, zum anderen vermittelnd und ausgleichend tätig werden. Dass er in Posen auf eine starke Ablehnungshaltung traf ist klar, aber er war sehr diplomatisch in seinem Vorgehen und galt daher schon bald als ministrabel.

Im Juni 1888 galt er als Kandidat Kaiser Friedrich III. für die Nachfolge Robert v. Puttkamers (1828-1900) als Innenminister, im Herbst 1890 für den Landwirtschaftsminister Robert Freiherr Lucius v. Ballhausen (1835-1914) und im März 1891 für Kultusminister Gustav v. Goßler (1838-1902). Die erste Berufung scheiterte durch den Tod des Kaisers, die das zweite lehnte er ab.

Am 12.3.1891 wurde v. Zedlitz-Trützschler zum preußischen Kultusminister ernannt und gab sein Amt in Posen ab. Er hatte es in Berlin von Anfang an schwer und war zum Scheitern verurteilt. Die Beamten lehnten ihn ab, da er weder das Abitur, noch studiert hatte. Es ging das böse Wort vom *„Verrat am deutschen Geistesleben"*.

Zedlitz-Trützschler scheiterte Anfang 1892 mit seinem Volksschulgesetzentwurf und trat am 23.3.1892 zurück. Kaiser Wilhelm II dies sah als persönliche Beleidigung an. Sein Volksschulgesetz war ausgesprochen christlich-konservativ geprägt. Die Religion sollte das höchste Bildungsziel sein und die Kirchen sollten als wichtigste Bildungsinstitutionen festgeschrieben werden. Er versuchte damit das Zentrum in die Regierungspolitik einzubinden. Die direkte Folge dieses Gesetzentwurfes war ein öffentlicher Sturm des Protestes bislang unbekannten Ausmaßes aus dem liberalen bis gemäßigten konservativen protestantischen Bürgertum. Der Aufruhr war so groß, dass auch der preußische Ministerpräsident Leo Graf v. Caprivi (1831-1899) ebenfalls sein Amt verlor.

Zedlitz-Trützschler zog sich daraufhin auf sein Gut zurück, wurde aber weiterhin in der hohen Politik gehandelt. 1894 war er im Gespräch als Nachfolger des Reichskanzlers Leo Graf v. Caprivi, ebenso 1894 als Oberpräsident von Schlesien, 1895 als Innenminister und 1897 als Oberpräsident für die Provinz Schleswig-Holstein – alle Vorschläge scheiterten am Einspruch des sich persönlich beleidigt fühlenden Kaisers.

Erst 1896 nahm er wieder ein höheres Amt an und wurde Vorsitzender der Landwirtschaftskammer Schlesien. Zwei Jahre später erfolgte seine Ernennung zum Oberpräsidenten der preußischen Provinz Hessen-Nassau in Kassel. Hier hat er sich aber nicht wohl gefühlt und bemühte sich um seine Versetzung, die ihm 1903 – gegen den Widerstand des Kaisers – dank der Unterstützung durch den Reichskanzler Bernhard Graf v.

Bülow (1849-1929) auch erhielt. Im September 1903 wurde er ins Oberpräsidium nach Breslau versetzt.

Hier in seiner Heimat erfuhr er eine große Würdigung seiner Tätigkeit. Er erhielt die Ehrendoktorwürde und den Titel eines Dr. Ing. der Technischen Hochschule in Breslau. Zur Ehrenbürgerschaft von Posen gesellte sich die von Breslau und Schweidnitz (Świdnica). Obwohl er nie die offizielle Beamtenlaufbahn eingeschlagen hatte, erhielt er die Ernennung zum königlich preußischen Wirklichen Geheimen Rat und ihm wurde der Schwarze Adlerorden verliehen.

Seit 1909 war v. Zedlitz-Trützschler Mitglied der Immediatskommission zur Verwaltungsreform, deren stellvertretender Vorsitzender er 1913 wurde. Seit 1910 gehörte Zedlitz zudem dem preußischen Herrenhaus als Mitglied auf Lebenszeit an.

Im Jahr 1909 trat er aus Altersgründen vom Amt des Oberpräsidenten der preußischen Provinz Schlesien zurück. Robert Graf v. Zedlitz und Trützschler verstarb am 24.10.1914 in Charlottenburg.

Er war seit 1862 mit Agnes Emilie v. Rohr-Levetzow (1840-1928) verheiratet gewesen, mit der er zwei Söhne und vier Töchter hatte.

Lit.: Meyers Großes Konversations-Lexikon, Band 20, Leipzig 1909, S. 862. – Bernd Haunfelder, Biographisches Handbuch für das preußische Abgeordnetenhaus 1849-1867, Düsseldorf 1994. Reihe: Handbücher zur Geschichte des Parlamentarismus und der politischen Parteien, Band 5. – Thomas Nipperdey, Deutsche Geschichte 1866-1918. Arbeitswelt und Bürgergeist. München 1990, S. 535 f. – Klaus Schwabe (Hrsg.), Die preußischen Oberpräsidenten 1815-1945, Boppard am Rhein 1985, S. 306.

Bild: Archiv der Kulturstiftung.

Martin Sprungala

16. Dezember   70. Geburtstag

SCHON,
Jenny

Schriftstellerin

* 16.12.1942,
Trautenau

Jenny Schon ist Schriftstellerin. Eines ihrer mit Verve hingelegten Werke, das ihr großartig gelang und in dem sich auch ihre komplexe Persönlichkeit eindrucksvoll spiegelt, ist ihr Roman *Der Graben*. Erzählt wird darin von der jahrzehntelang verdrängten und nur nach und nach wiederentdeckten böhmischen Herkunft einer ihrer Vitalität wegen bewundernswerten Frau und von ihrem Bedürfnis, als Mensch unter Menschen den Graben wieder zuzuschütten, der zwischen den Völkern gewaltsam gezogen worden war. Den Anfang des Romans bildet die Erzählung von einem noch unbestimmten, wirren Ahnen, dass da unter der Decke des gegenwärtigen unbeschwerten Lebens eine irritierende Vergangenheit liegen müsse. Was folgt? *„Je tiefer mein Spaziergang in die Vergangenheit der Erinnerung führt, um so mehr verfliegen die Staubpartikel, die den Weg unkenntlich gemacht haben"*.
Jenny Schon widerstrebt es, über das unmittelbar Erfahrbare und Nachvollziehbare hinaus den Mitmenschen mit moralisierenden Kommentaren vorzugeben, was sie sich dabei denken sollen. Sie erzählt anschaulich, Dialoge gibt sie in direkter Rede wieder, Fahrten, Häuser und Land, Ängste, Träume und innere Vorgänge beschreibt sie so, dass der Eindruck einer

objektiv ausgerichteten Authentizität weitestgehend gewahrt bleibt. Ihre Ausdrucksfähigkeit dabei ist beachtlich. Diese Variante von Realismus, der ihrem Erzählstil eigen ist, hat schon einige Male zu einer irrigen Vermutung Anlass gegeben, nämlich dass ihre Romane, einem bloßen Mitteilungsbedürfnis folgend, autobiographisch gemeint seien. Die Frau im Roman ist nicht schlichtweg identisch mit der Autorin, sondern sie ist eine die Botschaft des Romans anschaulich transportierende eigenständige Figur. Die Schriftstellerin beschränkt sich dabei streng nur auf die Authentizität des erzählten Details, im Übrigen nimmt sie sich selbst um des Wahrheitsgehalts des Ganzen willen zurück und gestaltet aus dem Material ein Kunstwerk. Ihr Streben nach innerer Wahrheit des Erzählten, ihr Bemühen um Authentizität der Darstellung und die große Anschaulichkeit ihres Stils konnten bei manchen Lesern, so lässt sich allenfalls vermuten, zu der Verwechslung der Romangestalt mit ihrer Schöpferin führen. Wer aber genauer zuhört, vernimmt die weit darüber hinaus gehende Absicht eines behutsamen Versuchs, allegorisch gesprochen: Brücken über den verfluchten Graben zu bauen.

Jenny Schon selber hat, wenn man sich den Verlauf ihres Lebens ansieht, schon einige mehr oder weniger spektakuläre Wendungen und Umbrüche erlebt. Als kleines Kind wurde sie, das sagt sich so leicht und wiegt doch unerhört schwer, an der Hand ihrer Mutter aus ihrer Geburtsheimat Böhmen ins völlig Ungewisse und nur mit Glück überhaupt Überstandene hinein vertrieben, zuerst nach Sachsen, dann ins Rheinland. Sie war zwar so klein, dass sie die am Anfang dieser Kette erfahrene unmenschliche Behandlung noch weniger verstehen konnte als die Erwachsenen, denen die bekannten skandalösen Ereignisse ja auch schon unverständlich waren, aber etwas von den Folgen des Vertriebenenschicksals bekam sie doch so nachdrücklich zu spüren, dass sich später um das Unverstandene herum ein Verletzungssyndrom entwickelte, das ärztliche Hilfe erforderlich machte. Natürlich reiste sie als junge Frau viel und gern. Aber auf einmal machte ihr der bloße Ortswechsel so schwer zu schaffen, dass man ihr den Rat gab, die Reise nach innen anzutreten. Da kam heraus, was vorher, in ihrer Kindheit, in sie unverschuldet hineingepresst worden war.

Großen Mut bewies Jenny Schon in ihrem 2011 veröffentlichten Werk *PostelbergKindeskinder* diese Posttraumatisierung zu schildern. Es begann, als sie nach der Wende recht naiv in ihrer Geburtsheimat über einen Strohmann ein Haus kaufte. Deutsche haben in Tschechien keinen Grund und Boden zu haben! Das sagen die dortigen Gesetze. Das begriff sie zu langsam, ihre Seele war da schneller. Sie streikte, wurde krank, untersagte jegliche Reisen, außer der Reise ins Innere, die ihr ihre Ärztin verordnet hatte.

Jenny Schon hat ein großes lyrisches Talent, das sich bereits zeigte, als sie noch zur Schule ging. Viele Themen hat sie lyrisch behandelt. Ihre ganze reiche Seele steckt in ihren Gedichten. Was nun insbesondere ihre Bemühungen um die Verständigung zwischen Deutschen und Tschechen betrifft, ist ihr Zyklus *Böhmische Polka* hervorzuheben, der auch ins Tschechische übersetzt vorliegt. Die Kraft dieser Texte weist auf ihre innere Nähe zu den literarischen Expressionisten, nicht nur in ihrer Bildsprache, sondern oft auch rhythmisch. Wie mit Hieben ist die Erfahrung dessen ausgedrückt, was in der beschönigenden Diktion *„odsun"* genannt wurde: *„Gegriffen – mich – weg"*.

Von den Paradoxien, die sie in ihrem vom Heimatverlust unbewusst geprägten Leben erfahren hat, liest man jetzt in ihrem Gedicht- und Erzählband *Rheinisches Rondeau* die expressionistisch gedrängten Verse über *„Sehnsucht"*: *„Ich bin angekommen/ Nachdem/ Die Geschichte der Väter/ Mich ins Rheinland trieb/Da/ War ich nie ... /Es trieb fort mich/ Immer wieder/ Nach Arkadien.../ Heimat/ Hatte ich gehabt/ Im Kinderwagen... /Da/ Hab ich gelebt in einem anderen Leben."* Anders ist ihr Ausdruck, wo sie die Elbe besingt oder das Riesengebirge oder die Liebe, und doch ist es überall ihr eigener Ton, ist es sie selber.

In der böhmischen Heimat ihrer Mutter geboren, gelangte Jenny Schon 1945 im Zuge der wilden Vertreibungen nach Brühl bei Köln, in die rheinische Heimat ihres Vaters. Engagement

war ein sich früh bei ihr herausbildendes Verhaltensmuster. Der Drang, die Eingliederung in das eigentlich ihr zunächst vielfach fremde gesellschaftliche Umfeld zu finden, führte sie in verschiedene Richtungen. Die äußeren Verhältnisse, in denen sie aufwuchs, waren für ein aus der Fremde gekommenes Mädchen nicht gerade reizvoll. Es gab in Brühl die Martin-Luther-Schule, die sie gern besuchte, aber in der katholischen Nachbarschaft vermieden es die Eltern, ihre Kinder mit der Protestantin spielen zu lassen, die noch dazu eine Vertriebene war. Sie durchlief eine Ausbildung zur Steuerfachkraft in Köln, dort nahm sie die Gelegenheit wahr, die Bücherwelt für sich zu entdecken, so dass sie selber produktiv wurde.
Als die Mauer gebaut wurde, ließ sie die beruflichen Zukunftsaussichten im Rheinland hinter sich liegen und fuhr nach Berlin, um vor allem den im Westteil der Stadt Eingeschlossenen, aber in Grenzen auch den Eingesperrten im Osten beizustehen, auszuhelfen mit ihrer dringend benötigten Arbeitskraft einerseits und ihrer menschlichen Verständnisbereitschaft andererseits. Mitgenommen hatte sie bereits zwei fertige eigene Romane, die ihren wachsenden Ansprüchen aber nach einiger Zeit nicht mehr genügten, so dass sie sie verbrannte. Sie bildete sich neben der Berufstätigkeit schulisch und beruflich weiter, studierte, suchte ihren Platz in der damaligen Studentenbewegung, in der sie allerdings auch manche Desillusionierung und sogar böse Einengungen erfahren musste, gerade auch was ihre schriftstellerischen Träume betraf. Sie war inzwischen mit einer zweiten Berufsausbildung Buchhändlerin geworden und Gründungsmitglied einer eigenen Buchhandlung.
Die Fächer, die sie an der Freien Universität wählte, entsprachen ebenfalls ihrer Neigung zum Engagement. Das Bild, wie sich China anschickte, aus eigener Kraft emporzukommen, zog sie unwiderstehlich an. Sie studierte Sinologie, fuhr allen damals widrigen Umständen zum Trotz nach China, schrieb darüber und schloss mit dem Magisterexamen das Studium ab. Sie übernahm Lehraufträge. Ihr Wissensdurst und ihre Sehnsucht nach Neuem, Unbekannten, nach dem Sinn hinter dem Seienden ließ sie Philosophie und Kunstgeschichte studieren.

Ihr Aufbaustudium brachte ihr auch die Geschichte Berlins näher, so dass sie eine hochkompetente und höchst anschaulich erklärende eigenständige Stadtführerin wurde und noch immer ist.
Nun wird sie siebzig Jahre alt. Was für ein Rückblick bietet sich da an: Wie ist es, verblassende Texte zu lesen und schweigend an ihnen vorbei zu gehen, vom HimmelsW, von erst vor kurzem entdeckten mittelalterlichen Waldhufenhöfen im Riesengebirge, vom Grabmal der heiligen Herzogin Hedwig in Trebnitz, oder jetzt eben erst in einem Gruß vom Ufer der Havel vor den Toren Berlins die Stelle: *„weite kalte landschaft über wassern darin sich spiegelt eine ewigkeit von der ich nur einen winzigen teil kenne"*, und kommentarlos zu schweigen und dabei eine Schriftstellerin beschreiben zu sollen. Es ist irgendwie absurd. Aber wahr.

Literarische Werke (Auswahl): Böhmische/Česká Polka, Gedichte und Fotos, Titelfoto, deutsch-tschechisch, Geest Verlag, Vechta 2005. – Der Graben, Roman, verlag am park/edition ost, Berlin 2005. – Die Sammlerin, Roman, Titelfoto, trafo Verlag, Berlin 2009. – Wie Männer mich lehrten die Bombe zu halten und ich sie fallen ließ, Gedichte und Fotos, Titelfoto, Geest Verlag, Vechta 2009. – PostelbergKindeskinder – Träume und Trauma, mit Joachim Süss, Odertor/Gerhard-Hess Verlag, Bad Schussenried, Erzählungen, Gedichte und Fotos, 2011. – Wo sich Gott und die Welt traf – Westberlin – Zum 50. Jahrestag – 13. August 1961 (Hrsg.); mehrere eigene Beiträge, Erzählungen, Gedichte, Geest Verlag, Vechta 2011. – Rheinisches Rondeau – Kindheit im Adenauer Deutschland, Gedichte, Erzählungen, trafo Verlag Berlin, 2012. – fussvolk – Gedichte für Freunde, Geest Verlag, Vechta Ende 2012.

Aufsätze, Kataloge, Periodika: Emil Schwantner, Ein starkes Temperament in stetem Kampfe um seine formale Bändigung, Katalog, tschechisch-deutsch, Städtische Galerie Trautenau/Trutnov 1996. – Gold geb ich für Eisen – Kriegerdenkmäler in Berlin, in: Berlinische Monatsschrift, November 1997. – Ein Haus und sein Genius. Zum 80. Todestag des Bildhauers Franz Metzner, in: Jahrbuch Heimat-Verein Berlin-Zehlendorf, 1999. – Ein fast vergessener Moderner (Franz Metzner), in: Berlinische Monatsschrift, Juli 1999. – Schallendes Gelächter im Aupa-Tal. Igo Etrich zum Gedenken, in: Stifter-Jahrbuch München 2000. – Dem Bildhauer Franz Metzner zum 80. Geburtstag im Jahre 1999, in: Jahrbuch Mies-Pilsen, 9/2000. – Seine Spuren werden gesichert – Dem Trautenauer Bildhauer Emil Schwantner zum 50. Geburtstag, in: Stifter Jahrbuch, München, 19/2005. – Bildwerke im öffentlichen Raum Ostböhmens – Auf den Spuren des akademischen Bildhauers Emil Schwantner, in: Friedhof und Denkmal, Sepulkralmuseum Kassel, 5/2008. – Franz Metzner in: Stifter Jahrbuch, 2010. – Dokumentation zu Emil Schwantners Bildwerke im öffentlichen Raum Ostböhmens, Museum Trautenau/Trutnov, erscheint 2012/13. – Franz Metzner in: Jahrbuch Leipzig, erscheint 2013.

Bild: Archiv des Verfassers.

Horst Schulze

21. Dezember							100. Todestag

GORDAN,
Paul

Mathematiker

* 27.4.1837,
Breslau

† 21.12.1912,
Erlangen

Paul Gordan, der vor 100 Jahren starb, war gemeinsam mit Max Noether über 35 Jahre Ordinarius für Mathematik in Erlangen, 40 Jahre lang Mitherausgeber der Mathematischen Annalen. Seine Fachkollegen schätzten ihn sehr. Heute ist er den Physikern bekannter als den Mathematikern, weil jene bei der Kopplung quantenmechanischer Drehimpulse die sogenannten „Clebsch-Gordan-Koeffizienten" benutzen.
Paul Albert Gordan wurde am 27. April 1837 in Breslau geboren. Er hatte drei ältere Brüder und eine Schwester, die Mutter Friedrike Friedenthal starb früh. Der Vater David Gordan war ein Kaufmann (Pelzhandel und Bankgeschäft in Breslau und Berlin). Paul verließ das Friedrichsgymnasium in Breslau in der Tertia, lernte im Geschäft des Vaters und besuchte die Handelsschule in Breslau. Zwei Jahre war er in einer Bank in Genf, dann wieder im väterlichen Geschäft, diesmal in Berlin. Dort wurde seine Neigung zur Mathematik von Schellbach gefördert, der am Friedrich Wilhelm-Gymnasium und an der Kriegsschule wirkte. Gordan hörte bei Kummer Vorlesungen über Zahlentheorie, bereitete sich nebenher auf das Gymnasialabsolutorium vor und erwarb im August 1857 am katholischen Gymnasium in Neisse das Reifezeugnis.

Das Mathematikstudium dauerte 9 Semester: In Königsberg wurde er durch Richelot und Rosenhain mit der Jacobischen Schule vertraut, also mit Variationsrechnung, Mechanik und elliptischen Funktionen, in Berlin hörte er Kroneckers Kolleg über Auflösung algebraischer Gleichungen. Seine Lehrer in Breslau waren Joachimsthal († 1861) und Schroeter. Am 1. März 1862 verteidigte Gordan seine Dissertation; sie beantwortete eine von Joachimsthal gestellte Preisfrage der Fakultät über die geodätischen Linien auf dem Erdsphäroid. Der Gutachter Schroeter erkennt das wissenschaftliche Streben des Verfassers an, lehnt die Form ab, erklärt die Arbeit aber des Preises „nicht unwürdig".

Das Interesse an der Funktionentheorie zog Gordan nun im Herbst 1862 nach Göttingen zu Riemann, der jedoch bald erkrankt nach Italien reiste. In Göttingen erreichte Gordan die Aufforderung des gerade nach Gießen berufenen Alfred Clebsch, sich dort zu habilitieren. Clebsch war vier Jahre älter als Gordan, stammte aus Königsberg, hatte dort promoviert und sich in Berlin, wo er u.a. auch in Schellbachs Seminar tätig war, in Mathematischer Physik habilitiert. Am 29. Juli 1863 habilitierte sich Gordan in Gießen mit einer Arbeit über die Natur der Faktoren in den Transformationsgleichungen der elliptischen Thetafunktionen. Kritisiert wurde an der Arbeit, dass Erklärungen zu den Lösungswegen fehlten. Das hängt mit Gordans Arbeitsmethode zusammen: Er führte für jede Arbeit eine Anzahl von Formelheften, sehr gut geordnet, aber kaum mit Text versehen. Die weitere Textgestaltung und die Druckkorrekturen übernahmen dann mathematische Freunde.

In Gießen begann sehr schnell eine Zusammenarbeit über Riemanns Ideen zwischen Clebsch und Gordan, die zu dem gemeinsamen Werk Theorie der Abelschen Funktionen (erschienen 1866) führte, einem Meilenstein in der Entwicklung der algebraisch-geometrischen und funktionentheoretischen Methoden zur Behandlung algebraischer Kurven. Sicher hat der impulsive, rastlos treibende Gordan mit seinem hohen Geschick, Ideen in Formeln zu übersetzen und durch Rechnung zu überprüfen, wesentlich zu dem Gelingen dieses großen Werkes beigetragen, wenn er auch die Endredaktion der Meisterhand von Clebsch überließ. Die weiteren, durch das Buch ausgelösten Entwicklungen in der Theorie der algebraischen Funktionen hat Gordan nicht mehr aktiv verfolgt. Vielmehr hatte Clebsch den Freund nach der Fertigstellung des Buches in eine neue algebraische Welt eingeführt, die Invariantentheorie, und diesem Gebiet galten die weiteren mathematischen Arbeiten Gordans. Nur einmal hat sich Gordan noch nicht-algebraisch betätigt, als er 1893 von Hilbert und Hurwitz stammende Beweise der Transzendenz von π und e elementarisierte. Die Invariantentheorie dient der koordinatenunabhängigen algebraischen Beschreibung geometrischer Sachverhalte, sie ist eine Brücke zwischen Algebra und Geometrie. Technisch sieht das so aus: Eine Klasse geometrischer Figuren wird durch einen Koordinatenring R beschrieben, auf dem eine Gruppe G von Koordinatentransformationen operiert. Koordinatenunabhängige Eigenschaften der Figuren werden durch die G-invarianten Funktionen (kurz: Invarianten) auf R beschrieben. Mit der Durchführung dieser Idee in einzelnen Fällen hatten sich viele bedeutende Mathematiker seit der Mitte des 19. Jahrhunderts befasst. Der Engländer Cayley hatte schon 1856 die Frage gestellt, ob alle Invarianten durch endlich viele Invarianten ausdrückbar sind. Cayley glaubte, die Frage schon in einem einfachen Fall, den aus n Punkten auf einer Geraden bestehenden Figuren, verneinen zu müssen. Umso überraschter war die Fachwelt, als Gordan 1868 sein berühmtes Endlichkeitstheorem bewies: In dem Fall von n Punkten kann man alle Invarianten durch endlich viele ausdrücken. Tatsächlich konnte das 19. Jahrhundert das nur bis $n = 6$ explizit durchführen, weil die Komplexität des Problems mit n enorm schnell wächst. Aber Gordan gab einen expliziten Algorithmus an, mit dem man im Prinzip die endlich vielen erzeugenden Invarianten für jedes n explizit bestimmen kann. Im gleichen Jahr erkannte er, dass dieser Endlichkeitssatz eine Eigenschaft der hier zuständigen Gruppe $SL_2(\mathbb{C})$ der Matrizen $\begin{pmatrix} a & b \\ c & d \end{pmatrix}$ ist, wo a, b, c, d Zahlen mit $ad - bc = 1$ sind. Bei jeder Operation dieser Gruppe auf einem Polynomring erhält man endlich viele erzeugende Invarianten.

Mit diesen und vielen folgenden Arbeiten wurde Gordan der *„König der Invariantentheorie"*, bisweilen auch *„Invariantenhexer"* genannt wegen seiner Fähigkeit, lange algebraische Rechnungen auf seinen täglichen ausgedehnten Spaziergängen im Kopf durchzuführen, so dass er sie zu Hause nur noch niederschreiben musste, fast ohne sie verbessern zu müssen.
Die Übertragung des Endlichkeitssatzes auf andere Gruppen, also auf ebene und räumliche Figuren, gelang weder Gordan noch seinen Kollegen, die benutzten Methoden führten in einen undurchdringlichen Dschungel. Völlig neue Ideen mussten her, um hier voranzukommen. Sie fand der junge Königsberger David Hilbert 1890 und 1893 in zwei epochalen Arbeiten, in denen er die Gordanschen Resultate auf alle Dimensionen erweiterte. Heute ist Hilbert der Altmeister der Invariantentheorie, seine Methoden sind bis heute vital, während Gordans Kalküle ein Nischendasein führen. Der Endlichkeitssatz blieb das Hauptergebnis der Gordanschen Mathematik, doch muss ich erwähnen, dass Clebsch und Gordan 1868 unabhängig voneinander die heute noch in der Physik lebendigen Clebsch-Gordan-Koeffizienten fanden.
Im Januar 1869 vermählte sich Gordan mit Sophie Deurer, Tochter von Wilhelm Deurer, Professor für römisches Recht in Gießen. Aus der Ehe ging der Sohn Paul hervor, ein Enkel Gordans stiftete zum 110. Geburtstag Gordans eine Gedenktafel an Gordans Wohnhaus in Erlangen (Goethestraße 4). Clebsch folgte 1868 einem Ruf nach Göttingen. Gordan, seit 1865 Extraordinarius, nahm 1874 einen Ruf nach Erlangen an, wo der einzige Ordinarius Felix Klein, der sich ebenfalls bei Clebsch habilitiert hatte, ein Extraordinariat errungen hatte. Als Klein 1875 nach München ging, wurde Gordan als sein Nachfolger Ordinarius, das Extraordinariat erhielt der Clebsch-Schüler Max Noether, ein stiller, hochgebildeter Mann, durch Kinderlähmung behindert, dessen Stelle 1888 zum zweiten Ordinariat für Mathematik in Erlangen verbessert wurde. Gordan und Klein trafen sich nach 1875 öfters in der Mitte zwischen Erlangen und München, in Eichstätt, wo sie gemeinsam an der Auflösungstheorie der Gleichungen der Grade 5, 6 und 7 arbeiteten, auch an Kleins berühm-

tem Ikosaederbuch wirkte Gordan mit. In Erlangen blieben Gordan und Noether 35 Jahre lang die Vertreter der Mathematik, beide hochgeachtet, Mitglieder in- und ausländischer Akademien, Max Noether als ein Vater der Algebraischen Geometrie der wissenschaftlich bedeutendere von beiden. Der einzige Doktorand Gordans war Noethers Tochter Emmy, die im Jahr 1907 bei ihm mit einer Arbeit über Invarianten von Kurven vierten Grades promovierte – mit den alten Methoden von Gordan.

Gordan war im Charakter ein wahrer Gegenpol zu Noether: Er liebte tägliche Spaziergänge, oft mit Mitarbeitern in drastisch lebhaften Zwiegesprächen vertieft, ohne die Umgebung wahrzunehmen. Er liebte Zigarren und Cafés, Geselligkeit, den Verkehr im mathematischen Verein, er war ein fantasievoller Unterhalter. Auf deutschen und internationalen Mathematikerversammlungen war er immer ein belebendes Element. Er war an der Gründung der Deutschen Mathematiker-Vereinigung beteiligt und 1894 ihr Vorsitzender.

Zweimal war er Dekan seiner Fakultät, die ihm mehrfach Ehrungen zukommen ließ. In seinen Vorlesungen wirkte er als Algebraiker und Algorithmiker, theoretische Begriffsbildungen wie den Grenzwert in der Analysis mied er. Max Noether sagt in seinem Nachruf, dass Gordans Vorlesungen mehr durch die Lebhaftigkeit der Ausdrucksweise und durch eine zum Selbststudium anregende Kraft wirkten als durch Systematik und Strenge.

Nach seiner Emeritierung 1910 las er weitere vier Semester, neben seinem Nachfolger Erhard Schmidt. Erst als mit dem zweiten Nachfolger Ernst Fischer ein Algebraiker nach Erlangen kam, gab er das Lehren auf. Er starb nach einem Schwächeanfall am 21.12.1912 und wurde auf dem Neustädter Friedhof begraben. Im Jahr 1996 wurde im Rötelheimpark in Erlangen eine Straße nach Paul Gordan benannt.

Lit.: Max Noether: Paul Gordan (Nachruf mit Schriftenverzeichnis, das 5 Bücher und 84 mathematische Abhandlungen enthält), Mathematische Annalen 75 (1914), 1-141.

Bild: Wikipedia.

Wulf-Dieter Geyer

21. Dezember 50. Todestag

RATH,
Emmerich

Athlet

* 05.11.1883,
Prag

† 21.12.1962,
Braunau/Böhmen

Emmerich Rath wurde am 5. November 1883 in Prag geboren. Er war das zweite Kind seiner deutschsprachigen Eltern Josef und Franziska, geborene Vaner. 1887 übersiedelte die Familie nach Braunau in Nordböhmen. Dort boten sich dem jungen Emmerich zahlreiche Gelegenheiten zu sportlichen Aktivitäten. Im Alter von zehn Jahren brachte er sich in den Bergen der Sudeten selbst das Skilaufen bei, womit er zu einem der Wegbereiter dieses Sports in Böhmen wurde. 1898 zog Rath wieder nach Prag, um dort eine Ausbildung zum Handlungsgehilfen in einer Eisenwarenhandlung zu absolvieren. Die nächsten Jahre lebte er in Deutschland, vorwiegend in Berlin, wo er am 24. Juni 1912 Franziska Kraus heiratete.

Beginnend mit seiner Berliner Zeit entfaltete Emmerich Rath ein umfangreiches Spektrum an sportlichen Aktivitäten. Die Liste der von ihm ausgeübten Sportarten umfasste unter anderem Bergsteigen, Bobfahren, Boxen, Eishockey, Eisschnelllauf, Feldhockey, Fußball, Gehen, Gepäckmarsch, Hochsprung, Kanu- und Kajakfahrern, Kugelstoßen, Lang- und Mittelstreckenlauf, Marathon, Nordische Kombination, Querfeldeinlauf, Radfahren, Ringen, Rudern, Rugby, Schwimmen, Skilanglauf, Tennis und Weitsprung. Viele dieser Sportarten betrieb Rath auf internationalem Niveau; im Laufe seines Lebens gewann er über fünfhundert sportliche Wettbewerbe in den verschiedensten Disziplinen. Zu seinen größten Erfolgen zählten die Böhmische Meisterschaft im Skilanglauf über fünf Kilometer (1907), die Deutsche Meisterschaft im Schwergewichts-Boxen (1912), die Europameisterschaft im Feldhockey (1914, mit der böhmischen Mannschaft) sowie mehrere Meisterschaften im Gepäckmarsch über fünfzig Kilometer mit dreißig Kilogramm Gepäck. Zweimal nahm Rath für Österreich-Ungarn an Olympischen Spielen teil: 1908 in London im Gehen über zehn Meilen und im Marathonlauf (wobei er einen österreichischen Landesrekord aufstellte) sowie 1912 in Stockholm im Querfeldeinlauf und erneut im Marathon.

Eine derart vielseitige sportliche Laufbahn wäre schon eine Generation später nicht mehr denkbar gewesen. Rath profitierte davon, dass viele der von ihm ausgeübten Sportarten zu seiner Zeit noch am Anfang ihrer Entwicklung standen, wodurch es ihm möglich wurde, zeitweise an die Weltspitze unterschiedlichster Disziplinen vorzustoßen. Aus ethischen und gesundheitlichen Gründen war Rath bereits im Alter von sechzehn Jahren zum Vegetarier geworden. Seinen Vegetarismus hob er nach jedem Wettkampferfolg besonders hervor, wobei auch sein athletischer Körperbau – er stand Modell für frühe Publikationen über Bodybuilding – in diesem Zusammenhang großes Aufsehen erregte. Rath wurde dadurch zu einem über die Grenzen Österreich-Ungarns und Deutschlands hinaus bekannten Proponenten der Vegetarier-Bewegung.

Nach seinem Militärdienst im Ersten Weltkrieg kehrte Emmerich Rath zusammen mit seiner Frau nach Prag zurück. Dort eröffnete er 1929 ein eigenes Sportgeschäft, „Sport Rath", das sich bald zu einem der führenden Sportausrüster der Stadt entwickelte. Mit dem Beginn der deutschen Besatzung und der Errichtung des „Protektorates Böhmen und Mähren" im März 1939 begann für Rath ein gefahrvoller Lebensabschnitt. Als Gegner des Nationalsozialismus lehnte er die Annahme der deutschen Staatsbürgerschaft konsequent ab. Dieses Verhalten brachte zahlreiche persönliche Nachteile mit sich; unter anderem wurde Rath mehrmals von der Prager Gestapo verhört und festgehalten. Gegen Ende des Krieges gaben Emmerich und Franziska Rath einem deutschen Juden namens Boris Effenberger Zuflucht im Warenlager ihres Sportgeschäfts – eine Handlung, die im Falle ihrer Entdeckung unweigerlich mit dem Tod bestraft worden wäre. Nach Kriegsende unterstützte Rath Effenberger bei dessen Emigration nach Schweden.

Da Emmerich Rath 1939 gegen die deutsche Staatsbürgerschaft optiert hatte, war er von der Vertreibung der Deutschen aus Böhmen ab 1945 nicht betroffen. Ein sorgenfreies Leben sollte ihm jedoch auch unter den neuen Machthabern nicht beschieden sein. Rath war ein Bewunderer der naturverbundenen Lebensweise der nordamerikanischen Ureinwohner und Anhänger des „Tramping", einer aus den USA stammenden Naturfreunde-Bewegung. In den Schaufenstern seines Ladens hatte er amerikanische Pfadfinder-Abzeichen und indianische Bekleidung ausgestellt. Nach der Machtübernahme der Kommunistischen Partei der Tschechoslowakei im Februar 1948 wurde ihm dies zum Verhängnis: Rath wurde enteignet und wegen „westlicher Propaganda" und „moralischer Gefährdung der Jugend" zu einem Jahr Haft verurteilt. Zu dieser Zeit starb auch seine Frau Franziska. Nach der Haftentlassung erhielt er vom Staat lediglich eine Mindestrente, so dass er mit über 65 Jahren noch auf Erwerbstätigkeiten als Straßenkehrer und Hilfsarbeiter angewiesen war. Rath blieb jedoch auch in dieser Lebensphase weiterhin sportlich aktiv. Erst nach einem Autounfall im Alter von 77 Jahren verlor er seine Arbeitsfähigkeit. Er kehrte nach Braunau – nunmehr Broumov – zurück, wo er für einige Zeit bei einem Verwandten wohnte. Schließlich wurde er obdachlos und lebte auf der Straße, bis ihn die Polizei zwangsweise in ein Altersheim einwies. Bald darauf, am 21. Dezember 1962, verstarb Emmerich Rath im Alter von 79 Jahren.

Nicht zuletzt seine Verfemung durch das nationalsozialistische wie das kommunistische Regime hatte dazu beigetragen, dass er schon bald in vollständige Vergessenheit geriet. In Deutschland ist Raths Name heute so gut wie unbekannt. Auch in der Tschechischen Republik wurde erst anlässlich seines 120. Geburtstages wieder verstärkt an ihn erinnert. Im November 2003 wurde auf private Initiative hin eine Gedenktafel an Raths langjährigem Wohnhaus in Broumov angebracht. Ein Jahr darauf verlieh ihm das Nationale Olympische Komitee der Tschechischen Republik posthum einen „Fairplay-Preis". Die Prager Passage, in der sich sein Sportgeschäft befunden hatte, ist nach Emmerich Rath „Rathova Pasaž" („Rath-Passage") benannt.

Werke: Der Gepäckmarsch über 50 Kilometer und warum ich siegte. Berlin 1906. – Mit Heinrich Otto: Der Gehsport. Training, Technik und Taktik des Schnell-, Gepäck- und Dauergehens. Leipzig und Zürich 1922.

Lit.: Jürgen Kollosche, Emmerich Rath, ein deutscher Athlet unter Tschechen, in: DGLD-Bulletin 36 (2003), S. 6. – Ivan Makásek Hiawatha, Poselství Svatojánských proudů. Příspěvek k rané historii skautingu, vodáctví a trampingu středních Čech, Praha 2001. – Jan Štastný, Vegetarian sportsman Emerich Rath. 120th anniversary of a forgotten hero (http://www.ivu.org/history/europe20a/rath.html, 11. März 2013).

Bild: Album representantů všech oborů veřejného života Česko-Slovenského, hlavní redaktor prof. Fr. Sekanina, vydalo Umělecké nakladatelství Josef Zeibrdlich, Praha I., Bílkova 17, 1927.

Mathias Heider

27. Dezember   50. Todestag

WITTSTOCK,
Erwin

Schriftsteller

* 25.2.1889,
Hermannstadt (Sibiu)

† 27.12.1962,
Kronstadt (Brasov)

„Der Mann war mehr als ein Heimaterzähler" hat Wolfgang Knopp einen Aufsatz zum 100. Geburtstag Wittstocks überschrieben. Was sicherlich als Lob gemeint war, enthält implizit die Annahme, „Heimatliteratur" sei a priori von minderer ästhetischer Qualität und man müsse einen Autor davor bewahren, in diese Kategorie eingeordnet zu werden. Dem wäre zu widersprechen; denn regionale Bindung kann auch darin bestehen, dass der Text eine besondere Atmosphäre vermittelt, die sowohl genauer Kenntnis von Menschen und Landschaft entspringt, als auch ein Gefühl der Zuneigung zum Ausdruck bringt, das sich auf den Leser überträgt. Anders lägen die Dinge, wenn der Erzähler sich darauf beschränkte, einen locus amoenus zu erfinden, einen Ort des Friedens und der Harmonie, an dem die Uhren in der „guten alten Zeit" stehen geblieben sind.
Dieser Tendenz zur Idylle scheinen deutschsprachige Minderheitenliteraturen leichter zu verfallen als die Literatur im deutschen Sprachraum. Auch die rumäniendeutsche Literatur, die vor allem in Siebenbürgen und dem Banat beheimatet ist, gilt als *„kleine Literatur"* (Stefan Sienert). Sie ist nicht nur exterritorial, sondern hat sich auch unter ganz spezifischen Literatur-

verhältnissen entwickelt, die mit denen in Deutschland Ost und West ebenso wenig wie mit denen Österreichs und der deutschsprachigen Schweiz zu vergleichen sind.

In diesem Kontext muss man das Schaffen des 1899 im siebenbürgischen Hermannstadt geborenen Erwin Wittstock sehen. Väterlicherseits entstammt er einer Lehrer- und Pastorenfamilie. Die Vorfahren mütterlicherseits stellten in Herrmannstadt wiederholt die Bürgermeister.

Über frühkindliche Prägungen schweigen sich die Biografen aus – immerhin wächst der Junge in dem bildungsbürgerlichen Umfeld einer größeren Stadt mit vorwiegend deutschsprachigen Bewohnern auf. Der erste Unterricht wird vom Vater erteilt, dann besucht er *„wenig erfolgreich"* (Wolfgang Knopp) die Schäßburger Bergschule, legt aber 1917 in Mediasch erfolgreich die Abiturprüfungen ab. Noch in demselben Jahr meldet er sich freiwillig an die Front und wird zunächst an der Ostfront, darauf in Südtirol eingesetzt.

Das Kriegsende verändert die Situation der Siebenbürger Sachsen gründlich: Die Donaumonarchie bricht zusammen, und die Siebenbürger Sachsen votieren (wie die Banater Schwaben) für den Anschluss an das Königreich Rumänien.

Nach einem kurzen Intermezzo als Hauslehrer beginnt Wittstock 1919 ein Jurastudium an der Universität in Klausenburg, das er 1922 erfolgreich abschließt. Es folgen Jahre der Beamtentätigkeit bei der Stadtverwaltung von Hermannstadt. Das Schreiben bleibt Feierabendbeschäftigung – erst 1936 wagt Wittstock den Schritt zu freiberuflicher Schriftstellerei. Dazu hatte ihn wahrscheinlich der Erfolg seiner Geschichten und vor allem seines Romanerstlings *Bruder, nimm die Brüder mit* ermutigt: Der Roman wurde 1933 als Jahresband der Deutschen Büchergilde in Rumänien ausgewählt und erschien in demselben Jahr auch bei Albert Langen/Georg Müller in München – jenem Verlag, der auch in den Folgejahren das Werk von Joachim Wittstock betreute. Zwischen 1933 und 1945 sind acht Titel von Wittstock dort erschienen, dazu zwei in der „Prager Feldpost-Bücherei" und eine Novelle bei Reclam. Buchpreise (Volksdeutscher Stiftungspreis der Stadt Stuttgart

1936, Erzählerpreis der „neuen linie" 1938) sowie die Ehrendoktorwürde der Universität Heidelberg (1936) trugen das Ihre dazu bei, den Autor (der zeitweilig nach Berlin übergesiedelt war) auch in Deutschland bekannt zu machen.

Nun ist literarischer Ruhm, erworben in Deutschland nach 1933, alles andere als eine Empfehlung für einen achtbaren Platz in der Literaturgeschichte. In WIKIPEDIA ist folglich auch zu lesen, Wittstock habe sich *„in den Dreißiger- und Vierzigerjahren der volksdeutschen Ideologie"* angenähert und sei *„folgerichtig von der NS-Kulturpolitik für ihre Zwecke vereinnahmt"* worden

Wenn man sich für das Profil des Verlags interessiert, der Wittstocks Bücher in Deutschland herausgebracht hat, so erscheint dieses Urteil zutreffend (der Verlag ist bei Kriegsende als Parteiverlag klassifiziert und enteignet worden). Wenn man allerdings Texte wie *Miesken und Riesken* (1937) oder *Der Hochzeitsschmuck* (1941) beispielhaft betrachtet, wird man den Akzent auf das Wort „*vereinnahmen"* legen – einfaches, dörfliches Leben im Rhythmus der Jahreszeiten, die Schilderung einer bodenständigen, an schwere Arbeit gewöhnten Landbevölkerung – das ließ sich gut im Dienst einer Blut-und-Boden-Ideologie verwerten. Die Rahmenbedingungen dafür waren gegeben: *„Nach dem Ersten Weltkrieg gewannen analog zum Aufstieg autoritärer, nationalistischer Regime in Europa auch innerhalb der Rumäniendeutschen Anhänger nationalsozialistischer ‚Erneuerungsbewegungen' Zustrom, und die rumänische Außenpolitik (…) eröffnete Berlin die Möglichkeit, die Politik der Rumäniendeutschen umfassend auf das Dritte Reich auszurichten."* (Ute Annelie Gabany).

Biografen geben sich wortkarg, wenn es um Wittstocks Nachkriegsschaffen geht. Als Lehrer und Rechtsanwalt in Hermannstadt und Kronstadt sowie als Autor kann Wittstock offensichtlich an seine Vorkriegstätigkeiten anknüpfen. Auch das literarische Œuvre wächst weiter, nur sind die Verlagsorte nun Bukarest und (Ost) Berlin. In einem *Editionsbericht* zu dem 1999 im „Verlag Südostdeutsches Kulturwerk" erschienenen Sammelband *Einkehr* schreibt der Sohn Joachim (ebenfalls Autor und

Literaturhistoriker) über eine Auswahledition des Union-Verlags: *„Ein beträchtlicher Teil von Wittstocks erzählerischem Werk – auch von der Qualität her beste Leistungen des Schriftsteller – waren (...) an den (ost)deutschen Leser herangetragen worden. (...) Zu den Lektoren dieses Verlags gehörte damals auch Johannes Bobrowski (1917-1965), der Wittstock als Erzähler schätzte und vermutlich einer seiner Befürworter im Verlag war."*

Seiner neuen Popularität in Deutschland hat sich Erwin Wittstock noch erfreuen können. Er starb 1962 im Kronstadt, dem rumänischen Brasov. Wittstock habe sich von Anfang an als *„urwüchsiges Erzähltalent"* erwiesen, das es verstanden habe, siebenbürgische Lebensweise *„in eigentümlicher künstlerischer Darstellungsweise"* festzuhalten, lobt ein Anonymus auf der Internetseite der Stadt Brasov. Damit dürfte weder ein letztes Wort zur ästhetischen Qualität von Wittstocks Werken, noch zu den Wandlungen in seiner inneren und äußeren Biografie gesprochen sein – bis auf die Dissertation von Lucia-Larissa Popovici ist die Wissenschaft diese Auskünfte noch schuldig geblieben.

Lit.: Wolfgang Knopp, Der Mann war mehr als ein Heimaterzähler, Zum 100. Geburtstag von Erwin Wittstock, in: Neohelikon XXVI/2. – Stephan Sienert, Literaturverständnis und Methode in der Erforschung der deutschen Literatur in Südosteuropa, in: Methodologische und literarhistorische Studien zur deutschen Literatur Ostmittel- und Südosteuropas. München: Verlag Südostdeutsches Kulturwerk 1994, S. 25-37. – Ute Anneli Gabany, Geschichte der Deutschen in Rumänien. – Joachim Wittstock, Editionsbericht, in: Erwin Wittstock, Einkehr, München 1999, S. 377. – Lucia-Larissa Popovici, Erwin Wittstock, Monographische Studie. Alba Iulia 2010. – Vgl. de.wikipedia.org/wik/Erwin_Wittstock (09.01.2013). – http://forumkronstadt.ro/identitaet/kronstaedter-persönlichkeiten/#c810 (07.01.2013).

Bild: Kohlezeichnung von Juliana Fabritius-Dancu (1954).

Elke Mehnert

Historische Ereignisse

1412 600. Gedenkjahr

VERPFÄNDUNG VON 13 ZIPSER STÄDTEN AN POLEN

Um seinen Krieg gegen die Republik Venedig zu finanzieren und dafür Kredit aufzunehmen, verpfändete 1412 der König von Ungarn Sigismund von Luxemburg 13 Städte der Zips für 87.000 böhmische Groschen an den polnischen König Wladislaw II. Jagiello. Das Gebiet der Zips in der heutigen Slowakei gehörte damals als Oberungarn zum Reich der Stephanskrone wie das Königreich Kroatien, das in Personalunion in dieses Reich integriert war und wo Sigismund die mächtigen Venezianer als Nachbar hatte.

Der 1358 in Nürnberg geborene Sohn des Kaisers Karl IV. war seit 1387 König von Ungarn, dann auch König von Böhmen und Römischer Kaiser, der das Konzil von Konstanz einberief. Zwar sollten die 13 verpfändeten Städte weiterhin zum Königreich Ungarn gehören und es wurden nur ihre Steuereinnahmen und andere wirtschaftliche Nutzung verpfändet, aber es dauerte 360 Jahre, bis diese Städte unter Maria Theresia im Rahmen der Ersten Teilung Polens 1772 an Ungarn zurückfielen. Das

Jahr 1412 brachte eine entscheidende Teilung der Zips und bedeutete das Ende des Bundes der 24 Zipser Städte.
Seit dem 13. Jahrhundert, vor allem nach dem Mongoleneinfall 1242 nach der Schlacht bei Liegnitz hatten die ungarischen Könige deutsche Siedler ins Land geholt. Sie kamen aus Schlesien, Sachsen und Thüringen, es waren Handwerker, Bauern und Bergleute. Verwaltungstechnisch war die Zips (ungarisch Szepes, slowakisch Spiš, lateinisch Scepusium) eine Gespanschaft (comitatus Scepusiensis), an deren Spitze der Zipser Graf stand, den die Richter von 24 Städten wählten. Diese 24 Städte hatten als politische Organisation den Bund der 24 Zipser Städte geschaffen und parallel dazu eine geistliche Organisation, die Bruderschaft der 24 königlichen Pfarrer. Ein eigenes einheitliches Zipser Recht, die sogenannte Zipser Willkür, war Grundlage des Lebens in den 24 Städten des Bundes und in 20 weiteren Zipser Siedlungen. König Stephan V. hatte 1271 das Privileg ausgestellt, das der Gemeinschaft der Zipser Sachsen Sonderrechte gewährte und sie von Steuern und Abgaben befreite. Es war ein kollektives Privileg, das nicht dem einzelnen Städter erteilt wurde, sondern der Gemeinschaft der Zipser als Gesamtheit. Sitz der Gemeinschaft war Leutschau (Levoča).
Verpfändet wurden 1412 die Städte Zipser Neudorf/Spišská Nova Ves, Kirchdrauf/Spišske Podhradie, Wallendorf/Spišske Vlachy, Deutschendorf/Poprad, Felka/Velka, Georgenberg/Spišska Sobota, Michelsdorf/Straže, Matzdorf/Matějovice, Zipser Bela/Spišska Bela, Menhardsdorf/Vrbov, Leibitz/L'ubica, Rißdorf/Ruskinovce und Durchsdorf/Tvarožna sowie Altlubau/Stara L'ubovna, wo fürderhin ein polnischer Vogt residierte.
Bei Ungarn blieben die elf Städte Donnersmark/Spišský Stvrtok, Sperndorf/Iliašovce, Eisdorf/Žakovce, Kabsdorf/Hrabušice, Kirn/Kurimany, Mühlbach/Mlynica, Großschlagendorf/Velky Slavkov, Dirn/Odorin, Palmsdorf/Harichovce, Eulenbach/Bystrany und Kunzendorf/Vlkovce.
Sie bildeten nun unter Beibehaltung der bisherigen Rechte und Privilegien der Zipser die Gemeinschaft der elf Zipser Städte (*communitas XI regalium civitatum terrae Scepusiensis*). Kö-

nig Sigismund befreite sie zwar 1418 von allen königlichen Steuern, es kam aber bald zu Problemen, so dass man 1440 den polnischen König bat, gemeinsam mit 13 verpfändeten Städten den Grafen zu wählen, wozu es aber nicht kam. Während die 13 verpfändeten Städte durch Privilegien beider Staaten aufblühten, gerieten die verbliebenen Städte seit 1465 mehr und mehr in die Abhängigkeit der Herren auf der Zipser Burg.

Sie verloren ihre Privilegien und sanken teilweise zu bedeutungslosen Dörfern hinab, auch verloren sie zum großen Teil ihren deutschen Charakter. Heute erahnen wir nur durch die Bauwerke ihrer Kirchen und ihrer kunsthistorischen Denkmäler die alte Größe und lange bestehende Sonderstellung dieser alten Städte, die einst die *communitates XI oppidorum ad arcem Scepusiensem pertinentium* waren.

Die 13 Städte, die pfandrechtlich (*in inscriptione*) unter polnischer Verwaltung standen, konnten unter polnischer Aufsicht ihre Selbstverwaltung lange wahren. Der Vogt auf der Burg Alt-Lublau kontrollierte die Verwaltung, wobei ihm der Kapitän der Burg zur Seite stand. Erst 1593 gerieten sie unter Sebastian L'ubomirsky in die Abhängigkeit eines Landesherrn. L'ubomirsky erhielt die Städte als Schenkung des Königs und mischte sich bald in die Selbstverwaltung der Städte ein, indem er die Wahl des Grafen bestätigte und im Gerichtswesen auch gegen die Urteile des Grafen einschreiten konnte.

Heute wird in der Slowakei als einem EU-Mitgliedsland die Geschichte der Zips als einer reichen mitteleuropäischen Kulturregion neu entdeckt, als eine Region vieler Völker, in der die Deutschen zwischen Slowaken und Ungarn ihr Bekenntnis zur deutschen Sprache und Kultur, aber auch zur Zugehörigkeit zum Reich der Stephanskrone lebten.

Bild: St. Georgskirche in Georgenberg/Spišska Sobota aus Wikipedia.

Rudolf Grulich

1762 250. Gedenkjahr

GRÜNDUNG DER
ERSTEN
BERGAKADEMIE DER
WELT IN SCHEMNITZ
(BANSKA ŠTIAVNICA),
HEUTE SLOWAKEI

Bis zum 18. Jahrhundert gab es für die berufliche Ausbildung von Bergleuten und Hüttenmännern nur Bergschulen, die praktische, aber keine wissenschaftlichen Kenntnisse des Berufes vermittelten. Erste montanwissenschaftliche Bildungseinrichtung im Range einer Hochschule war die Bergakademie in Schemnitz im damaligen Königreich Ungarn, deren Gründung 1762 durch einen Beschluss der Wiener Zentralbehörden erfolgte. Sie ist also älter als die Bergakademie Freiberg in Sachsen (heute Technische Universität), die 1765 entstand, oder vergleichbare Bergbauinstitute in St. Petersburg (1773) und die Academia de Minas im spanischen Almaden.

Die Schemnitzer Bergakademie ist auch die älteste Technische Universität weltweit. Schemnitz, im damaligen Oberungarn, heute die Stadt Banská Štiavnica in der Slowakei mit 10.000 Einwohnern, inmitten der Schemnitzer Berge gelegen, wird 1156 als *„Land der Bergleute"* (terra banensium) erwähnt, wo sich deutsche Bergleute ansiedelten, die Gold und Silber abbauten, weshalb der Ort 1255 das Stadtrecht erhielt und eine Königliche Freie Bergstadt wurde. Die Stadt erlebte schwere politische Konflikte, schloss sich aber bald mit anderen Bergbaustädten wie Neusohl (Banska Bystrica) und Kremnitz (Kremnica) zu einem Bündnis Freier Bergstädte zusammen, um gemeinsam auftretende und Bergbauprobleme zu lösen.

In Schemnitz wurde erstmals Schwarzpulver im Bergbau zur Sprengung verwendet und installierte man mit 61 Stauseen ein kompliziertes Pumpsystem, um die notwendige Wasserenergie zu gewinnen, aber auch um Wassereinbrüche in die Bergwerke zu verhindern. Noch heute heißen bei den slowakischen Einwohnern diese Stauseen „*tajchy*" (Teiche).

Der Engländer Isaac Potter und Joseph Emanuel Fischer von Erlach, der Sohn des berühmtem Barockarchitekten Johannes Fischer von Erlach, setzten 1722 in Schemnitz zum ersten Mal eine „*Feuermaschine*" ein, um die Stollen nach Wassereinbrüchen trocken zu legen. Es war die erste atmosphärische Dampfmaschine, die auf dem Kontinent eingesetzt wurde und unter dem Name „*Pottersche Feuermaschine*" bekannt wurde. In seinem *Theatrum machinarum hydraulicum* hat sie der Leipziger Mechaniker Jacob Leupold detailliert beschrieben. Der 1713 in Schemnitz geborene Josef Karl Hell erfand als Bergbauingenieur eine neue, bald überall eingesetzte Wasserpumpe. Sein 1720 geborener Bruder Maximilian besuchte ebenfalls die Bergschule und ist der später berühmte Astronom der Wiener Sternwarte.

Die Stadt Schemnitz samt ihren Bergwerkanlagen ist heute UNESCO-Weltkulturerbe. Ihre Bergwerkskarten sind auch in das Weltdokumentenerbe der UNESCO eingetragen, weil der Ruhm der ältesten Bergakademie die Stadt bekannt machte.

Bereits 1735 entstand eine Bergschule, die dann 1762 zur ersten Bergakademie erweitert wurde. Als erster Professor für Chemie, Mineralogie und Hüttenwesen wurde Nicolaus Joseph Jacquin berufen, ein Niederländer aus Leiden, der 1754 bis 1759 in österreichischen Diensten auch Westindien bereist hatte und sich als Botaniker und Chemiker einen Namen machte, so dass er später in der Freiherrenstand erhoben wurde. 2011 wurde für ihn in Österreich eine 20-Euro-Gedenkmünze in Silber herausgegeben. Auf den ersten Lehrstuhl für Mathematik, Physik und Mechanik kam der Jesuit Nicolaus Poda aus Graz; auf dem Lehrstuhl für Bergbaukunde und Bergkameralistik lehrte Christoph Traugott Delius aus Wallhausen (Sachsen-

Anhalt), der bis heute als Autor einer auch ins Französische übersetzten „Anleitung zur Bergbaukunst" bekannt wurde.
Ein bekannter Montanwissenschaftler, der in Schemnitz studierte und später dort lehrte, war Joseph Russegger. Nach seinem Studium in Schemnitz wurde er Bergbauverwalter in Böckstein bei Bad Gastein und machte ausgedehnte Forschungsreisen durch Kilikien, Syrien, Ägypten und den Sudan, wobei er für den Vizekönig in Ägypten diese Gebiete auch geognostisch erforschte. Als Direktor der Hochschule in Schemnitz starb er 1863.
Ein weiterer Montanist von Weltruf war Peter von Rittinger aus dem mährischen Neutitschein (Nový Jičin), der nach seiner Ausbildung in Schemnitz zunächst in St. Joachimsthal (Jáchymov) und später in galizischen Salzbergwerken als Erfinder von verschiedenen Verbesserungen der Erzaufbereitung und Salzgewinnung in den erblichen Ritterstand erhoben wurde.
Im 19. Jahrhundert änderte die Bergakademie ihren Namen. Bis 1824 hieß sie Bergakademie, dann Berg- und Forstakademie, seit 1904 Berg- und Forsthochschule. In den Jahren der ungarischen Revolution gegen Wien 1848/49 verließen viele deutsche Studenten Schemnitz und gingen an die Montanuniversität nach Leoben in der Steiermark. Nach dem österreichisch-ungarischen Ausgleich von 1867 setzte eine konsequente Magyarisierung ein, während gleichzeitig in Schemnitz ein Niedergang des Bergbaus erfolgte. Anfang des Jahres 1919 besetzten Truppen der neugegründeten Tschechoslowakei die Stadt, die dann im Juni von Soldaten der damaligen ungarischen Räterepublik nur kurzfristig zurückerobert wurde und wieder an die CSR fiel. Damals verließen die letzten ungarischen Professoren Schemnitz und gingen nach Ödenburg (Sopron). 1987 gab die Tschechoslowakei zum 225-jährigen Jubiläum der Bergakademie eine 100-Kronen-Silbermünze heraus. Im Herbst 2012 beging die Stadt Schemnitz die 250-Jahrfeier der Hochschule.
Der letzte Bergbau in Schemnitz wurde 1994 eingestellt.
Bild: 100-Kronen-Silbermünze von 1987.

Rudolf Grulich

DIE SCHLACHT BEI FREIBERG

Durch den zweifachen Thronwechsel in Russland, den Regierungsantritt Peters III. am 5. Januar 1762 nach dem Tode der Zarin Elisabeth, einer erbitterten Gegnerin Preußens im allgemeinen und Friedrichs des Großen im besonderen, und den Katharinas II. am 17. Juli des gleichen Jahres nach der zumindest mit Duldung der Nachfolgerin geschehenen Ermordung ihres Gatten und dem damit erfolgten Ausscheiden des Zarenreiches aus dem Siebenjährigen Krieg, waren die Chancen auf eine militärische Lösung des Konfliktes, insbesondere die Rückgewinnung Schlesiens durch Österreich, deutlich gesunken. Zwar gelang es der anti-preußischen Allianz noch am 15. August 1761 im III. Bourbonischen Familientraktat Spanien zum Eintritt in die Koalition zu bewegen, doch richtete sich diese Maßnahme weniger gegen Preußen als vielmehr gegen Großbritannien, das durch militärische Erfolge v. a. in Übersee sein Ziel der kolonialen Verdrängung Frankreichs weitgehend erreicht hatte und nunmehr seinerseits unter dem neuen Premierminister Lord Bute, eines Vertrauten des seit 1760 amtierenden Königs Georg III., der 1761 William Pitt, einen der Architekten des *„renversement des alliances"* von 1756 abgelöst hatte, auf einen Ausgleich in Europa hinzuarbeiten begann.

Der Sommer 1762 schien daher für Österreich, das als nahezu einzige Macht noch an die Möglichkeit eines *„Siegfriedens"* glaubte und stets von Seiten Großbritanniens oder Preußens ausgehende Friedensangebote auf der Basis einer Beibehaltung des status quo ante bellum abgelehnt hatte, die letzte Chance zu bieten, wenn nicht gar eine militärische Entscheidung herbeizuführen, so doch für die im Winter zu erwartenden allgemeinen Friedensverhandlungen wichtige Positionen zu besetzen, da an eine Fortdauer des Kampfes zwischen Preußen und Österreich ohne die jeweiligen europäischen Bündnispartner ernsthaft nicht gedacht werden konnte.

Auf dem schlesischen Kriegsschauplatz freilich waren die Kampfhandlungen nach der Eroberung der Festung Schweidnitz durch Friedrich den Großen nach dessen Sieg bei Burkersdorf am 21. Juli 1762 und der infolgedessen vollzogenen Einschließung der Festung, die dann am 9. Oktober kapitulieren musste, weitgehend zum Erliegen gekommen. Beide Seiten richteten daher nunmehr ihr Hauptaugenmerk auf den sächsischen Kriegsschauplatz, wo es allein noch militärischen Spielraum für größere Operationen gab.

Der österreichische Befehlshaber, General Andreas Graf Hadik, zielte darauf ab, die unter dem Kommando des Prinzen Heinrich von Preußen, des Bruders Friedrichs des Großen, stehenden Truppen durch eine großangelegte Operation im Raum Freiberg aus ihren Stellungen zu verdrängen und zumindest deutlich günstigere Stellungen für die anstehenden Winterquartiere zu besetzen als im Vorjahr. Prinz Heinrich hingegen verfolgte die Absicht, sich in Sachsen zu behaupten, und war damit um einiges realistischer als sein königlicher Bruder, der nach der eigenen erfolgreich verlaufenen Kampagne gar an eine mögliche Wiedereroberung Dresdens durch preußische Einheiten dachte.

Der beginnende österreichische Angriff am 14. Oktober 1762 konnte zunächst noch abgewehrt werden, doch mussten in der Nacht vom 15. zum 16. Oktober Truppen des besonders stark gefährdeten rechten preußischen Flügels, um der Gefahr einer Vernichtung zu entgehen, zurückgezogen und das preußische Hauptquartier nach Schlettau verlegt werden. Freiberg und Brand wurden aufgegeben. Durch mehrere taktische Bewegungen konnte Prinz Heinrich am 16. Oktober seine Stellungen behaupten, doch drangen die Österreicher schon am 17. Oktober weiter vor.

Beide Seiten bereiteten sich nun auf die Aufnahme vom schlesischen Kriegsschauplatz her ausgesandter Detachements vor. Da Prinz Heinrich in richtiger Einschätzung der Lage jedoch voraussah, dass das österreichische Kontingent schneller als das preußische auf dem sächsischen Kampfplatz eintreffen würde, entschloss er sich, eine Entscheidung im Tal der Mulde noch vor dem Eintreffen der beiden Abteilungen anzustreben. Dieses Konzept, das vorsah, den Feind mit der geballten Macht der gesamten Streitkraft zurückzuwerfen und dem König als dem Oberkommandieren von Prinz Heinrichs Adjutanten, dem Grafen Victor Amadeus Henckel von Donnersmarck, am 22. Oktober 1762 in dessen Hauptquartier in Peterswaldau zur Genehmigung vorgelegt und von diesem schließlich auch für gut befunden wurde, sollte den preußischen Einheiten nicht nur die Initiative zurückgeben, sondern den Wiener Hof schließlich auch für einen allgemeinen Friedensschluss geneigt machen.

Bereits seit dem 25. Oktober mit den Vorbereitungen zur geplanten Aktion beschäftigt, leitete Prinz Heinrich in der Nacht vom 28. auf den 29. Oktober 1762 die Operationen ein, die zur dann letzten Schlacht des Siebenjährigen Krieges führten. Die Österreicher hatten sich in festen Stellungen bei Freiberg verschanzt, nördlich dem Zentrum vorgelagert der Spittelwald, östlich die Mulde.

Ihnen näherten sich die preußischen Einheiten in vier Marschkolonnen von Norden her. Der rechte Flügel, also die westlichste der Marschkolonnen unter dem Befehl des Generalleutnants Friedrich Wilhelm Freiherr von Seydlitz, dem sich auch

Prinz Heinrich anschloss, hatte die Aufgabe, als stärkste der preußischen Truppen den Hauptstoß zu führen und dazu die gegnerischen Einheiten unter dem Prinzen Christian Karl von Stolberg nördlich zu umgehen, ihn also vom Rücken her zu attackieren. Das Zentrum, befehligt von Generalmajor Otto Ludwig von Stutternheim (genannt „Jung-Stutternheim"), sollte in einem großangelegten Scheinangriff die österreichischen Einheiten frontal vom Spittelwald her angehen, während der linke Flügel unter Generalmajor Johann Friedrich von Stutternheim („Alt-Stutternheim") zu versuchen hatte, im schmalen Zwischenraum zwischen der Mulde und den angrenzenden Höhenzügen vorzudringen und den Prinzen von Stolberg von Osten her anzugreifen. Die vierte Marschsäule, kommandiert von General Friedrich Wilhelm von Forcade, blieb als Reserve und zur Beobachtung einer möglichen Annäherung des schlesischen Entsatzkorps des Feindes in rückwärtiger Stellung.

Im Zuge des Umgehungsmarsches stellte sich nun heraus, dass einige österreichische Einheiten Stellungen auf einer Höhe bei Brand südwestlich Freibergs eingenommen hatten, von wo es möglich wäre, dem preußischen rechten Flügel in den Rücken zu fallen und so von etwaigen Rückzugslinien abzuschneiden. Somit musste ein Detachement zur Beobachtung des Gegners abgezogen und damit die Schwächung des Angriffsvorstoßes der Marschsäule gegen den Prinzen von Stolberg wohl oder übel in Kauf genommen werden.

Um 5.00 Uhr am 29. Oktober 1762 setzten die Kämpfe mit der Erstürmung der Höhen aus südlicher Richtung durch den preußischen rechten Flügel ein. Nachdem auch das preußische Zentrum und der linke Flügel in den Kampf eingegriffen hatten, wurden die Österreicher Schritt für Schritt in südöstlicher Richtung aus ihren Stellen verdrängt und leiteten um 8.00 Uhr den Rückzug über die Mulde ein. Hätte die Reserve die zurückweichenden Feinde beim Flußübergang attackiert, wären dessen Verluste noch höher gewesen, doch blieb auch so der Tag ein Erfolg für die preußischen Einheiten unter dem Befehl des Bruders des Königs.

An eigenen Verlusten hatte man 1.400 Tote und Verwundete zu beklagen, der Feind hingegen musste 2.800 Mann auf dem Schlachtfeld lassen, hinzu kamen 4.340 gefangengenommene Soldaten mit 79 Offizieren und der Verlust von 28 Geschützen und 11 Fahnen. Sofort nach Beendigung der Kämpfe sandte Prinz Heinrich zwei Abteilungen zur Verfolgung der abziehenden Einheiten aus, die diese jedoch nicht mehr fassen konnten. Der Sieg brachte nicht nur die Wiedereinnahme des neben Dresden zweiten wichtigen Platzes in Sachsen, Freibergs, sondern löste bei der österreichischen militärischen Leitung in Wien große Bestürzung aus. Die Pläne zur weitgehenden Vernichtung der preußischen Einheiten in Sachsen waren gescheitert, ja selbst an Winterquartiere im Lande war angesichts der nunmehr eingeklemmten Stellung zwischen Dresden und Dippoldiswalde nicht mehr zu denken. Für eine künftige Kampagne war mit dem Verlust Dresdens und der völligen Verdrängung aus Sachsen zu rechnen, darüber hinaus drohte ein preußischer Vorstoß bis nach Prag.

Wichtiger als diese militärstrategischen Aspekte waren jedoch die psychologischen Auswirkungen. Selbst eine zahlenmäßig unterlegene preußische Armee konnte über die aus österreichischen und Reichstruppen bestehende Streitmacht, die zudem in günstigeren Stellungen und in Erwartung von Verstärkung stand und bis dahin das Heft in der Hand hielt, einen Erfolg in offener Feldschlacht erringen, noch dazu unter dem Kommando eines eher als Stellungskämpfer denn als Niederwerfungsstratege bekannten Befehlshabers. Somit erschien nun auch dem Wiener Hof der Zeitpunkt gekommen, von den Maximalforderungen abgehend, einen Ausgleich mit Preußen zu suchen. Die Schlacht bei Freiberg ist daher, zwar weniger in militärischer, dafür aber in politischer Hinsicht, als eine der wichtigsten Kämpfe des Siebenjährigen Krieges anzusehen, die entscheidend die Friedensbereitschaft des Wiener Hofes gefördert und so zu den Friedensschlüssen des Jahres 1763 geführt hat.

Lit.: Adam Dietrich Heinrich von Bülow, Prinz Heinrich von Preußen. Kritische Geschichte seiner Feldzüge. Von dem Verfasser des Geistes des neuern Kriegssystems, 2 Teile Berlin 1805. – Günter Dorn/Joachim

Engelmann, Die Schlachten Friedrichs des Großen. Verlauf, Gefechts-Szenen, Gliederungen, Karten, Friedberg 1991. – Theodor Hirsch, Die letzten Jahre des siebenjährigen Krieges, in: Historische Zeitschrift 37 (1877), S. 417-450. – Eberhard Kessel, Die Schlacht bei Freiberg am 29. Oktober 1762, in: Johannes Kunisch (Hrsg.), Eberhard Kessel: Militärgeschichte und Kriegstheorie in neuerer Zeit. Ausgewählte Aufsätze (= Historische Forschungen, Band 33), Berlin 1987, S. 303-326. – Arnold Schäfer, Geschichte des siebenjährigen Krieges, 2 Bände Berlin 1867-1874. – Richard Schmitt, Prinz Heinrich von Preußen als Feldherr im siebenjährigen Kriege, 2 Teile Greifswald 1885-1897.

Bild: Geschichte Friedrichs des Großen. Geschrieben von Franz Kugler. Gezeichnet von Adolph Menzel

Bernhard Mundt

BEGINN DES MISCHEHENSTREITES

Der preußische Mischehenstreit ist genau genommen bereits Ausdruck des Nationalitätenkonfliktes zwischen Deutschen und Polen, denn er steht zeitlich im Zusammenhang mit der Ära Flottwell (1830-40), der in der heutigen Historiographie als Zeit der Unterdrückung polnischer Freiheit seitens der preußischen Regierung angesehen wird.

Der Mischehenstreit war bereits alt, ehe er auch auf die Provinz Posen übersprang. Im Jahr 1794 wurde in Preußen das Allgemeine Landrecht erlassen, das einen alten Streit um die Kinder aus konfessionell gemischten Ehen justitiabel machte. Das Landrecht sah vor, dass die konfessionelle Erziehung von Kindern aus Ehen zwischen Partnern unterschiedlicher Konfession, den sogenannten Mischehen, bei den Eltern lag. Fehlte eine vertragliche Vereinbarung, so sollten Söhne in der Konfession des Vaters, Mädchen in der der Mutter erzogen werden.

Dem stand aber das kanonische Recht der katholischen Kirche gegenüber, die vorsah, dass bei Mischehen vor der Trauung die katholische Taufe und die katholische Erziehung aller Kinder zu versprechen sei.

Der religiöse König Friedrich Wilhelms III. verschärfte diesen Streit im Jahr 1803 durch eine Deklaration, nach der alle Kinder aus konfessionsverschiedenen Ehen im Bekenntnis des Vaters zu erziehen seien. Die Kabinettsorder vom 17.8.1825 übertrug diese bis dahin nur auf das alte Preußen reduzierte Bestimmung auch auf die 1815 zu Preußen gelangten Westgebiete, wo sich Ehen zwischen evangelischen Militärs oder Beamten mit katholischen Rheinländerinnen häuften. Den katholischen Priestern wurde verboten, das Versprechen der katholischen Kindererziehung zu fordern, ansonsten würden diese Ehen zivilrechtlich ungültig sein. Die Rheinländer und Westfalen empfanden dies als Versuch der Protestantisierung. Den offenen Widerstand wagte die Kirchenführung nicht, z. T. aber den passiven.

Gegen diese stillschweigende Duldung der Deklaration ging ein päpstliches Breve von 1830 vor und ordnete die Verweigerung der Eheschließung an, falls die Braut eine katholische Kindererziehung verweigert. Es folgten Geheimverhandlungen mit der römischen Kurie, die quasi die stillschweigende Duldung festschrieb.

Dem Kölner Erzbistum wurde diese geheime sog. Berliner Konvention vom 19.6.1834 erst nach dem Tod des Erzbischofs Graf Ferdinand August v. Spiegel zum Desenberg und Canstein (1764-1835) bekannt. Der neue Erzbischof Clemens August Freiherr Droste zu Vischering (1773-1845) erklärte 1837 nach anfänglicher Zurückhaltung, dass er sich in Zweifelsfällen an das päpstliche Breve und nicht an die Vereinbarungen mit Erzbischof Spiegel halten werde.

Erst jetzt wurde man auch in Posen auf diesen Konflikt aufmerksam und Erzbischof Marcin Graf Dunin-Sulgustowski h. Łabędz (1774-1842) stellte ein Gesuch auf Anerkennung des Breves von 1830 im Gebiet des Erzbistums Posen-Gnesen. Die Ablehnung dieses Gesuchs am 30.9.1837 bedeutete die Ausweitung des Mischehenstreits und ihren Beginn in der Provinz Posen.

Am 27.2.1838 erklärte Erzbischof v. Dunin in einem Hirtenbrief, jeden Priester in seiner Diözese zu suspendieren, der nicht dafür sorgt, dass alle Kinder aus Mischehen katholisch werden. Die Posener Regierung reagierte sofort und konfisziert den Hirtenbrief, da er gegen geltendes Recht verstieß. Oberpräsident Eduard Flottwell (1786-1865) wird zur Beratung nach Berlin beordert. Nach seiner Rückkehr belehrt er am 19.4.1838 den Erzbischof von der Strafbarkeit seines Vorgehens, woraufhin Dunin sich bereit erklärt, seinen Hirtenbrief zurückzunehmen, was er bald darauf aber widerruft. Es folgt eine Anzeige gegen den Erzbischof. Die Dekane unterstützen Dunin, wodurch der Konflikt weiter eskalierte und er am 9.7.1838 erklärt, dass er das weltliche Gericht im Mischehenstreit nicht anerkenne.

Der inzwischen unterrichtete Papst Gregor XVI. (1766-1846) mischte sich in den eskalierenden Mischehenstreit ein und erklärt seine Unterstützung für den Posener Erzbischof. Der Kölner Erzbischof war bereits wegen seiner Haltung am 20.11.1837 verhaftet und nach Minden gebracht worden. Dies drohte nun auch dem Posener Erzbischof. Im Februar 1839 wurde er nach Berlin beordert und verhandelt mit dem Geheimen Oberjustizrat Franz v. Duesberg (1793-1872). Da sich Dunin nicht fügte, wurde er am 25.4.1839 wegen Ungehorsams und Eigenmächtigkeit zu einer Geldstrafe und sechs Monaten Festungshaft verurteilt. Im Mai erlässt der König dem Erzbischof die Festungshaft, er darf aber weiterhin nicht nach Posen (Poznań) zurückkehren. Er reiste am 3.10.1839 jedoch heimlich nach Posen (Poznań) ab. Wegen des Verstoßes gegen die gerichtliche Auflage wurde Dunin tags drauf in Posen verhaftet. Da er sich weigerte, nach Berlin zurückzukehren, wird er in die Festung Kolberg überführt.

Zu dieser Zeit war der Kölner Amtskollege wegen seines schlechten Gesundheitszustandes bereits wieder entlassen und ins münsterländische Exil gebracht worden, wo sein Bruder Bischof war.

Das Ende des Mischehenstreits kam aus zwei Richtungen: zum einen aufgrund der Härte des preußischen Staates, woraufhin die Kurie mit Verhandlungen begann, zum anderen mit dem Herrscherwechsel. Am 7.6.1840 starb der strenggläubige König Friedrich Wilhelm III. und sein Sohn Friedrich Wilhelm

IV. (1795-1861) folgte ihm nach. Er beendete die Politik der Konfrontation zugunsten einer Versöhnungspolitik.

Bereits am 5.8.1840 erfolgte die Begnadigung Erzbischofs Dunin, der tags drauf nach Posen zurückkehren konnte, nachdem er im Mischehenstreit einlenkte. Am 27.8.1840 erließ er einen neuerlichen Hirtenbrief, in dem der Erzbischof die Priester aufforderte, die weltlichen Gesetze bezüglich der Mischehen zu befolgen. Damit war der Konflikt in Posen beendet. Die Verhandlungen in Köln beendeten ihn erst 1842.

Das Problem blieb aber das gesamte 19. Jahrhundert über virulent, vor allem während des Kulturkampfes (1875-86), bei dem erneut beide Erzbischöfe verhaftet und inhaftiert wurden. Aus dieser historischen Gemeinsamkeit und der gemeinsamen Ablehnung der preußischen Herrschaft resultiert offenbar auch die Verbundenheit beider Erzbistümer, die ein Besucher der erzbischöflichen Bibliotheken daran ablesen kann, dass man z. B. in Köln viel Posener Literatur findet.

Bild: Erzbischof Marcin Graf Dunin-Sulgustowski h. Łabędz, Archiv des Verfassers.

Martin Sprungala

1922 90. Gedenkjahr

90 JAHRE OSTDEUTSCHES VOLKSBLATT - SPRACHROHR DER GALIZIENDEUTSCHEN VOLKSGRUPPE

Bei der Teilung Polens 1772 hatte Österreich Galizien erworben und dort in den 1780er Jahren – weit über das Land verstreut – deutsche Bauern in evangelischen und katholischen Dörfern sowie deutsche Handwerker in den Städten angesiedelt. Sie bildeten Mitte des 19. Jahrhunderts eine wirtschaftlich leistungsstarke deutsche Volksgruppe. Aber es gab außer zur deutsch geprägten evangelischen Kirche zwischen den Bewohnern der Kolonistendörfer keine sie verbindenden Gemeinschaftseinrichtungen oder eine gemeinsame Organisation, erst recht nicht zwischen den deutsch-evangelischen und den deutsch-katholischen Siedlungen des Landes. Dieser Umstand hat ihnen am Ausgang des 19. Jahrhunderts bei der zunehmenden Erschwerung ihres Lebens durch wirtschaftliche Nöte und politische Pressionen erhebliche Probleme bereitet. Als sich nämlich die österreichische Monarchie nach dem verlorenen Krieg gegen Preußen (1866) gezwungen sah, das Habsburger Reich auf eine neue staatsrechtliche Grundlage zu stellen und der Ausgleich mit Ungarn in Gestalt der österreichisch-ungarischen Monarchie gefunden war, musste Wien auch den Polen Zugeständnisse machen und verlieh 1867 Galizien eine weitgehende Landesautonomie, die den Polen die Übernahme der Verwaltung über das Land ermöglichte. Sogleich begannen sie auf vielfältige Weise, Druck auf die deutsche Minderheit aus-

zuüben. Diese war sich selbst überlassen und erhielt von Wien keine Unterstützung mehr. Von da an ging es mit den Deutschen in Galizien bergab, ihre völkischen und wirtschaftlichen Lebensbedingungen verschlechterten sich von Jahr zu Jahr. Dem polnischen Assimilierungsdruck unterlag bald ein Großteil des städtischen deutschen Bürgertums, und deutsch verblieben im Wesentlichen nur die deutschen Siedlungen auf dem Lande. Aber auch dieses Bauerntum litt bald unter wirtschaftlicher und völkischer Not. So entschlossen sich manche zur Aufgabe und Auswanderung in andere Siedlungsgebiete, ab 1875 zunehmend nach Amerika. Bis zur Jahrhundertwende wird der galiziendeutsche Aderlass durch Auswanderung auf 27.000 Menschen geschätzt. Nach 1900 wurden weitere rund 10.000 Deutsche von der Bismarckschen Ansiedlungskommission zur Umsiedlung in die preußischen Ostprovinzen überredet. Eine Reihe galizischer Kolonien lösten sich dadurch vollständig auf, andere wurden durch den Wegzug einzelner Bauernfamilien und die Übernahme dieser Höfe durch Ukrainer oder Polen in ihrem Charakter als deutsche Dörfer nachhaltig geschädigt.
„Wir waren um die Jahrhundertwende", so formulierte es später Dr. Ludwig Schneider *„nahe daran, das Schicksal des völkischen Untergangs zu erleiden, wenn nicht beherzte Männer zu Sammlung, zum Zusammenschluss aufgerufen hätten"*. Gemeint war der Zusammenschluss der deutsch-evangelischen mit den deutsch-katholischen Kolonisten, der 1907 im „Bund der christlichen Deutschen in Galizien" erfolgte. Es kam ferner zur Gründung eines die deutschen politischen Interessen vertretenden „Volksrates für Galizien", eines „Vereins deutscher Lehrer", von Raiffeisenkassen, einer Genossenschaftsbank und von kulturellen Einrichtungen. Nun fehlte noch als Sprachrohr eine eigene völkisch ausgerichtete Zeitung. So entstand 1907 das Wochenblatt „Deutsches Volksblatt für Galizien", das Vorgängerblatt des „Ostdeutschen Volksblattes".
„Der Charakter dieses Volksblattes", so formulierte es Dr. Ludwig Schneider, *„war durch den Zwang zur völkischen Schutzarbeit bestimmt... Das Programm lautete, den Gemeingeist, das Zusammengehörigkeitsgefühl zu wecken ... für das*

Recht, für die Sprache einzutreten, ohne im Geringsten gegen den anderssprechenden Nachbarn aufzutreten. Nach außen Abwehr gegen alles Schädliche, nach innen Aufbauarbeit: Das war die Aufgabe, die man sich gestellt hatte ...". Das Volksblatt wies dazu Weg und Richtung und war Informations- und Sprachrohr für alles, was in den Gemeinden geschah. Die Berichte aus den Gemeinden förderten den Zusammenhalt und das gesellschaftliche und geistige Leben der Galiziendeutschen. Deutsches Leben wurde überall geweckt, Gesangs-,Turn- und Spielvereine sowie Liebhabertheatergruppen entstanden in den Städten und Dörfern, Büchereien wurden angelegt, Mädchen- und Jünglingsbünde pflegten deutsches Wesen, die Menschen interessierten sich wieder für ihre Herkunft und die Geschichte ihrer Vergangenheit. Auch das literarische und schöngeistige Leben erhielt neuen Auftrieb. Ein besonderer Verdienst des Volksblattes war die Förderung des deutschen Gedankens in den vielfach schon polonisierten katholischen Siedlungen und des Kampfes um den Erhalt der dortigen deutschen Schulen und des deutschen Gottesdienstes.

Diese Aufbauarbeit kam vorzüglich voran, wurde aber durch den Ausbruch des Ersten Weltkrieges, den zerstörerischen Russeneinmarsch in Galizien und die schweren Kämpfe auf galizischem Boden nachhaltig beeinträchtigt. Auch nach der Weltkriegsniederlage 1918 hörten die Kämpfe nicht auf, weil nun die Polen und die Ukrainern gewaltsam um das Land stritten. Es herrschten solch chaotische Zustände, dass das Volksblatt eingestellt werden musste. Schließlich, nach Beendigung dieses Krieges, normalisierten sich auch die Verhältnisse in Galizien. Nun schien es an der Zeit zu sein, das Volksblatt wieder zu reaktivieren. Aber die neuen polnischen Behörden genehmigten nicht die Wiederaufnahme unter der alten Bezeichnung, weil es nach polnischer Auffassung „Galizien" nicht mehr gab, sondern nur noch „Małopolska" (= Kleinpolen). Als Ausweg bot sich die neue Bezeichnung „Ostdeutsches Volksblatt" an. Dagegen erhoben die polnischen Behörden keinen Einwand. Die erste Nummer dieses Blattes erschien am 6. April 1922.

Dieses neue, hier zu ehrende Volksblatt trat unter der zielbewussten Redaktion von Heinz Heckel seinen Weg in die rauhe polnische Wirklichkeit an. Im einleitenden Artikel unter der Überschrift „*Unser Ziel*" schrieb Heckel: „*Wie immer sich auch die politische Zukunft gestalten mag, der Gedanke der Zusammengehörigkeit, der Gedanke geistiger Verbundenheit, die Pflege der teuren Muttersprache und der deutschen Schule, die Erhaltung des von den Vätern ererbten Volkstums – diese Ziele bleiben von allem politischen Wechsel unberührt... die Deutschen haben es in manchem Staat, in dem sie vertreten waren, bewiesen, dass man Treue gegen den Staat, unter dessen Schutz man steht, wohl vereinen kann mit der Treue gegen das ererbte Volkstum.*" Aber die Erwartung, dass Polen diese loyale Haltung tolerieren würde, erwies sich als Irrtum. 1923 wurde der „Bund der christlichen Deutschen" behördlich aufgelöst, im gleichen Jahr das deutsch-evangelische Schulwesen durch staatliche Pressionen an den Rand des Zusammenbruchs gebracht, 1924 Schriftleiter Heckel als angeblicher Ausländer zum ersten Mal und 1925 endgültig aus Polen ausgewiesen und 1934 der Versuch unternommen, die deutsche Genossenschaftsorganisation zu zerschlagen. Beschränkungen beim Erwerb von Grund und Boden, Entzug der Lehrerlaubnis für deutsche Lehrer, Polonisierung deutscher Ortsnamen und manches andere gehörten zu weiteren gegen die Deutschen gerichteten Maßnahmen. Wie hatte bereits 1910 Pfarrer Theodor Zöckler ausgeführt?: „*Wir wollen nichts weiter als Gerechtigkeit, wir wollen unser Plätzchen an der Sonne.*" Aber dieses Plätzchen wurde immer mehr eingeengt, weil Polen nur bereit war, dieses Plätzchen für den Preis der Verschmelzung mit dem Staatsvolk einzuräumen.

Im Laufe der Zeit wurde das Volksblatt durch Beilagen erweitert, zu denen „Der deutsche Landwirt in Kleinpolen", das Unterhaltungsblatt „Der Hausfreund", „Welt und Bild", „Heimat und Welt" und seit 1935 die Jugendbeilage „Wille und Weg" gehörten. Für unsere heutige Generation ist besonders das „Aus Stadt und Land" genannte Herzstück des Ostdeutschen Volksblattes (OV) von Bedeutung. Es enthält unzählige detaillierte Berichte über das deutsche Leben in den Dörfern und Städten mit genauen Angaben über die Veranstaltungen, Vorkommnisse und beteiligte Personen, auch über Sterbefälle, Hochzeiten, Brände, Naturkatastrophen usw. Die wesentlichsten Volksblattberichte über solche Vorkommnisse in den Jahren 1932, 1933 und 1934 hat der Verfasser unter dem Titel „Was einst daheim geschah" in vielen Ausgaben des galiziendeutschen Heimatblattes „Das heilige Band – Der Galiziendeutsche" in den Jahren 1992 bis 1994 veröffentlicht.

Von Interesse dürfte die Frage sein, welchen Einfluss der Nationalsozialismus auf das Ostdeutsche Volksblatt ausgeübt hatte. Der Verfasser dieser Zeilen hatte auch diesen Sachverhalt untersucht (Einfluss der NS-Ideologie auf die ehem. deutsche Volksgruppe in Polen am Beispiel der Galiziendeutschen und ihres Ostdeutschen Volksblattes, Jahrbuch Weichsel-Warthe 1998). Die Angehörigen der älteren Generation der Galiziendeutschen waren gesinnungsmäßig Österreicher. Ihren Blick richteten sie gewohnheitsgemäß auf Wien, und viele teilten mit den übrigen Österreichern die Abneigung gegen die Preußen, was sich später auch auf die braun und schwarz gekleideten Garden des „Dritten Reiches" übertrug. Das damalige Leben in der südpolnischen Abgeschiedenheit und die spärlichen Nachrichten aus Deutschland hatten zur Folge, dass es lange dauerte, bis ein Teil von ihnen begann, sich für das neue Deutschland zu interessieren. So wundert auch nicht die fast beiläufige Erwähnung von Hitlers Regierungsantritt im OV am 12.02.1933: Zunächst widmete das Blatt damals 100 Zeilen einer Aussprache im polnischen Sejm und meldete erst dann die Bildung einer neuen Reichsregierung in kaum neun Zeilen, denen Hindenburgs Erlass hinzugefügt wurde. Gleichwertig und in gleichem Umfang folgte die Meldung über eine französische Regierungsumbildung. Die „Machtergreifung Hitlers" wurde weder kommentiert noch die Fackelzug-Siegesfeier der NSDAP mit einem Wort erwähnt. Für die Wahlen am 5. März 1933 verwendete das OV nur 10 Zeilen für Hitlers wortreiche Reden.

In den OV-Darstellungen der Jahre 1933 und 1934 ist die Vorsicht zu erkennen, mit der das Blatt auf das neue Deutschland und sein NS-Regime zuging. Es dauerte bis Mai 1934, bis das OV erstmals die Bezeichnung „Führer" verwendete und anfing, sich für das „Dritte Reich" zu erwärmen. In dieser NS-Anfangszeit reagiert das Blatt auf die von der polnischen Presse verbreiteten Nachrichten über die Brutalität und Kriegslüsternheit des neuen Regimes mit beruhigenden Stellungnahmen und Beteuerungen der Humanität, Friedensliebe und Völkerverständigungsbereitschaft der neuen deutschen Staatsführung, z.B. „*Die Wahrheit ist, dass die nationale Revolution sich in einer mustergültigen Ruhe und ohne Störung der öffentlichen Ordnung vollzogen hat, dass dabei kein einziger Gegner an Leib oder Leben zu Schaden gekommen ist, dass insbesondere Juden in gar keiner Weise ein Leid zugefügt wurde...*(OV 23.04.1933); „*Deutschland will seinen Frieden* (Hitler-Rede OV 4.06.1933)". Was in Deutschland politisch wirklich vor sich ging, wusste keiner genau. Als Altösterreicher waren die Galiziendeutschen aber beeindruckt von der Eingliederung ihrer fernen Heimat als „Ostmark" in das nun „*Großdeutschland*" genannte Reich. Meldungen über das diese Aktion begleitende Unrecht – allein in Wien sollen damals 67.000 Menschen verhaftet worden sein – erreichten sie nicht. Solche Nachrichten vermittelten dem Leser ein positives Deutschlandbild und nährten die Hoffnung auf eine bessere, friedliche Zukunft. Nun begann der eine oder andere Deutsche die auch in Lemberg käufliche NS-Literatur zu lesen. Die polnische Presse schied wegen ihrer unqualifizierten Angriffe gegen alles, was deutsch war, als Meinungskorrektiv aus. Zusätzlich erhöhten polnische Restriktionen wie der Entzug des Öffentlichkeitsrechts deutscher Schulen oder die staatlichen Bemühungen, deutsche Genossenschaften zu zerschlagen, das Schutzbegehren der deutschen Minderheit und steigerten ihr Anlehnungsbedürfnis an ein starkes Deutsches Reich.

Die jüngere galiziendeutsche Generation, die sich nicht mehr Österreich zugehörig fühlte, suchte in der politisch verworrenen Zeit zukunftsweisende Zielsetzungen, die ihrem Leben

Inhalt und Sinn gaben. Mancher sah solche Wegweisungen in der nationalsozialistischen Idee und war von ihr und der suggerierten Utopie einer besseren Welt beeindruckt, ohne genau zu verstehen, worum es dabei ging, geschweige denn die Konsequenzen der Verwirklichung zu erkennen. Dieses Ideengut erfasste besonders die akademische Jugend im Lemberger „Verein deutscher Hochschüler". Bei einem anderen Teil der städtischen deutschen Jugend stand der NS-Verbreitung deren bereits fortgeschrittene Zuwendung zum Polentum entgegen. Nachrichten, die dem Prestige des Reichs schaden konnten, wurden vom OV unterschlagen oder durch Kommentare verwässert. Beispielsweise findet man im OV keinen Hinweis auf die im Juli 1937 eröffnete schändliche Ausstellung „Entartete Kunst" oder die inszenierten schweren Judenpogrome im November 1938. Bei letzteren wurde nur über die von Göring verfügte Ausschaltung der Juden aus dem Wirtschaftsleben und ihre Verurteilung zur Zahlung von einer Milliarde Mark Buße berichtet. Nur der aufmerksame Leser konnte aus einem Nebensatz dieser Verfügung, wonach *„alle Schäden, welche durch die Empörung des Volkes über die Hetze des internationalen Judentums gegen das nationalsozialistische Deutschland am 8., 9. und 10. November 1938 an jüdischen Gewerbebetrieben und Wohnungen entstanden sind, von den jüdischen Inhabern sofort zu beseitigen sind"* schließen, dass es antijüdische Ausschreitungen gegeben haben muss. Sogleich wurde die beruhigende Erklärung von Goebbels hinzugefügt *„dass Deutschland die Juden nicht kulturell zu vernichten gedenke, vielmehr sollten sie ihre eigene Kultur pflegen"*. Vorher, am 30.06.1935, lenkte das OV vom schlechten Eindruck der Nürnberger Rassengesetzgebung dadurch ab, dass es den Blick auf rassendiskriminierende Gesetze des Auslands richtete: *„Für die Bewertung ist es wichtig zu wissen, dass verschiedene Einzelstaaten der USA in ihrer Begriffsbestimmung über die deutschen Forderungen nach Reinrassigkeit hinausgehen ..."*.

Das „Ostdeutsche Volksblatt" hatte Mitte der 30er Jahre aufgehört, objektiv über das „Dritte Reich" zu berichten und bekannte sich ab 1936 nach einem Schriftleiterwechsel immer häufiger zum NS-Ideengut. Während früheren Ausgaben Zitate von Dichtern und Denkern vorangestellt wurden, sind von den 52 Wochenfolgen des Jahres 1937 mindestens 11 mit Hitler-Worten garniert. Es ersetzt die Anrede „*Sie*" durch „*Vg. (Volksgenosse)*" und bei höherem Vertrauensgrad durch „*Kam. (Kamerad)*". Die „*Wille und Weg*" genannte Beilage zielte auf die Verbreitung der NS-Ideologie unter den deutschen Jugendlichen ab. Emsig bemüht sich das Blatt fortan, über die unzähligen NS-Veranstaltungen im Reich in allen Einzelheiten in Wort und Bild zu berichten und möglichst kein Hitler-Wort auszulassen. Welch ein Unterschied zu der knappen Berichterstattung bis Anfang 1934! Die Hitler-Rede vom 30.Januar 1939 wurde im Umfang von 3.300 Zeilen – in einer achtseitigen Sonderbeilage „*Adolf Hitlers großartige Bilanz*", einschließlich „*Führerbild*" – gedruckt. Vier Monate vor Ausbruch des deutsch-polnischen Krieges wurde Hitler zu seinem 50. Geburtstag erneut gehuldigt mit einem Foto auf der Titelseite und der Balkenüberschrift „*Der größte Deutsche*". In diesen Vorkriegswochen war es verantwortungslos, das aggressive deutsch-polnische Klima durch eine solche NS-Zurschaustellung zusätzlich anzuheizen, und es war töricht, den Polen auf diese Weise Material zu liefern, das es ihnen ermöglichte, die Deutschen „*Hitlerowce*" zu nennen.

Der Zweite Weltkrieg beendete die Existenz der galiziendeutschen Volksgruppe und ihres Volksblattes. Nun wurde bald die Naivität der galiziendeutschen NS-Anhänger offen gelegt. Wie hatte noch zu Ostern 1939 der Schriftleiter im OV behauptet?: „*Das deutsche Volk nimmt nicht in Anspruch für sich, was es nicht bereit ist, auch anderen zuzubilligen. Es ist eine Osterbotschaft an alle, die guten Willens sind und die es ablehnen, Hass und Zwietracht unter die Völker zu streuen. Allen nichtdeutschen Staatsbürgern sichert das nationalsozialistische Deutschland die freie und ungehinderte Entfaltung im eigenvölkischen und eigenkulturellen Sinne zu*" (OV 9.04.1939). Hehre Worte voll Ethik und Gesinnung! Aber kaum ein Jahr später legte Himmler in seiner *Denkschrift über die Behandlung des Fremdvölkischen im Osten* andere, der Gewalt huldigende Thesen vor und begann sie umzusetzen: Sie streuten Hass und Zwietracht unter die Völker, und an die Stelle der ungehinderten Entfaltung trat die gewollte Unterwerfung der Ostvölker zugunsten eines deutschen Herrschaftsanspruchs mit millionenfachem Leid.

Erich Müller

POLENS SCHULREFORM UND DEREN AUSWIRKUNGEN AUF DAS DEUTSCHE PRIVATSCHULWESEN

Der polnische Staat setzte sich ab 1920 aus Bevölkerung und Gebieten zusammen, die viele Jahrzehnte lang von den unterschiedlichen Gesetzen Deutschlands, Russlands und Österreichs sowie den dort praktizierten Gewohnheiten geprägt waren. Diese erbte die junge polnische Republik, dazu Millionen Menschen anderer Nationalität, Sprache und Religion, welche diese ihren Kindern in eigenen, unterschiedlich betriebenen Privatschulen vermittelten. Polens Regierende sahen es daher als ihre Aufgabe an, die Schulausbildung in allen Regionen einander anzugleichen, zu reformieren und bei nichtpolnischen Schulen gleichzeitig die Weichen in Richtung Polonisierung zu stellen.

Der Bearbeiter ist nicht sachkompetent genug, um alle Aspekte dieser Schulreform beschreiben zu können. Er ist angewiesen auf die schriftlichen Aussagen einiger damals davon betroffener Persönlichkeiten und auf das von ihm selbst erschlossene Dokumentationsmaterial in verfilmten Schulakten, die in Lemberg lagern. Kernstück dieser fraglos schwierig zu bewältigenden Schulreform war die Festlegung eines verbindlichen Bildungsganges für alle polnischen Gebiete, wonach die Kinder bis zum 12. Lebensjahr sechs Klassen einer Volksschule besuchen mussten, danach ein vierklassiges Gymnasium absolvieren konnten, um bei besonderer Begabung schließlich mit 16 Jahren auf ein zweijähriges Lyzeum zu wechseln, welches nach Bestehen (dem Abitur) den Besuch einer Universität erlaubte. Bereits die Aufnahme ins Gymnasium hing von einer Prüfung ab, die auch beim Wechsel von der deutsch-evangelischen Volksschule in das deutsche Privatgymnasium in polnischer Sprache zu absolvieren war. Einer solchen musste sich seinerzeit auch der Verfasser dieses Berichts in Lemberg unterziehen. Weitaus schwieriger war die sog. „kleine Reifeprüfung", die die 16jährigen zum Abschluss der Gymnasialzeit bestehen mussten, wollten sie zum Lyzeum zugelassen werden. Der Lemberger Schuldirektor J.V. Rollauer schrieb dazu: *„Für die deutschen Schulen Galiziens gab es mancherlei Erschwernisse. Die Erteilung des Öffentlichkeitsrechts war immer ungewiss. Infolgedessen umfassten die Abschlussprüfungen eine weit größere Anzahl von Gegenständen als an öffentlichen Schulen, was eine schwere Belastung der Gedächtniskraft und Nervenenergie der Schüler zur Folge hatte. Schon die sog. ‚kleine Reifeprüfung' für die sechzehnjährigen Absolventen der vierten Gymnasialklasse wurde auch von polnischen Pädagogen, die der Anstalt fern standen, als Härte bezeichnet."*

Kirchenrat Dr. Oskar Wagner bemerkte zu der Reform, dass damals die Schulstruktur völlig umgebaut wurde. *„Hinsichtlich der Privatschulen hob es die in der Staatsverfassung für die evangelischen Schulen und auch in der Kirchenverfassung verankerten Rechte auf eine Beaufsichtigung der Privatschulen durch ihre Träger auf. Die deutschen Privatschulen waren durch die Auflage, dass die Fächer Geschichte, Erdkunde und Staatsbürgerkunde in polnischer Sprache unterrichtet werden mussten, zu deutsch-polnischen Simultanschulen geworden. Die an Privatschulen tätigen Lehrer hatten die polnische Staatsbürgerschaft nachzuweisen und unter Vorlage eines*

politischen und moralischen Führungszeugnisses bei der Schulbehörde eine Unterrichtserlaubnis nachzuholen. Die Schulen mussten ausreichend mit Lehrmitteln und Einrichtungen wie Werkräumen, Schulgärten u.a. ausgestattet sein, die Schulträger hatten nachzuweisen, dass sie über die Mittel zur Erhaltung der Schulen verfügen und woher sie sie nähmen. Das Schulgesetz brachte auch eine Änderung der Lehrerausbildung, die fortan an den dreijährigen staatlichen polnischen Lyzeen nach Abschluss des Gymnasiums zu erfolgen hatte... Nach Erlass des Schulgesetzes von 1932 unternahmen (für die galiziendeutschen evangelischen Privatschulen) *die Kirchenleitung* (Zöckler) *und Gemeinden das Menschenmögliche* (Fortbildungs- und Sprachkurse für Lehrer, einige Schulneubauten, Erweiterung oder Renovierung von Schulgebäuden)*, um ihre Kirchenschulen zu retten. Ohne Hilfe von auswärts* (Gustav-Adolf-Verein, Deutscher Schulverein) *war es nicht möglich, den staatlichen Anforderungen nachzukommen ...*
Ungleich schwieriger gestaltete sich die Lage der galiziendeutschen Katholiken und ihres privaten Schulwesens ... Bereits das österreichische Schulgesetz von 1868 brachte die Trennung von Kirche und Schule ... und stellte die Schulgemeinden vor die Entscheidung, ihre Schulen zu verstaatlichen oder sie als Privatschulen auf eigene Kosten weiterzuführen. Während die deutschen katholischen Gemeinden Galiziens unter dem Einfluss ihrer polnischen Geistlichkeit... ihre Schulen der staatlichen Verwaltung übergaben (und sie damit der Polonisierung zuführten)*, entschieden sich die evangelischen deutschen Gemeinden ... für die Beibehaltung ihres konfessionellen Schulwesens als Privatanstalten... den* (wenigen, vom Verband deutscher Katholiken unterhaltenen) *deutsch-katholischen Privatschulen gegenüber wandte die polnische Regierung das Schulgesetz mit Rücksicht auf das polnische Privatschulwesen in Deutschland nicht mit aller Schärfe an, auch wenn vier Lehrern die Unterrichtserlaubnis entzogen wurde und keine der katholischen deutschen Privatschulen das Öffentlichkeitsrecht zuerkannt bekam, das jährlich neu zu beantragen war."*

Im Ostdeutschen Volksblatt, Lemberg, vom 30. Oktober 1932, lesen wir: *„Mit dem begonnenen neuen Schuljahr 1932/33 ist auch die neueste durchgreifende Schulreform in Polen eingeführt worden. Sie ... ist so radikal, dass sie z.B. in Universitätskreisen großen Widerspruch hervorrief. Es ist ein gewaltiges Experiment, das sich erst bewähren muss."* Weiter befasst sich das Volksblatt mit der Schulstatistik. Sie weist aus, dass das deutsche Schulwesen in Polen, welches 1925/26 noch 1.550 deutsche Volksschulen mit 92.214 Schulkindern betrug, bis 1930/31 auf 778 Volksschulen mit 62.700 Kindern schrumpfte. *„Gegenwärtig gibt es 29 deutsche private Gymnasien mit 7.700 Schülern. Was nun die Erteilung des Öffentlichkeitsrechts an diese Gymnasien betrifft, so erhielt dieses kein einziges deutsches privates Gymnasium in Oberschlesien, Posen und Pommerellen, nicht einmal das Goethe-Gymnasium in Graudenz ... Auch unsere beiden Gymnasien in Kleinpolen, das zu Stanislau und zu Lemberg, bekommen seit zwei Jahren kein Öffentlichkeitsrecht. Groß ist der moralische und materielle Schaden, der dadurch der Schule, den Schülern und Eltern angerichtet wird ...".*

1931 unterhielt die evangelische Kirche in Galizien 85 Privatvolksschulen mit deutscher Unterrichtssprache (Evangelisches Gemeindeblatt, Stanislau, 28. Jg. 1931). Zur Einstimmung auf die schulischen Zustände in den damaligen deutschen Kolonien Galiziens sei Walter Kuhn 1930 zitiert: *„Das ganze Unterrichtssystem hatte einen bäuerlichen, einfachen und robusten Charakter... Das dörfliche Schulwesen Galiziens im 19. Jhdt. gehört eben nicht dem binnendeutschen Kulturbereich an, sondern dem der jungen deutschen Sprachinseln. Seine nächsten Parallelen hat es bei den deutschen Siedlern in Kongresspolen und Wolhynien, wo es sich bis heute in den alten Formen erhalten hat, während in Galizien später eine Hebung erfolgte."* 1869 wurde die Gestaltung des Schulwesens in Österreich ganz in die Hände der staatlichen Behörden gelegt. So kam es in Galizien, das in der gleichen Zeit seine Sonderstellung durchsetzen konnte, unter polnische Verwaltung. Das bedeutete die Unterstellung unter eine polnische und katholische Behörde. Bei den Protestanten, die ihre Schulen als private behielten und damit den Anspruch auf staatliche Unterstützung verloren, wirkten dabei religiöse und nationale Besorgnisse zusammen. Der in den 30er Jahren an einer deutsch-evangelischen Schule in Galizien tätig gewesene Oberlehrer Leopold Höhn berichtete, dass sich die polnische Schulreform anfangs verheerend in den deutschen Siedlungen auswirkte. *„Alle Lehrkräfte mussten vom Staate bestätigt werden. Außer ihren Berufszeugnissen waren sie gezwungen, eine Staatsbürgerurkunde, ein Heimatcertificat, ein politisches und moralisches Führungszeugnis und einen Gesundheitsschein vorzulegen. Die Schulerhalter mussten für das Schulgebäude Sorge tragen, das allen Anforderungen in pädagogischer, hygienischer und sanitärer Hinsicht entsprach. Die Gemeinden wurden gezwungen, einen Etat vorzulegen, der den Nachweis erbrachte, wie die Lehrerschaft bezahlt und die sonstigen Erfordernisse der Schule finanziert wurden. Kreisärzte erklärten viele Schulgebäude als ungeeignet zu Schulzwecken. Den Aushilfslehrern, die in den Kleinstschulen tätig waren, wurde die weitere Unterrichtserlaubnis wegen mangelhafter pädagogischer Vorbildung entzogen. Lehrer und Lehrerinnen, die sich bei den polnischen Behörden unbeliebt gemacht hatten, wurden nicht bestätigt."* Die verordneten Unterrichtsprogramme wiesen nur polnische Kulturleistungen aus und ließen keinen Raum für die Kultur des deutschen Volkes. *„In der Praxis waren wir daher gezwungen, unseren deutschen Kindern bei jeder Gelegenheit auch deutsche Kulturerzeugnisse ... nahe zu bringen. Große Schwierigkeiten bereitete die Erteilung des Geographie- und Geschichtsunterrichts in polnischer Sprache, weil es unsere deutsch sprechenden und fühlenden Kinder ungemein belastete und auch sonst unsere Schulen zu zweisprachigen machten. Manche übereifrige Inspektoren verlangten auch den Gebrauch der polnischen Sprache in den anderen Unterrichtsfächern ... Mir war damals kein wahrheitsgetreues Geschichtsbuch für die Volksschule in die Hand gekommen. Auch da waren deutsche Lehrer gezwungen, manche Korrektur selbst vorzunehmen."*

In den im Lemberger Archiv (Central´nyj Derzavnyj Istoricnyj Archiv Ukrajiny u L´vovi) verfilmten Archivalien fand der Verfasser eine Reihe polnischer Schulakten zu diesem Thema, die es für einzelne deutsche Gemeinden ermöglichen, die damaligen Vorgänge zu rekonstruieren und die zugehörigen Dokumente zu veröffentlichen (Zeitweiser 2012 der Galiziendeutschen, Hrsg. Hilfskomitee der Galiziendeutschen). Demnach sah sich in den evangelischen Gemeinden das Presbyterium gezwungen, bei der lokalen Schulbehörde ein Bittgesuch um weitere Betriebserlaubnis ihrer damals meist schon 150 Jahre lang bestehenden Volksschulen zu stellen. Dazu musste ein ganzes Paket von Anlagen beigefügt werden, reich versehen mit Siegeln und Unterschriften, auch solchen des zuständigen Pfarrers und des Superintendenten. Der deutsche Dorfschulze und der evangelische Pfarrer mussten den Lehrern ein Leumundszeugnis (Świadectwo moralności) ausstellen, ein Liste der Lehrer mit Angabe deren Qualifikation und ein weiteres Lehrerverzeichnis mit Nennung der Fächer und Wochenlehrstunden einreichen, Angaben über die Zahl der Schüler, ihre Geburtsjahrgänge, Religion etc. sowie die Auslastung der Schule machen, eine Zeichnung des Schulgebäudes vorlegen, sich mit dem Statut der Schule ausweisen, Listen zuschicken, die das Inventar der Schule, die Bibliothek der Lehrer, die Schulbibliothek der Kinder und speziell polnische Literatur beinhalteten und mit genauen Angaben belegen, welche Kosten der Schulbetrieb erfordert und wie die Gelder dafür bereit gestellt werden. Letzteres führte in der Regel zu einer Zuzahlung durch die Kirchenkasse und aus Mitteln eines Fonds des Superintendenten, was dieser ausdrücklich erklären und mit Unterschrift und Siegel bestätigen musste. Da die Mittel in den meisten Fällen trotzdem nicht reichten, wurden die Restkosten auf die Mitglieder der Gemeinde umgelegt und die Zustimmung dazu von jedem dieser Mitglieder durch eigenhändige Unterschrift bestätigt. Schließlich musste darüber von der Gemeinde ein ausführliches Protokoll in polnischer Sprache erstellt werden, von denen mehrere in den Akten gefunden wurden.

Der polnische Schulinspektor prüfte all diese Unterlagen und sandte sie dann mit seinem Gutachten, welches auch politische Aspekte berücksichtigte und daher häufig mit *Tajne* = *Geheim* versehen war, seiner vorgesetzten Schulbehörde zu. Dieser aufwendige Vorgang spielte sich nach 1932 Jahr für Jahr für Privatschulen ab. Die Unterrichtserlaubnis für den Lehrer hing dann davon ab, ob ihm der Starost die Unbedenklichkeitserklärung (Zaświadczenie) ausstellte. Es kam auch vor – wie im Fall der dreiklassigen Dornfelder Schule – dass die Behörde dem Schulleiter, der den Polen nicht passte, die Leitung der Schule entzog, ihn aber als Lehrer bestätigte.

Lit.: J.V. Rollauer, Aus der Geschichte des Deutsch-Evangelischen Gymnasiums in Lemberg (1918-1939), in: Heimat Galizien. Ein Gedenkbuch. Hrsg. Hilfskomitee der Galiziendeutschen 1965, S. 224. – Oskar Wagner, Das deutsche Schulwesen in Galizien in der Zeit der Republik Polen 1918-1939, in: Kulturwart. Beiträge zur deutsch-polnischen Nachbarschaft. Nr. 161 (Nov. 1985) und 162 (Febr. 1986) und Zeitweiser 2007 der Galiziendeutschen. – Walter Kuhn, Die jungen deutschen Sprachinseln in Galizien. Aschendorffsche Verlagsbuchhandlung Münster 1930. – Leopold Höhn, Das deutsch-evangelische Privatvolksschulwesen in Galizien (1782-1939). Das heilige Band – Der Galiziendeutsche 1960, Hefte 1 -9.

Bild: Deutsch-Evangelisches Gymnasium in Lemberg. Archiv der Stiftung Deutsche Kultur im östlichen Europa – OKR.

Erich Müller

WELTERBEKONVENTION DER UNESCO

1972 verabschiedete die UNESCO in Paris das *Übereinkommen zum Schutz des Kultur- und Naturerbes der Welt*, meist als Welterbekonvention bezeichnet. Es schützt Stätten, die aufgrund ihrer Einzigartigkeit und ihrer Bedeutung für die gesamte Menschheit wichtig sind. Bis heute haben 189 Staaten diese Konvention ratifiziert. 2012 umfasst die UNESCO-Liste des Welterbes 962 Denkmäler in 157 Staaten. Die Länder, in denen diese 745 Kulturdenkmäler und 188 Naturerbestätten liegen, schlagen die Stätten selber vor. 29 der Denkmäler sind gleichzeitig Kultur- und Naturerbe der Welt. Daneben besteht noch eine Liste des Weltdokumentenerbes (Memory of the World) und eine Liste des mündlichen und immateriellen Erbes der Menschheit.

Nach der Aufnahme des Markgräflichen Opernhauses in Bayreuth 2012 in die Liste besitzt Deutschland 38 Welterbestätten,

Österreich neun. Wenn wir aber nicht nur etatistisch allein die deutschsprachigen Staaten betrachten, dann finden wir außer in der Schweiz eine ganze Reihe östliche Nachbarstaaten Deutschlands und Österreichs, in denen zahlreiche UNESCO-Welterbestätten liegen, die Zeugnisse ostdeutscher Kultur sind. Bemerkenswert ist dabei auch, dass die Städte und Denkmäler von den jeweiligen Ländern vorgeschlagen worden sind.

Das ist im Falle Polens zunächst in den ehemaligen deutschen Ostgebieten gegeben und in der Tschechischen Republik für das Gebiet des Sudetenlandes, gilt aber auch für die anderen Länder, wo seit der deutschen Ostsiedlung mit Städten und Burgen viele Bauwerke und Kunststätten entstanden, die bis 1945 deutsch waren oder bereits seit Beginn der Neuzeit ihre deutschen Einwohner verloren.

Im heutigen Polen wollen wir nur die Marienburg herausgreifen und die Friedenskirchen von Schweidnitz und Jauer. Aber auch der Muskauer Park liegt teilweise in Polen und gehört zu den grenzüberschreitenden Weltkulturstätten. Wenn das historische Zentrum von Krakau und die mittelalterliche Altstadt von Thorn ebenfalls Weltkulturerbe sind, so seien nur Veit Stoß mit seinem Altar in der Krakauer Marienkirche und Nikolaus Kopernikus für die deutsche Vergangenheit von Thorn genannt.

Die Marienburg war zunächst als Sitz eines Komturs errichtet, wurde dann aber um 1300 als Residenz des Hochmeisters des Deutschen Ordens umgebaut. Dadurch wurde die frühere Vorburg ein repräsentatives Schloss mit Hochmeisterpalast und Räumen für die Gebietiger, ehe ein Neubau einer den Aufgaben des Hochmeisters gemäßen noch weiträumigeren Burg hinzukam und die Malereien in der Hochmeisterkapelle eine Krönung der Wandmalerei in der Zeit zwischen 1380 und 1410 darstellen.

Die in den Jahren 1657 und 1658 erbaute Friedenskirche in Schweidnitz ist äußerlich wie die in Jauer ein anspruchsloser Fachwerkbau, steht aber im Inneren *„in seiner architektonischen und malerischen Einwirkung einzig da. Es ist ein Akkord von feingetöntem Gold und Farben, ein Spiel von Licht und*

Schatten in dieser malerisch empfundenen Architektur, in den prachtvoll geschnitzten Ornamenten, das das Auge bis in den letzten Winkel hinein fesselt." So empfindet der Maler Josef Langner dieses Kunstwerk, von dem auch Georg Dehio im Lobpreis spricht. Nur aus Holz erbaut, aber dennoch 7.000 Gläubigen Platz bietend, ist diese Kirche mit ihren Emporen und Logen auch soziologisch interessant, da die Emporen und Logen den verschiedenen Ständen und Zünften gehörten, die selbst im lutherischen Gottesdienst ihre Eigenstellung betonten. Architektonisch fasziniert an der Friedenkirche in Schweidnitz die Durchschneidung des Längsschiffes durch das Querschiff, beeindruckend sind auch die vielen Anbauten.

Auch in der Tschechischen Republik sind einige UNESCO-geschützte Kulturstätten von Deutschen geschaffen oder liegen in dem bis zur organisierten Vertreibung 1946 deutschen Gebiet. Auch hier muss wie in Krakau das historische Zentrum von Prag genannt werden, das seit den Privilegien, die böhmische Herzöge den Deutschen gaben, auch deutsche Bevölkerung hatte und wo Baumeister wie Peter Parler aus Schwäbisch Gmünd oder die Meister der Familie Dientzenhofer aus dem oberbayerischen Inntal ihre unvergänglichen Kunstwerke schufen. In Böhmen gehören die Altstädte von Krummau an der Moldau und Kuttenberg zum Weltkulturerbe, ebenso das Schloss in Leitomischl. Das oft im Schatten Prags und Böhmens stehende Mähren übertrifft an Zahl die Weltkulturstätten Böhmens: Die Liechtensteinschlösser Eisgrub und Feldsberg in Südmähren, die Dreifaltigkeitssäule in Olmütz, das Schloss und die Parkanlagen in Kremsier sind seit den 90er Jahren ebenso in der UNESCO-Liste wie die Altstadt von Teltsch und die Nepomuk-Kirche auf dem Grünen Berg bei Saar auf der Böhmisch-Mährischen Höhe. 2001 kam noch die Villa Tugendhat in Brünn dazu, 2003 das Judenviertel und die Prokopius-Basilika in Trebitsch.

Krummau gilt als das „böhmische Rothenburg", das wegen des Silberabbaus unter den Rosenbergern aufblühte. Die ganze Altstadt über der Doppelschleife der Moldau ist ein einziges Denkmal mit vielen Bauten von hohem Kunstwert, aber die

Höhepunkte sind die Erzdekanalkirche des hl. Veit, eine hohe dreischiffige Halle mit reichem Netz- und Sternrippengewölbe, und das Schloss der Fürsten Schwarzenberg mit seinen Gebäuden, vier Höfen, 300 Gemächern und dem prächtigen Schlosspark. Die Bedeutung der Stadt ersieht man daraus, dass die Herren des Schlosses seit Kaiser Ferdinand II. auch Herzöge von Krummau sind. Um 1400 entstand hier die berühmte Madonna von Krummau.

Kuttenberg war im Mittelalter die größte Stadt Böhmens und wegen des Silberbergbaus auch die reichste. Hier wurden seit dem Jahre 1300 Münzen geschlagen, aber auch in der Hussitenzeit die deutschen Bergleute verfolgt und ermordet. Josef Hemmerle schreibt in seinem Sudetenlandlexikon von Kuttenberg als einer Stadt *„die, obwohl sie in unserem Jahrhundert fast ganz tschechisch war, doch den Anteil deutscher Bürger und Künstler nicht verleugnen kann."* So wurde die gotische Barbarakirche von Peter Parler begonnen und von Benedikt Ried weitergebaut.

Feldsberg kam erst nach dem Ersten Weltkrieg mit vier weiteren Gemeinden an Mähren und gehörte bis dahin zu Niederösterreich. Der Park des Feldsberger Liechtensteinschlosses führt bis zum Schlosspark von Eisgrub. Passauer Bischöfe waren die Herren von Feldsberg, dann die Seefeld und Liechtenstein, die es zum Sitz ihres seit Carl gefürsteten Geschlechtes machten. Das Schloss ist eine gewaltige Barockanlage, hat aber mit dem Stadtensemble auch Bedeutung für die Bildung, denn der Orden der Barmherzigen Brüder hatte hier nicht nur seine erste Niederlassung im deutschen Sprachraum, sondern in seinem Spital auch eine berühmte chirurgische Lehranstalt. Ebenso hatte das benachbarte Eisgrub schon unter den Fürsten eine Landwirtschaftliche Hochschule. Das barocke Schloss in Eisgrub wurde im 19. Jahrhundert im Tudorstil neu gestaltet. Der Park *ist „einer der großartigsten Landschaftparke Europas"* (E. Schremmer). Das ist auch von den Parkanlagen in Kremsier zu sagen, in dessen Erzbischöflichem Schloss wegen der Revolution in Wien 1848 und 1849 der geflüchtete Wiener Reichstag tagte. Nach der Volkszählung hatte Kremsier 1880 nur noch 25% Deutsche, weil der Prozess der Industrialisierung im 19. Jahrhundert das Tschechentum stärkte und schon in der Mitte des Jahrhunderts viele mährische Städte ihre deutsche Mehrheit verloren. In Brünn waren aber noch 1910 über 65% der Einwohner deutsch, in Olmütz 60%, sodass wir die Olmützer Dreifaltigkeitssäule ebenso wie die Villa Tugendhat in Brünn als ostdeutsches Kulturgut im UNESCO-Weltkulturerbe anführen können. Die Villa Tugendhat gehört zu den ersten Denkmälern der modernen Architektur, die mit der UNESCO-Ehrung bedacht wurden, ein Juwel der funktionalistischen Zwischenkriegsarchitektur, die Ludwig Mies van der Rohe für den Textilfabrikanten Fritz Tugendhat entwarf.

In der Slowakei machten die 150.000 Karpatendeutschen vor dem Krieg nur fünf Prozent der Bevölkerung aus. Deutsches Kulturgut ist aber im UNESCO-Weltkulturerbe der jungen Republik mehr als überdurchschnittlich vertreten. 1993 wurden die Bergbaustadt Schemnitz und die Zipser Burg mit dem Zipser Kapitel und der Kirche von Schegra (Žehra) eingetragen, im Jahre 2000 auch das ostslowakische Bartfeld (Bardejov) und 2005 Leutschau (Levoča).

Schemnitz verdankte als älteste Bergbaustadt in der Slowakei im 15. und 16. Jahrhundert dem Silberbergbau seinen Reichtum. Schon vorher wurde das Schloss gebaut, das dann im Renaissance-Stil erweitert wurde und mit dem später barock umgestalteten Nikolaus-Dom und der kleinen gotischen Katharinenkirche wertvolle Bauwerke hat. Dazu kommen die Zechen, Stollen und technischen Werke, die mit dem Bergbau zusammenhängen. Deshalb gehören die Bergwerkskarten von Schemnitz auch zum Weltdokumentenerbe (was auch für die Handschriften von Kopernikus in Krakau gilt).

Die mittelalterliche Zips war einst ein Städtebund von 24 deutschen Städten, dessen geistliches Zentrum das Zipser Kapitel mit seiner romanisch-gotischen Kathedrale war, das weltliche die Zipser Burg, deren Ruine die größte Burgruine Mitteleuropas darstellt. Reste des romanischen Palastes und des Donjon sind zu sehen, geräumige Burghöfe und Befestigungen. Das Zipser Kapitel war das geistliche Gegenstück und beeindruckt durch die imposanten Türme der St.-Martinskathedrale und die gotischen Schnitzaltäre und Tafelmalereien.

Bartfeld hat unter den slowakischen Städten seinen mittelalterlichen Charakter am besten bewahrt und hat in seiner Ägidienkirche die meisten gotischen Flügelaltäre, die wir in einer Kirche Mitteleuropas finden. Der ungarische König Karl Robert von Anjou erteilte den deutschen Siedlern, die sich im 13. Jahrhundert hier niedergelassen hatten, 1320 die Stadtrechte. Die Bürgerhäuser am Marktplatz zeigen wie die in Leutschau die ehemalige Bedeutung der Stadt. Leutschau hat mit dem Hochaltar des Meisters Paul den höchsten gotischen Flügelaltar der Welt.

Wer weiß heute noch vom Deutschtum in Ofen, das erst in der Mitte des 19. Jahrhundert seine Mehrheit verlor, als Ofen nur noch als Buda bekannt war und mit Pest zusammengelegt wurde? Die Ofener Burg ist mit der Altstadt in die UNESCO-Liste aufgenommen.

Im Baltikum sind die Altstädte von Reval und Riga dabei, die beide deutsche Gründungen waren und lange Jahrhunderte ihr deutsches Gepräge bewahrten. In Rumänien gehören das historische Zentrum des siebenbürgischen Schäßburg und einige Kirchenburgen Siebenbürgens zum Weltkulturerbe. Selbst in der litauischen Hauptstadt Wilna finden wir in der historischen Altstadt ein Bauwerk wie die gotische Annenkirche, die einst die Kirche der deutschen Kaufleute war. Ihre Schönheit begeisterte Napoleon so, dass er sie nach seinen Worten am liebsten nach Paris mitgenommen hätte.

Vergessen wir über der Kultur auch nicht das UNESCO-Weltnaturerbe: Auch hier ist Ostdeutschland vertreten, und zwar mit der Kurischen Nehrung, die wie der Muskauer Park länderüberschreitend ist. Seit 1945 gehören 52 Kilometer der nördlichen Nehrung zu Litauen, 45 Kilometer sind russisch, auch nach dem Zerfall der Sowjetunion. Der litauische Teil ist heute leicht zugänglich, da es keine Visapflicht mehr gibt. Man setzt von Memel mit der Fähre auf die Nehrung über, deren Einwohner heute die Gemeinde Nida, das alte Nidden bilden, in das die anderen kleinen Orte heute eingemeindet sind. In den

Sommermonaten sind heute wieder deutsche evangelische Gottesdienste in der Backsteinkirche von Nidden, die neben dem Thomas-Mann-Haus und den Häusern mit den Kurenwimpeln sowie der großen Düne zu den Sehenswürdigkeiten der litauischen Nehrung gehört. Agnes Miegel hat diese Düne mit der Ballade *Die Frauen von Nidden* bekannt gemacht. Sie schildert die Pestzeit:
In der Niederung von Heydekrug bis Schaaken
gehen die Leute im Trauerlaken!
Die Frauen von Nidden sind noch der Meinung:
Die wandernde Düne ist Leides genug,
Gott wird uns schonen, der uns schlug!
Es kam aber anders:
Doch die Pest ist des Nachts gekommen
Mit den Elchen über das Haff geschwommen.
Sieben Frauen bleiben nur beim Wüten der Pest übrig, die sich zum Sterben auf die Düne begeben: *Und die Düne kam und deckte sie zu.*
Heute deckt Unkenntnis und Verschweigen das Wissen um die ostdeutsche Kultur zu. Die offenen Grenzen Europas und die Visafreiheit in die neuen EU-Staaten sollten uns motivieren, in den östlichen Nachbarländern den Monumenten deutscher Kultur nachzugehen und stolz auf diese Vergangenheit zu sein.

Bild: Marienkrönung vom Tympanon des Eingangs der Annenkapelle des UNESCO-Weltkulturerbes Marienburg a.d. Nogat, Archiv der Kulturstiftung.

Rudolf Grulich

1992 20. Gedenkjahr

STAFETTE –
DIE
RUMÄNIENDEUTSCHE
LITERATUR HEUTE
UND MORGEN

Das Jahr 2012 ist das Jahr der Stafette und damit das Jahr des Weiterlebens der rumäniendeutschen Literatur in der angestammten Heimat Rumänien.
Nach dem Umbruch von 1989 und dem Massenexodus der Rumäniendeutschen danach, besonders in den Jahren 1990 und 1991 mit über 100.000 verkauften Seelen von Ceaucescu an die Bundesrepublik, siedelten von den verbliebenen ca. 300.000 Rumäniendeutschen nochmals ungefähr 200.000 aus, so dass unter 100.000 Seelen zurückblieben in ihrer angestammten Heimat Rumänien, während die große Mehrheit in ihre historische Heimat Deutschland zurückkam. In dieser schlimmsten Phase ihrer Existenz für die verbliebenen Rumäniendeutschen – von denen die Siebenbürger Sachsen schon über 800 Jahre in Rumänien lebten und die Banater Schwaben immerhin auch schon 300 Jahre – fasste die bekannte Temeswarer banatschwäbische Autorin, Kunsthistorikerin und Deutschprofessorin Annemarie Podlipny-Hehn den beherzten Entschluss, in dem im ganzen Land bekannten und berühmten Temeswarer Nikolaus-Lenau-Lyzeum einen deutschsprachigen Literaturkreis „*Stafette*" zu gründen.

Dieser sollte, wie schon sein Name besagt, die Stafette der rumäniendeutschen Literatur nicht in die Vergangenheit fallen lassen, sondern in die Zukunft weitertragen. So schwierig auch die Entstehungsumstände sein mochten, die Temeswarer Literaturbegeisterten, unter Führung von Annemarie Podlipny-Hehn, ließen sich nicht entmutigen und begannen 1992 – nachdem der Exodus der Rumäniendeutschen abgeebbt war – mit den alten banatschwäbischen Tugenden des Fleißes, der Zielstrebigkeit und vor allem des organisierten gemeinschaftlichen Zusammenarbeitens eine literarische Werkstätte zunächst für das Lenau-Lyzeum und dann auch für alle Literaturinteressierten einzurichten und kontinuierlich mit regelmäßigen Sitzungen mit Leben zu erfüllen.

Es war zunächst für lange Zeit die einzige deutschsprachige regelmäßig tagende Literaturvereinigung, die vor allen Dingen als „Stafette" symbolisch bestrebt war, der rumäniendeutschen Literatur eine junge Generation heranzubilden, diese zu erhalten und damit überhaupt der bis dahin selbstständigen rumäniendeutschen Literatur eine Zukunft zu ermöglichen. Denn nur wer die Jugend hat, hat auch Zukunft. Eine Literatur, die nicht mehr gegenwartsbezogen gelesen werden kann, weil keiner mehr da ist, der in ihr schreibt und somit ihr Leben garantiert, hat aufgehört aktuell zu sein. Gerade in unserer heutigen gegenwartsfokussierten Zeit, wo so gut wie alles auf das Hier und Heute bezogen wird und die geschichtliche Dimension in den Hintergrund gerückt wird, ist die Herausbildung einer jungen Generation von Autorinnen und Autoren das A und O, das wirklich Wesentliche, was eine lebendige Literaturszene ausmacht.

Es ist Annemarie Podlipny-Hehns und dann auch ihrer engagierten Mitarbeiterin und Stellvertreterin Lorette Bradiceau-Persem gelungen, die Stafette zunächst an reifere Autoren wie Erika Scharf und Ignaz Bernhard Fischer weiterzureichen.

Vor allen Dingen aber gelang es ihnen, eine jüngste Generation der rumäniendeutschen Literatur heranzubilden, die man mit Fug und Recht „*Stafette-Generation*" nennen kann, weil sie im Rahmen des Stafette-Literaturkreises im Laufe der Zeit von 20

Jahren heranwuchsen zu Autorinnen und Autoren mit zahlreichen Veröffentlichungen in den Anthologien der Stafette, von denen es inzwischen 17 Sammelbände gibt. Heute haben einige von diesen Autorinnen und Autoren sogar Eigenbände an Lyrik, Prosa und sogar dramatischen Texten. Damit strahlen sie über ihr literarisches näheres Umfeld Stafette-Literaturkreis Temeswar, Banat, Rumänien, sogar bis in den deutschsprachigen Raum der Bundesrepublik, Österreichs, ja der Schweiz, ja sogar bis nach Südtirol in Italien und Nordschleswig in Dänemark.

Die deutschsprachige Literatur Rumäniens nach dem Umbruch 1989, diese ehemals sogenannte fünfte deutsche Literatur, nach der der Bundesrepublik, der der verblichenen DDR, der Österreichs und der der Schweiz, hat dabei heute eine zusätzliche Sonderrolle und damit eine Zusatzaufgabe erhalten.

Die rumäniendeutsche Literatur von heute nach dem Umbruch 1989 ist die einzige selbstständige deutschsprachige Literatur – vital wirkend in allen literarischen Gattungen, Lyrik, Prosa, Drama, Drehbuch, Feature, Essay und Literaturkritik – die die komplexe und wahrlich komplizierte Transformationsperiode von der härtesten Diktatur des Ostblocks, der Willkürherrschaft des Ceaucescu-Clans zur Demokratie in osteuropäischen balkanesischen Bedingungen existenziell miterlebt und mitgestaltet. Außerdem ist diese nach wie vor selbstständige rumäniendeutsche Literatur auch eine europäische Einmaligkeit in ihrer völkerverbindenden Ausgangslage.

Nach dem Auszug so vieler Rumäniendeutscher gelang es den Verbliebenen nur mit großzügiger Hilfe der neuen rumänischen Demokratie und der rumänischen und auch ungarischen Mitbürger, die beachtliche deutschsprachige kulturelle Infrastruktur Rumäniens – deutschsprachige Kindergärten, Schulen, Kirchen, Presse, Rundfunk, Fernsehen, Theater – zu bewahren.

So gibt es zur großen Verwunderung trotz dem Massenexodus 1990-1991 nach wie vor in Rumänien noch immer in einigen ländlichen Gemeinden, aber vor allem in den großen Städten Siebenbürgens und des Banats sowie in der Hauptstadt Bukarest, deutschsprachige Kindergärten und Schulen, wo Deutsch die Unterrichtssprache bis zum Abitur ist.

Die Mehrheit der Kinder in diesen sehr begehrten Bildungseinrichtungen, die auch mit Hilfe von Erziehern, Lehrern und Pädagogen aus der Bundesrepublik und Österreich wirken, ist inzwischen muttersprachlich Rumänisch, zum Teil auch Ungarisch, aber immer noch auch zu einem gewissen Prozentsatz Deutsch, selbst wenn dieser mitunter auch bescheiden nur 10% oder in Ausnahmefällen sogar nur 5% beträgt.

Doch auch dieser inzwischen geringe Anteil muttersprachlich deutscher Kinder verhilft allen Besuchern, dass diese Kindergärten und Schulen zu wahren Begegnungsstätten mit Deutsch als Alltagssprache und Unterrichtssprache werden können, da die rumänischen und mitunter auch ungarischen Kinder der deutschen Schulklassen meist schon aus den ebenfalls in die Transformationszeit hinübergeführten deutschen Kindergärten der deutschen Sprache durchaus von Anfang an schon mächtig sind.

Im Verlaufe ihrer weiteren Schulbildung avanciert Deutsch dann zu ihrer ersten Bildungssprache, und erfreulich viele Schülerinnen und Schüler begnügen sich dann in den höheren Klassen nicht mehr nur damit, deutsche Literatur zu lesen, sondern sie gehen einen ganz entscheidenden Schritt weiter und schreiben auch selbst deutsche Literatur, die es durchaus in sich hat.

Diese allerjüngste rumäniendeutsche Literatur hat es auch deshalb in sich, weil sie ein einmaliges literarisches Phänomen des zusammenwachsenden Europas nicht nur über Länder-, sondern auch über Sprachgrenzen hinweg ist.

Außerdem erfährt die deutschsprachige Literatur hier eine zusätzliche atmosphärische und stimmungsvolle Mentalitätsbereicherung durch die von Hause aus lateinisch-romanisch-rumänisch geprägten Autorinnen und Autoren rumänischer Muttersprache, die geistigen Erben des römischen Reiches über seine ehemalige Kolonie Dacia Romana auf dem Gebiete des heutigen Rumäniens.

Ein sehr guter Beleg dafür ist zum Beispiel das Gedicht *Man sagt* ... des 1985 geborenen Andrei Cherascus aus seinem Eigenband *Das Ende der Kindheit*, Lyrik im Artpress Verlag Temeswar 2004 erschienen. Der damals 19-jährige Autor des Lenau-Lyzeums stellt fest: *„Man sagt, die Zeit heilt jede Wunde. / Man sagt, das Feuer exorziert. / Man sagt, alte Gewohnheiten sind schwer zu verlieren. / Man sagt vieles ... "*
Dieser wahrhaft altrömische Lakorismus beweist ein übriges Mal, dass Rumänien, das Mentalitätserbe der uralten römischen Kolonie Dacien bis auf den heutigen Tag weiterführt.

Petra Curescu, die inzwischen mit zwei Eigenbänden hervorgetreten ist, *Regenbogen der Nacht* 2001 – damals 18 Jahre alt – und *Warum rede ich (nicht)* 2010, bekennt freimütig, dass Deutsch ihre Bildungssprache im europäischen Sinn einer Gemeinschaft von 100.000 Millionen Sprechern ist und sie sich dieser mitteilen will. Die spezifischen Belange der rumäniendeutschen Kulturbesonderheiten sind nicht ihr vorrangiges Thema, wenn sie auch selbstverständlich das Alltagsdeutsch Rumäniens gern liest in der ebenfalls in die Transformationszeit hinübergerettete rumäniendeutsche Tagespresse. Die Allgemeine Deutsche Zeitung für Rumänien aus Bukarest ist die einzige deutsche Tageszeitung aus dem ganzen ehemaligen Ostblock. Ebenfalls hört Petra Curescu auch gerne Deutsch im ebenfalls in die Transformationszeit hinübergeführten selbstständigen Deutschen Theater Temeswars.

Dafür fühlt sich der inzwischen ebenfalls mit zwei Eigenbänden *Als das Wort zu Ende war*, Eurobit Verlag Temeswar 2000 und *Lyrisches Tagebuch* Cosmopolitan Art Verlag 2008, bekanntgewordene Lucian Manuel Varsandan – 1975 in Arat geboren, aber Absolvent des Nikolaus-Lenau-Lyzeums aus Temeswar – auch für die Kultur seiner banatschwäbischen Mitbürger zuständig, zumal er inzwischen auch zum Intendanten des Deutscher Theater Temeswar gewählt wurde.

In seinem Gedicht *Entschluss* über das Verbleiben zweier Banatschwaben in München lässt er in tragischer Ironie – ein ebenfalls lateinisch-römisch-rumänische Mentalitätsbeleg – für die kundigen Landsleute die 300-jährige Geschichte der Banat-

schwaben in ihrer angestammten Heimat Rumänien im Hintergrund aufleuchten: *"Jetzt / wo wir schon so lange da sind / wo wir eine Wohnung haben / und einen Wagen haben / – jetzt bleiben wir hier / – schriebst du mir neulich / aus München."*
In seinem zweiten Band *Lyrisches Tagebuch* setzt Lucian Manuel Varsandan den verlassenen ehemals mustergültigen banatschwäbischen Häusern ein lyrisches Denkmal. *"Die schwäbischen Häuser aneinandergereiht / Giebel an Giebel / Zaun an Zaun / – dunkelgelb / und verwaschen / – die Fenster starren einander / über die Dorfgasse an / – als ob sie fragen würden / wieso die Menschen / sich verspäten."* Die pünktlichen Banater Schwaben verspäteten sich nicht.

Mit dieser Stafettegeneration ist es Annemarie Podlipny-Hehn, Lorette Bradiceanu-Persem und allen anderen Mitwirkenden an diesem Literaturkreis gelungen, einen Pfeiler der jüngsten rumäniendeutschen Literatur zu errichten, der auch erfreulicherweise hauptsächlich in der angestammten Heimat Rumänien, zunehmend aber auch im deutschsprachigen Ausland, wahrgenommen wird.

Einige Stafettemitglieder sind inzwischen Mitglieder des rumänischen Schriftstellerverbandes, Filiale Temeswar, geworden, Petra Curescu, Lucian Manuel Varsandan, Henrike Bradiceanu-Persem, Lorette Bradiceanu-Persem und Robert Tari steht – inzwischen auch Autor zweier Eigenbände – kurz davor.

Auch im deutschsprachigen Ausland wird die in die Transformationszeit hinübergerettete selbstständige rumäniendeutsche Literatur zusehends wahrgenommen. Es gab Lesungen mit den Stafette-Autoren in großen deutschen Städten – Köln, Düsseldorf, Bonn, München, Ulm – wie auch in Wien und Budapest.

2010 wurde vier Mitglieder des Stafette-Literaturkreises in den internationalen PEN deutschschreibender Autoren im Exil aufgenommen und überzeugten dabei mit einer Lesung aus ihren Werken. Lucian Manuel Varsandan, Petra Curescu, Annemarie Podlipny-Hehn und Balthasar Waitz, ein in der alten Heimat verbliebener banatschwäbischer Autor aus dem frühe-

ren, Adam-Müller-Guttenbrunn-Literaturkreis, dessen Tradition er nun in der Stafette weiterführt.
Dies hat er zuletzt mit seinem neuen Erzählband *Krähensommer. Geschichten aus dem Hinterland*, Cosmopolitan Art Verlag Temeswar 2011, eindrucksvoll bewiesen. Der Bukarester Literaturkritiker Hans Liebhardt hat es als das wichtigste banatschwäbische Buch seit Herta Müllers *Niederungen* in der Allgemeinen Deutschen Tageszeitung besprochen.
Das Weiterleben der rumäniendeutschen Literatur mit ihrem unverwechselbaren Profil in der angestammten Heimat Rumänien ist nicht nur für Rumänien und seinen nach wie vor trotz aller Schwierigkeiten durchaus beachtlichen Minderheitenpolitik wichtig, sondern auch für den deutschsprachigen Raum, ja selbst für Gesamteuropa, denn ohne diesen Brückenpfeiler im Osten Europas könnte man diese völkerverbindende Kulturbrücke Ost/West nicht schlagen, weil jede Brücke wenigstens zwei Brückenpfeiler, auf beiden Seiten mindestens jeweils einen benötigt, damit diese Verbindung getragen werden kann. Fehlt der eine Brückenpfeiler, gibt es auch keine Brücke mehr, und was die rumäniendeutsche Literatur anbelangt, bleibt noch hoffentlich eine lange Zeit bestehen, der rumäniendeutsche Brückenpfeiler in der angestammten Heimat Rumänien.
Eine sehr wesentliche Stütze dieses Pfeilers ist der Stafette-Literaturkreis besonders mit seiner jungen Stafette-Generation.
Welches reiche literarische Potenzial die Leitung dieses Literaturkreises und alle ihre Mitwirkenden zu mobilisieren imstande sind, beweist der zuletzt 2011 erschienene Stafette-Sammelband Nr. 17, in dem die unglaublich hohe Zahl von 15 jüngsten Mitgliedern des Kreises vorgestellt werden: Alles Schüler des Nikolaus-Lenau-Lyzeums Temeswar, an dem die stellvertretende Leiterin des Stafette-Literaturkreises Lorette Bradiceanu-Persem als Deutschlehrerin beispielgebend unterrichtet und in ihrer Freizeit zusätzlich die entdeckten Begabungen fördert.
Von den 15 vorgestellten jüngsten Autorinnen und Autoren hat Karina Körösi in ihrem 9. Schuljahr für einen im Stafette-Kreis demokratisch ausgewählten Text 2011 den Libeth Rieping-

Literaturpreis für die beste literarische Schülerleistung des Jahres erhalten.

Die viel zu früh verstorbene Autorin, Ärztin und Lehrerin Libeth Rieping, eine treue Freundin und großzügige Förderin der Stafette-Autorinnen und Autoren, die diese auch mit nach Deutschland einlud, beherbergte und zu deren Lesungen und Veranstaltungen führte, hatte immer wieder auf die Notwendigkeit eines kreativen Deutschunterrichtes hingewiesen.

Ihr Mann, der Exil-Iraner Ali Schafii, ein Informatiker und ebenfalls Freund und Förderer der Stafette, hat ab 2011 diesen Libeth-Rieping-Gedächtnispreis gestiftet mit der besonderen Bitte, ihn gleichmäßig nach einer demokratischen Wahl zu dritteln. Einen für Lyrik, einen für Prosa oder Drama und einen für einen Schülertext.

Im vergangenen Jahr 2011 wurde als beste Schülertextautorin Karina Körösi gewählt, die die damit in sie gesetzte Erwartungen auch sofort erfüllte, indem sie in der darauf folgenden Deutscholympiade für ganz Rumänien den ersten Preis in ihrer Klassenstufe – inzwischen die zehnte – sich erschrieb.

Ein neuerlicher Beweis für das glückliche Händchen von Annemarie Podlipny-Hehn, Lorette Bradiceanu-Persem sowie aller Teilnehmer des Stafette-Literaturkreises, die auch diese gelungene Auswahl demokratisch getroffen hatten. Symptomatisch auch dieses Ergebnis für den Glücksfall, den der Literaturkreis-Stafette darstellt.

Er möge uns allen zum Nutzen der deutschsprachigen Literatur Rumäniens und darüber hinaus über den deutschsprachigen europäischen Raum auch für ganz Europa als ein Beispiel völkerverbindendes literarischen Schaffens noch recht lange erhalten bleiben!

Ingmar Brantsch

Autoren

Angermann, Prof. Dr. Norbert, Wacholderweg 7 a, 21244 Buchholz, norbertangermann@t-online.de

Bilke, Dr. Jörg Bernhard, Marienstraße 3, 96450 Coburg, joerg.bilke@gmx.de

Brantsch, Ingmar, Eckertstr. 18, 50931 Köln

Drechsler-Meel, Dr. Heike, Karpatendeutsches Kulturwerk, Schloss Karlsburg, Pfinztalstr. 9, 76227 Karlsruhe-Durlach, karpatendeutsches-museum@karlsruhe.de

Endres, Kirsten, Oppenländerstr. 42, 71332 Waiblingen, kirsten.endres@gmx.de

Fuchs, Prof. Dr. Konrad, Historisches Seminar der Universität Mainz, Jakob-Welder-Weg 18, 55128 Mainz, goerg@uni-mainz.de

Geier, Luzian, Bukowina-Institut, Alter Postweg 97 a, 86159 Augsburg, geier@bukowina-institut.de

Gerabek, Prof. Dr. Dr. Werner E., Bobenholzweg 15, 77876 Kappelrodeck, werner.gerabek@uni-wuerzburg.de

Geyer, Prof. Dr. Wulf-Dieter, FAU Erlangen-Nürnberg, Cauerstr. 11, 91058 Erlangen, wd.geyer@web.de

Grulich, Prof. Dr. Rudolf, Hastverstr. 26, 90408 Nürnberg, r.grulich@grude.de

Heider, Mathias, Eichenstraße 5, 83253 Rimsting, mail@mathias-heider.net

Heinz, Franz, Halskestraße 1, 40215 Düsseldorf, fr.joh.heinz@t-online.de

Hirschfeld, PD Dr. Michael, Driverstraße 36, 49377 Vechta

Kämpfert, Barbara, Landsmannschaft Westpreußen e.V., Mühlendamm 1, 48167 Münster-Wolbeck, landsmannschaft-westpreussen@t-online.de

Kämpfert, Hans-Jürgen, Rensefelderweg 2 e, 23617 Stockelsdorf

Kip, Erika, Veilchenweg 4, 50999 Köln, home@erikakip.de

Kobialka, Hans, Karpatendeutsches Kulturwerk Slowakei e.V., Zeppelinstr. 5, 76887 Bergzabern, hans-kobialka@t-online.de

Mehnert, Prof. Dr. Elke, An der Mulde 17, 80280 Aue, elke.mehnert@t-online.de

Müller, Prof. Dr. Erich, Ilsensteinweg 63 c, 14129 Berlin

Mundt, Dr. Bernhard, Behrensstraße 12, 67069 Ludwigshafen, bernhardmundt@hotmail.com

Neubach, Dr. Helmut, Kurt-Schumacher-Str. 27, 55270 Zornheim, helmut.neubach@gmx.de

Rösler, Dipl.-Forstwirt Rudolf, Schützenheimweg 24, 93049 Regensburg

Rössler, Dr. Andreas, Oelschlägerstr. 20, 70619 Stuttgart, drandreas.roessler@t-online.de

Scheunchen, Kammermusiker Helmut, Zollbergstr. 45, 73734 Esslingen a.N., h.scheunchen@t-online.de

Scholz, Dr. Peter, Paetzstr. 37, 04435 Schkeuditz, flechten.scholz@gmx.de

Schott, Pfarrer i.R. Dr. Christian-Erdmann, Verein für Schlesische Kirchengeschichte, Elsa-Brändström-Str. 21, 55124 Mainz, ce.schott@arcor.de

Schulze, Dr. Horst, Kent/GB

Seubert, Prof. Dr. Harald, Siedlerstraße 151, 90480 Nürnberg, haraldseubert@aol.com

Sprungala, Dr. Martin, Heinrichstr. 56, 44137 Dortmund, sprungala@web.de

Steinhoff, Helmut, Ringstr. 9, 04209 Leipzig, lotthelm@yahoo.de

Teppert, Stefan, Hartheimer Str. 12, 72469 Meßstetten, stefan.teppert@gmx.de

Urland, Dirk M.A., Stiftung Gerhart-Hauptmann-Haus, Deutsch-osteuropäisches Forum, Bismarckstraße 90, 40210 Düsseldorf, urland@g-h-h.de

Werner, Konrad, Schuhmarktstr. 1-9, 97616 Bad Neustadt

Kulturstiftung der deutschen Vertriebenen

Kaiserstraße113
53113 Bonn
Tel.: 0228/ 91512-0
Fax: 0228/ 91512-29
E-mail:
kulturstiftung@t-online.de

Informationen und Bestellung von Publikationen aus den Bereichen

- Geschichte/ Zeitgeschichte
- Literatur
- Kunstwissenschaft
- Staats- und Völkerrecht

auch in unserem online-shop unter

www.kulturstiftung-der-deutschen-vertriebenen.de

und

www.kulturportal-west-ost.eu